삶, 죽음에게 길을 묻다

삶, 죽음에게 길을 묻다

글　　　　오진탁
펴낸이　　김인현
펴낸곳　　도서출판 종이거울
영업국장　법월 김희중

2010년 5월 20일 1판 1쇄 인쇄
2010년 5월 25일 1판 1쇄 발행

인쇄　　　금강인쇄(주)
등록　　　2002년 9월 23일(제19-61호)
주소　　　경기도 안성시 죽산면 용설리 1178-1
전화　　　031-676-8700
서울사무소　서울시 송파구 잠실동 312-23 201호
전화　　　02-419-8704
팩스　　　02-336-8701
E-mail　　dopiansa@kornet.net

ⓒ 2010, 오진탁

ISBN 978-89-90562-30-2　03190

생사학과 자살예방

삶, 죽음에게 길을 묻다

글 오진탁

종이거울

국내외 생사학 논의, 언제부터 시작되었는가

　생사학 연구와 교육은 미국에서 40여 년 전부터 시작됐습니다. 로버트 풀턴 교수가 미네소타 대학에서 죽음 준비교육 과목을 1963년에 개설했고 정신과의사 엘리자베스 퀴블러 로스가 1969년에 『죽음과 죽어감On Death and Dying』을 출간했습니다. 대학은 물론이고, 초등과 중등학교에서 죽음 준비교육을 보건교육의 일부로 가르치기도 하고 문학이나 사회 과목 수업에서 다양한 각도에서 가르치고 있는데, 로버트 스티븐슨은 뉴저지주의 한 고등학교에서 1972년부터 웰다잉 교육을 시작했습니다.

　삶의 질 못지않게 죽음의 질을 중시하는 미국인들은 10대 청소년들에게 호스피스 센터에서 자원봉사 프로그램도 운영하고 있습니다. 죽음을 제대로 알아야 삶을 바르게 영위할 수 있으므로, 청소년 자원봉사자들은 해마다 늘어나고 있습니다. 오리건주 포틀랜드에 있는 다기Dougy 센터는 뇌종양으로 열세 살 때 죽은 어린 소년의 이름을 따서 1982년 설립된 곳으로 '어린아이를 위한 슬픔치유 교육과 카운슬링 센터'를 운영하고 있습니다. 부모를 잃은 어린아이들은 학교에서 아무 도움도 받지 못하기 쉽상인 데다 쓰라린 체험을 말로 표현할 수도 없고 오히려 가혹한 왕따의 대상이 되기도 합니다. 다기 센터를 모태로 미국 전역에 어린아이를 위한 슬픔치유 교육과 카운셀링 센터가 개설되어 있습니다.

또한 '국립 죽음준비교육센터the National Center for Death Educatoin', '죽음준비교육과 카운셀링 협회the Association for Death Education and Counselling', '미국 슬픔치유 카운셀링 아카데미the American Academy of Grief Counseling' 등을 통해 죽음 준비교육과 슬픔치유 전문가를 양성하고 있습니다.

몇 년 전 불치병 선고를 받았지만, 운 좋게도 치료 가능한 췌장암으로 밝혀져 다시 회사로 돌아온 애플 컴퓨터의 창업자 스티브 잡스는 2005년 스탠포드 대학 졸업식 축사에서 이렇게 말했습니다. "삶의 중요한 순간마다 죽을 수도 있음을 명심하는 것이 내게 가장 중요했습니다. 죽음을 생각하면 무언가 잃을지 모른다는 두려움에서 벗어날 수 있습니다. 열일곱 살 때 '하루하루가 인생의 마지막 날인 것처럼 산다면 언젠가는 바른 길에 서 있을 것'이라는 글을 읽었습니다. 죽음은 삶이 만든 최고의 발명품입니다. 죽음은 삶을 변화시킵니다. 여러분의 삶에도 죽음이 찾아옵니다. 인생을 낭비하지 말기 바랍니다."

미국인들은 생전의 모습 그대로 하고 있는 시신 주위에서 농담을 자주 던지고 고인을 추모하면서 갖가지 유머를 쏟아내 장례식장 이곳저곳에서 웃음이 끊이지 않습니다. "안녕하세요. 아트 부크월드입니다. 제가 조금 전에 사망했습니다." 2007년 1월 18일 뉴욕타임스 인터넷판에 올라온 칼럼니스트 의 동영상 부고기사. 날카로운 풍자가 가득한 칼럼으로 미국인들의 사랑을 받아온 그는 자신이 직접 미리 제작된 동영상 비디오에 출연해 자신의 사망 소식을 알렸습니다.

일본의 경우, 알폰스 데켄 교수가 1975년 동경 조치대학에 '죽음의 철학' 강좌를 개설했고, 1982년 '생과 사를 생각하는 세미나'와 1983년에는 '생과 사를 생각하는 회'를 결성해 홋까이도에서 오끼나와에 이르기까지 53개 지역모임에서 5천여 회원이 활동하고 있습니다. 또 1999년에는 웰다잉교육의 보급을 위해 '죽음 준비교육 연구회'를 결성해 활동하고 있습니다. 이런 활동에 힘입어 죽음 준비교육이 2004년부터 학교교육에 포함됐고, 교재개발을 위해 2006년 예산에 4백만 달러가 책정되기도 했습니다.

또 일본존엄사협회는 일본 전역에서 30년 넘게 공개강연회와 토론회를 통해 자기가 원하는 임종방식을 미리 준비하는 '생전유서리빙윌 준비하기' 운동을 벌여 동참한 사람이 12만여 명을 넘어섰습니다. 고이즈미 전 총리, 오쿠다 전 경제단체연합회 회장도 회원입니다. 일본변호사협회는 매년 4월 15일을 '유언의 날'로 정하고 유언장 작성 공개 캠페인을 벌입니다. 전국에서 무료법률상담이나 강연회를 통해 유언장 작성을 도와주고 상속에 관한 법률을 알려줍니다.

그러나 우리 사회의 경우, 죽음에 대한 타부와 거부감은 뿌리 깊습니다.

대법원에서 연명치료 중단을 허용하는 판결을 내렸지만 존엄사 법제화를 논할 정도로 우리 사회는 충분히 준비되었는지, 죽음문화 성숙을 위해 지금까지 어떤 노력을 했는지 묻고 싶습니다. 최근 들어 우리 사회도 죽음 준비교육을 종교단체, 노인복지시설에서 실시하고 있기는 합니다. 명동성당에서는 '죽음체험 하루 피정'을 매년 11월마다 진행하는 등 몇몇 교회와 사찰에서는 죽음 준비교육을 진행하고 있습니다. 서울노인복지센터, 각당 복지재단, 또 광진구, 노원구, 성동구, 동작구 노인종합복지관 등에서 노인 대상으로 웰다잉 교육을 실시하고 있습니다.

대학에서는 한림대 생사학연구소가 처음으로 1997년부터 철학과 전공과 교양으로 죽음 준비교육을 하고 있습니다. 한림대 학생들은 자살예방과 죽음 준비교육을 교양 필수로 만들어 달라고 요구하고 있을 정도로 인기가 많습니다. 일반인의 경우 전국의 수강 희망자들을 대상으로 인터넷을 통해 '웰다잉-자살예방 전문과정1년 2학기 28주 코스'을 2006년부터 운영 중에 있습니다.

우리 사회에서 실시중인 웰다잉 교육은 아직 시작 단계에 불과합니다. 입관체험이 마치 죽음 준비교육의 전부라도 되는 듯이 죽음 주변에서 머뭇거리기만 할 뿐 죽음을 제대로 이해하기 위한 노력이 부족하고, 입관체험은 상업적으로까지 이용되기도 하는 등 하나의 이벤트 혹은 퍼포먼스로 전락된 느낌입니다.

죽음이 끝인지 아닌지, 인간은 육체만의 존재인지, 죽음을 어떻게 이해해야 하는지, 어떻게 죽어야 하는지, 나아가 어떻게 살아야 하는지 등 핵심

내용을 가르치지 못한 채 웰다잉 교육을 진행하고 있는 실정입니다. 생사학 전문가의 부재가 결국 웰다잉 교육의 부실로 이어지고 있습니다. 더구나 죽음 준비교육도 노인계층을 중심으로 극히 일부만 실시되고 있을 뿐 초·중·고는 물론 대학에서도 죽음 준비교육은 아직 실시되고 있지 않습니다.

또한 자살문제와 웰다잉 교육을 연결시키지 못하고 있는 점 역시 문제입니다. 우리 사회는 자살예방을 위한 해법은 찾지 못한 채 허둥대고 있습니다. 1997년 말 외환위기 이후 자살은 심각한 사회문제가 되었지만, 우리 사회에서 죽음을 제대로 가르치고 있지 않다보니 자살하면 고통에서 벗어날 것이란 기대감으로 자살자는 양산되고 있습니다.

현재 우리나라의 자살률은 OECD 가입국 중 1위로, 오래전부터 '자살대국'이라 알려진 일본을 훌쩍 넘어섰습니다. 청소년상담원이 2007년 청소년 4,575명을 대상으로 조사한 결과 100명 중 59명이 자살충동을 느끼고 있고, 100명 중 11명이 자살을 시도했던 적이 있습니다. 또 '대한우울증·조울증학회'가 2004년 12월 세계보건기구가 인정한 조사 도구를 사용해 우울증 유병률을 조사했을 때 60%가 우울 증세를 가진 것으로 판정받았습니다. 노인의 경우 여의도 성모병원이 2004년 10월 백화점에서 조사했을 때 80%가 우울증으로 판정받았습니다. 죽음의 질이 좋지 않으니까, 그 결과 자살률과 자살 충동률은 갈수록 높아지고 있는 것입니다.

우리 사회는 지금까지 죽음의 질 향상을 위해 어떤 노력을 했습니까? 죽음의 질 향상을 위한 사회적 노력은 하지도 않은 채 미봉책에 불과한 위기개입에만 초점을 맞춘다면, 자살예방은 별다른 효과를 거두기 어려울 것입니다. 자살률은 갈수록 높아가고 있지 않습니까! 우리 사회의 자살률, 자살충동률, 우울증 유병률, 불행한 임종모습 등을 감안했을 때, 이제 '웰다잉과 자살예방을 위한 사회운동'을 통해 바람직한 죽음이해와 성숙한 임종방식을 확산시켜야 합니다.

1. WHO의 기준에 따라 죽음을 육체적, 사회적 관점 의학적, 법률적 죽음이해 만이 아니라 정신적, 영적인 관점 생사학, 종교의 죽음이해 에서도 접근, 죽음은 끝이 아니라 새로운 삶의 시작임을 널리 알린다.
2. 죽음 준비교육을 학교와 사회 교육으로 실시, 특히 의과대학에 웰다잉 교육 과목 개설
3. 죽음과 자살에 대한 바른 이해를 중심으로 자살예방교육 실시. 10대 청소년과 20대 청년 계층에 집중적으로 자살예방교육 실시 초·중등학교와 대학, 군부대 병사와 전투경찰 등
4. 학교 교사, 군장교, 사회복지사, 심리상담가, 종교인 등을 대상으로 직무연수 교육을 통해 웰다잉과 자살예방 전문가로 양성
5. 호스피스 제도가 활성화할 수 있도록 제도적인 뒷받침
6. 존엄사 법제화 이전에 연명치료 중단의 대상과 절차를 분명히 제시, 많은 사람들이 동의할 수 있는 엄격한 존엄사 가이드라인 확정
7. 생전유서와 사전의료지시서 표준양식을 확정해 보급
8. 죽음준비와 유서쓰기의 생활화

이제 우리는 죽음문화 성숙을 위한 개인적, 사회적 노력을 모색해야할 시점에 와 있습니다. 죽음의 질이 향상되지 않으면, 삶의 질이 결코 향상될 수 없습니다. 죽음은 몇 년, 혹은 몇십 년 뒤에 자신에게 일어날 문제가 아니라, 여기 지금 우리가 당면한 삶의 문제이기 때문입니다.

2010년 봄
춘천 봉의산방에서

삶, 죽음에게 길을 묻다

제1부

우리 사회에 죽음이해가 크게 부족하다

1장 우리 사회에 죽음 정의定義가 없다

문제 제기

최근 현대 의학의 발달에 따라 전에 찾아보기 어려웠던 뇌사, 식물인간, 안락사, 임사체험, 호스피스 등 죽음과 관련된 다양한 현상들이 주목받고 있다. 현대의학이 급속도로 발달함에 따라 죽어가는 환자도 적절한 의학적 조치가 취해지기만 한다면, 1년간이나 죽지 않을 수 있게 할수 있다. 종합병원 중환자실이나 응급실에는 이런 환자들이 연명치료 장치의 도움을 받아 생명을 유지하고 있다. 일례로 서울 보라매병원 사건에 대한 대법원의 최종 유죄 확정 판결이 2004년 6월 29일 내려진 이후, 환자를 퇴원시키려고 하는 보호자와 이를 저지하려는 의사 사이의 실랑이는 계속되고 있다.

안락사 문제와 함께 과연 어떻게 죽는 것이 인간적인 죽음이냐 하는 문제가 세계적인 관심사로 떠오르고 있다. 또한 우리 사회에서 갈수록 증가하고 있는 자살현상도 성숙한 죽음문화의 부재와 관련된다. 생사학, 죽음 준비교육, 자살예방교육도 새로운 연구와 교육 분야로 형성되면서 인간으로서 존엄한 죽음 권리, 바람직한 죽음문화의 모색 등도 관심사로 떠오르고 있다.

죽음 이해와 개념규정의 방향에 따라 죽음에 대한 거부감이나 타부 등을 야기하기도 하고, 삶과 죽음의 방식까지 제한하는 결과를 초래하기도 하므로 죽음에 대한 개념정의는 중요한 의미를 지닌다. 그러나 죽음은 물화物化되고 양화量化되는 현상이 갈수록 심화되고 있다. 죽음은 살아있는 사람들을 위한 복지를 논의하는 과정에서 부차적인 일로 다루어지면서, 죽음담론은 종교에서조차 중요한 일들의 우선순위에서 밀려나고 있다. 매장에서 화장으로 바꾸어야 하는 이유도 국토관리라는 경제적 이유가 그 논거로 제시되고 있고, 주검은 위생적으로 다루어야 할 쓰레기로 전락되었다. 우리의 죽음이해는 여전히 암울하고 불투명하다.

이런 우리 사회의 죽음문화와 관련해 원로 종교학자 정진홍 교수는 이렇게 말한다. "자신의 죽음을 앞두고 있는 노년에 이르면, 죽음을 그런 식으로 다루는 우리 사회의 풍토가 얼마나 황량한 것인지 절감하게 된다. 자신의 죽음이 존중받지 못하고 있고, 결국 자신이 살아온 삶이 평가절하되고 무화無化되어 버린다는 절망감을 느끼게 된다. 다시 말하면 현대인의 죽음 이해가 매우 중요한 어떤 것을, 현실에서 만나는 인간의 죽음 경험에서 간과하고 있든지 망각하고 있든지 아니면 잃어버리고 있음을 절감하게 되는 것이다. 우리가 직면한 죽음문화의 현실이 이렇다면, 우리는 죽음이 정말 무엇인지 되물어볼 필요가 있다."[1]

우리 사회는 세브란스 병원에 입원한 김 할머니 가족의 존엄사 요구를 인정한 서울 지방법원 2008년 11월 28일과 고등법원 2009년 2월 10일, 그리고 대법원 2009년 5월 21일의 판결로 인해 안락사와 존엄사 논란이 활발하게 전개된 바 있다. 하지만 유감스럽게도 존엄사, 소극적 안락사, 연명치료 중단 등의 찬반여부에만 초점이 맞추어져 의학적 법률적 죽음을 중심으로 논의가 전개되었을 뿐이다. 대법원 확정판결 이후 언론에서는 존엄사 법제화를 서두르자는 사설을 게재하기까지 했다. 우리 사회는 죽음문화의 부재, 토론문화의 결핍, 그리고 조급증으로 인해 진지한 토론과 과정을 무시한 채 존엄사 문제에 대해 하루라도 빨리 결론을 내리려고 한다.

2008년 9월 탤런트 최진실 씨의 자살로 인해 우리 사회는 큰 충격을 받았지만, 자살예방을 위한 사회적 노력과 시스템 마련은 아무것도 진전된 바 없이 식어버렸다. 마찬가지로 존엄사 논란도 비슷한 과정을 겪고 있다. 존엄사를 법제화한다고 우리 사회 죽음이해와 임종방식이 성숙될 수 있을까? 죽음문제를 법으로 해결될 수 있으리라고 기대하는 발상 자체가 이해가 되지 않는다.[2]

과연 우리 사회는 죽음문화 성숙을 위해 어떤 노력을 했는지, 존엄사 법제화를 논할 정도로 충분히 준비되었는지 한 사람 한 사람에게 묻고 싶다. 죽음은 바르게 이해되고 있는가? 죽으면 다 끝나는 것인가? 인간은 육체만의 존재인가? 임종하는 사람들을 보살피는 의사와 간호사들은 죽음을 제대로 이해하고 있는가? 전국의 의과대학에 죽음을 가르치는 생사학 관련 교과목과 전문가는 있는가? 죽음 준비교육은 초등학교, 중·고등학교, 대학에서 실시하고 있는가? 또한 평생 교육의 방식으로 웰다잉 교육은 다양한 연령층을 상대로 제대로 실시하고 있는가? 생사학을 연구하고 죽음 준비교육을 할 수 있는 전문가는 있는가? 나아가 한 사람 한 사람이 죽음 준비는 어느 정도 하고 있는가?

또한 우리 사회 죽음의 질은 과연 어떠한지도 묻고 싶다. 안타깝게도 우리 사회는 세계에서 죽음의 질이 가장 나쁜 나라 가운데 하나라는 사실을 아무도 부인할 수 없을 것이다. 자살충동률의 경우 청소년상담원이 2007년 9월 청소년 4천 5백여 명을 대상으로 조사했을 때, 10명 중 6명이 자살충동을 느끼고 있고, 10명 중 1명이 자살을 시도했던 적이 있다. 세계보건기구가 인정한 조사도구로 우울증 유병률을 조사했을 때 10명 중 5, 6명 정도가 우울증세로 판정받고 있다. 노인의 경우 자살충동률이 80%가 넘는다는 조사결과가 나오기도 했다. 그리고 죽어가는 사람 대부분은 편안하게 임종하고 있지 못한 상황이다. 여유 있는 임종모습, 주위에서 찾아보기 어렵지 않은가?

육체중심의 죽음이해

먼저 죽음 정의라는 용어가 어떻게 사용되고 있는지 살펴보기로 한다. 『블랙 법률사전 Black's law dictionary』 4판에서는 죽음에 대한 전통적 정의를 이렇게 밝히고 있다. "죽음, 생명의 중지. 존재하기를 멈

춤. 혈액순환이 체계적으로 멈췄으며 그 결과로 호흡, 맥박과 같은 동물적 생명 기능이 정지했다고 의사가 규정한다."[3] 또 하버드대 뇌사위원회에서는 이렇게 말했다.

> "새로운 죽음정의에 의해 생명을 구할 수 있는 가능성이 있다. 왜냐하면 죽음에 대한 이러한 정의를 받아들인다면, 이전보다 이식에 필요한 장기의 활력 조건이 크게 향상될 것이기 때문이다. … 비록 뇌는 죽었지만 다른 장기는 유용한 상태인 한 시점을 선택하는 것이 최선이다. 우리가 죽음에 대한 새로운 정의라고 말하면서 분명히 하려고 했던 것이 바로 이것이다."[4]

새로운 죽음정의로 생명을 구한다? 새로운 죽음정의를 받아들인다면, 장기이식이 훨씬 활성화된다? "뇌는 죽었지만 다른 장기는 유용한 상태인 한 시점을 선택하는 것이 최선이다. 우리가 죽음에 대한 새로운 정의라고 말하면서 분명히 하려고 했던 것이 바로 이것이다." 죽음을 이렇게 정의해도 되는 것인가? 인간이 뇌만의 존재, 육체만의 존재인가? 이런 죽음정의에 의해 장기이식은 활성화될 수 있을지 모른다. 그러나 잘못된 죽음정의에 의해 우리는 더 많은 것을 잃게 된다. 인간존재는 도구적 관점에서 이해되고, 죽음도 실용적 측면에서 정의된다면, 인간존재는 육체만의 존재로 물질화되어 현대 사회의 물신주의 풍조는 더욱 가속되고 생명경시는 한층 더 만연될 것이다. 그로 인한 비극은 이미 우리 사회 곳곳에 나타나고 있지 않은가!

죽음을 어떻게 이해하고 어떻게 개념 정의하느냐 하는 죽음정의 문제는 죽음 판정의 육체적 기준과 죽음 판정기준 충족 여부 검사와는 차이가 있음에도 불구하고 세 가지 개념이 서로 혼동되고 있는 사실을 지적하지 않을 수 없다. 심폐사와 뇌사는 죽음판정의 육체적 기준일 뿐으로 의학적 죽음정의는 될 수 있을지 모르겠지만 결코 죽음의 정의가 될 수는 없다. 인간이 육체만의 존재냐, 아니냐 하는 문제에 모두 동의할 수 있는 결론을 내리기 쉽지 않다는 점을 감안하더라도, 죽음정의는 육체의 죽음에 한정시켜 규정해서는 안 되기 때문이다. 죽음정의 문제는 기본적으로 철학적인 문제이지만, 의학적 죽음의 육체적 기준 제시와 죽음 판정기준 충족 여부 검사는 기본적으로 의학적인 문제이다.[5]

　죽음정의 문제를 다루는 생명윤리, 의료윤리 관련문헌을 조사했더니 심폐사와 뇌사 등 죽음판정의 육체적 기준만 논의하고 있었다. 우리 사회의 성숙한 죽음문화 부재 현상과 죽음에 대한 오해, 그리고 자살사망률 급증은 이와 같은 육체 중심의 죽음정의와 관계된다. 죽음 판정의 육체적 기준 제시와 죽음 판정기준 충족검사 문제에만 초점을 맞추지 말고 보다 큰 틀에서 죽음정의 문제를 원점에서부터 다시 차분히 논의를 시작할 필요가 있다. 모두가 동의할 수 있는 죽음정의가 도출될 수 있으면 좋겠지만, 영혼의 존재 여부같은 문제는 현실적으로 합의하기 어려워 결론을 도출하기 어려울 수 있으므로, 의견 차이를 있는 그대로 드러내놓고 다양한 의견을 폭넓게 제시하기만 하는 것도 한 가지 방법이 될 것이다. 의학적인 입장에서 볼 때 철학적, 종교적 측면에서 보는 죽음정의와 한 가지로 정리하는 것이 어렵다고 해서 죽음의 육체적 측면, 즉 의학적 죽음에만 초점을 맞추는 것은 바람직

삶, 죽음에게 길을 묻다

하지 않다. 이미 현대 사회에 만연된 생명경시 풍조 역시 이와 같은 육체중심의 인간이해와 관련되어 있지 않은가!

죽음정의 같은 철학적인 문제는 쉽게 결론 내릴 수 있는 그런 문제는 분명 아니다. 이런 이유에서 죽음정의는 결론을 도출하기 어려우므로, 실용적 차원에서 죽음판정의 육체적 기준 제시라는 의학적 문제로 축소되었다. 영혼의 존재 문제라든가 사후세계 문제 등에 철학적, 종교적으로 폭넓게 접근해 바람직한 방식으로 죽음을 규정하기 위한 노력은 찾아보기 어렵다. 심폐사와 뇌사는 죽음 판정의 육체적 기준과 관련되는 문제임에도 불구하고, 마치 죽음 정의 문제인 양 논의되고 있는 상황이다. 그래서 죽음정의 문제는 인간의 육신에 초점을 맞추어 단지 의료적인 문제, 법적인 차원에 한정해 생각하는 경향이 있다. 인간의 죽음은 단지 뇌사, 심폐사 같은 의학적 차원의 죽음판정의 육체적 기준의 문제로 축소되니까, 사람들의 죽음 이해 역시 육체 중심으로 한정되어 버리는 결과를 초래하게 된 것이다. 어느 생명윤리 전공 학자는 이렇게 말하고 있다.

"우리가 정의하고 논의할 수 있는 영역은 육체적 죽음뿐일 것이다. 일반적으로 사용되는 죽음이라는 개념은 우선 생물학적인 현상을 의미하며, 생명체 및 유기체로서의 인간의 종말로 이해된다. 죽음은 문화형태나 종교적 전통, 과학적 지식에 따라 다양하게 파악될 수 있다. 사후에 지속되는 삶에 대한 종교적 상상도 의학적 의미의 사망을 부정하지는 않는다. 다양한 종교에서 영혼이 육체로부터 분리된 후에도 삶은 지속된다고 주장함에도 불구하고, 죽음이란 육체적 지속성이 끝나고, 생명이 돌이킬 수 없이 소멸되는 것을 의미한다는 사실에 대해 의학적으로든 종교적으로든 논란의 여지가 없다"[6]

물론 죽음을 정의한다는 것은 쉬운 일은 아닐 것이다. 생명윤리 전공학자의 지적대로 "죽음이란 육체적 지속성이 끝나고, 생명이 돌이킬 수 없이 소멸되는 것을 의미한다는 사실에 대해 의학적으로든 종교적으로든 논란의 여지가 없다"라고 말할 수도 있을 것이다. 죽음에 대한 의학적인 설명은 몸의 소멸을 선언하는 것과 다르지 않다. 법률적인 죽음 이해 역시 사회적 존재로서 개체의 소멸을 뜻한다. 하지만 몸의 소멸로 죽음을 설명하는 것은 의학적 설명일 뿐이지 않은가. 죽음을 육체의 소멸로 설명한다고 해서 충분할까. 육체의 소멸로 죽음을 말하는 것은 의학자가 할 일이다. 철학교수 혹은 생명윤리 전공학자도 마찬가지로 육체의 소멸로만 죽음을 말해도 되는 것일까. 그의 주장대로 '우리가 정의하고 논의할 수 있는 영역은 육체적 죽음뿐'이라고 한다면, 우리 사회에 의학 이외에 철학이나 생명윤리가 필요한 이유가 무엇인지 되묻고 싶다. 생명윤리 전공학자의 말대로 육체의 소멸이라는 말로 죽음은 충분히 설명될 수 있다면, 생명윤리를 차라리 '육체의 윤리'라고 바꾸어 부르는 게 합당하지 않을까. 원로학자 정진홍 교수는 죽음이 육체의 소멸이라고 말하고 있는 생명윤리 전공학자에게 이렇게 반문한다.

"무릇 사물에 대한 인식이란 그 사물을 의미 있는 것으로 승인하고 수용할 때 비로소 완성되는 것이다. 죽음도 마찬가지이다. 죽음은 분명히 몸의 소멸이라고 말할 수 있다. 그러나 그것에서 멈춘다면 그것은 죽음이해에 도달한 것은 아니다. 육체의 소멸이 지금 여기에서 살아있고 죽음을 향해 나아가고 있는 자기 자신에게 어떤 의미를 지닌 것인지 묻고 그 해답을 얻지 못한다면, 죽음이 어떤 식으로 설명되더라도 자기 자신과 관계없는 것이 되고 만다. 더 중요한 것은 죽음에 어떤 의미를 부여하느냐에 따라 자기 삶이 달라진다는 사실이다. 죽음이해는 그 삶을 결정하는 종국적인 요인이기 때문이다. 그러므로 죽음을 의미 있는 것으로 만드는 것이 삶의 바탕이어야 하고, 동시에 어떤 의미를 부여하는가 하는 것이 삶의 내용이어야 한다."[7]

죽음, 육체의 소멸이 지금 자기 자신에게 어떤 의미를 지니고 있는지에 대한 해답을 제시할 수 있어야 한다는 것이다. 그 해답을 얻지 못한다면, 죽음은 자기 자신과 아무 관련 없는 것이 되고 만다. 특히 죽음에 어떤 의미를 부여하느냐 여부에 따라 죽음이해와 그 방식뿐만 아니라 자기 삶의 이해와 그 방식까지도 달라진다고 원로학자는 말한다. 따라서 죽음을 육체 중심, 혹은 과학적 설명에 맡겨 놓는다면, 그런 죽음이해는 인간과 삶의 이해마저도 제한하게 된다.

인도 뉴델리 태생의 하버드대 의학박사 출신으로 인도 전통 치유과학인 아유르베다와 현대 의학을 접목하여 정신신체의학이란 독특한 분야를 개척한 디팩 쵸프라Deepak Chopra라는 육체적 생명을 끝내는 것이 곧 죽음이라는 식으로 죽음을 정의하는 것은 분명 문제가 있다고 지적한다. 우리는 의식의 영역을 보다 확장시켜야 우리 자신 뿐만 아니라 죽음을 보다 잘 이해할 수 있다. 죽음이 우리 삶의 목적이며 그 완성이라는 증거를 보기 위해서는, 우리들의 의식경계를 확장시켜야만 한다. 그렇지 않고서는 우리 자신과 죽음을 제대로 이해할 수 없다고 그는 말한다.[8] 인간의 삶과 죽음, 생명 혹은 영혼의 문제는 보다 큰 차원에서 죽음은 진정 무엇을 의미하는지, 인간으로서 존엄한 죽음은 어떤 죽음이어야 하는지 하는 문제를 먼저 심사숙고해야 한다.

의학기술의 발달로 뇌의 기능이 더 이상 회복이 불가능한 이후에도 호흡과 심장박동을 일정 기간 유지시켜 주는 일이 가능해짐에 따라 죽음 정의 문제는 이론적 차원에서나 실용적 차원에서나 한층 복잡한 양상을 띠게 되었다. 전통적으로 심장의 기능 여부가 사망판단의 기준으로 받아들여졌는데, 심폐사에서 뇌사로 죽음정의가 바뀐다면, 뇌의 모든 기능이 회복 불가능하지만 연명치료 장치에 의해 심장박동을 유지하고 있는 환자의 경우 이미 사망한 것으로 보아야 한다.. 죽음정의가 심폐사에서 뇌사로 전환되는 것은 장기이식 문제와 관련해 중요한 의미를 지닌다. 그런 환자로부터 장기를 적출하는 행위는 정당화될 수 있기 때문이다. 우리나라에서도 뇌사자가 장기이식에 동의한 경우, 장기척출이 법적으로 허용되고 있다. 또 뇌의 기능이 회복 불가능한 환자의 경우, 연명치료장치 사용 여부에 대한 논란도 필요 없어진다.

그러나 실용적 측면에서의 이와 같은 이점에도 불구하고 뇌사에 대한 공감대는 아직 충분하지 않은 상황이다.[9] 죽음의 결정과정에서 뇌의 중요성은 인정되지만, 뇌사가 바로 죽음을 의미한다는 주장에는 동의할 수 없다는 주장이 여전히 제기되고 있다. 죽음을 그 자체로 정의해야지 실용적 관점에서 규정하는 것은 이치에도 맞지 않다. 뇌가 작동하지 않는다는 것은 단지 신체기관의 일부가 손상 받은 것일 뿐으로 귀나 눈의 손상이나 다름없기 때문이다. 뇌가 신체기관을 조정하는 기능을 지녔지만, 인간존재가 뇌로 환원되거나 뇌와 동일시될 수는 없다. 인간존재의 죽음이란 그 일부의 죽음이 아니라 유기체 전체의 죽음이어야 한다는 주장이 제기되는 등 논란이 계속되고 있다. 의학체계 안에서 죽음을 심장사와 뇌사로 정의하는 것은 어느 정도 타당할 수는 있지만, 우리가 죽음을 말할 경우 신체의 특정 부분의 죽음이 아니라 그 사람의 모든 것을 포함하는 것이라고 달라이라마도 말한다. 어떤 사람이 죽었다고 말할 때 '신체의 어느 부분이 죽었는가?'라고 묻지 않는다. 개별 신체기관이 아니라 그 사람의 모든 부분을 포괄해 죽음이란 용어를 사용한다는 것이다.[10]

생사학의 죽음이해

서양에서 생사학을 창시한 퀴블러 로스도 인간존재는 육체적, 감정적, 지적, 영적인 4가지 측면으로 구성되어 있다면서, "진짜 문제는 우리가 죽음에 대한 참된 정의를 갖고 있지 못하고 있기 때문"이라고 말한다. 죽어가는 환자들을 돌보고 의대생과 신학생들을 가르치면서 그는 죽음에 대한 새로운 정의, 포괄적인 정의를 내리는 일에 부딪쳐 보기로 결정했다. 죽어가는 사람들은 대부분 불행하게 죽어가고 있고, 또 의사와 간호사, 그리고 가족이 죽어가는 사람을 병실 한 구석에 방치하고 있는 현실 역시 죽음이해와 정의에 문제가 있기 때문이라고 그는 판단했다. 죽어가는 환자들을 돌보면서 자기 환자와 항상 깊은 인간적 관계를 유지했던 그는 사람이 죽을 때 무슨 일이 일어나는지, 사람은 죽으면 어떻게 되는지 어떻게 해서든지 알고 싶어했다. 분노와 욕설, 좌절의 상태에서 죽었음에도 불구하고 죽은 바로 뒤 그들의 얼굴 표정에서는 침착함, 평온함을 자주 목격하면서, 죽은 그들의 육신은 봄이 되어 더 이상 필요 없어 벗어던진 겨울 외투처럼 보여졌다. 죽어가는 사람을 많이 보살핀 경험이 있는 그는 아주 확실하게 죽어가는 사람들의 육신은 껍질에 불과하고 자기가 사랑했던 사람은 더 이상 그 껍질 안에 있지 않다는 것을 알았다.[11] 죽음이 찾아오면 시체가 남는 것이지만, 시체는 바로 그 사람이 아니다. 사람은 죽더라도 존재의 양식만 바꿀 뿐 계속 존재한다는 것이다.[12]

그러므로 인간의 죽음은 뇌사나 심폐사처럼 죽음판정의 육체적 기준만으로 정의될 수 없고 그렇게 되어서도 안 된다. 육체 중심의 죽음판정 기준이 죽음정의를 대신하는 그런 사회는 결코 죽음문화가 성숙될 수 없고 자살처럼 불행한 죽음만 양산될 뿐이다. 사후의 삶에 대한 연구결과, 인간에게는 영혼이 있고 단순히 이 세상에서의 생존 그 이상의 이유가 있다고 퀴블러 로스는 말한다. 우리가 지금까지 정의한 것과 같은 그런 죽음은 존재하지 않는다는 결론에 그는 이르렀다. 이제 죽음 정의는 물질적이며 육체적인 것을 넘어 영혼, 정신, 삶의 의미같이 순전히 물질적인 삶과 생존 이상의 무언가

지속되는 것이 있음을 고려해야 한다는 것이다.[13] 의학적, 법적인 접근은 단지 죽음의 육체적 측면만, 즉 죽음 전체를 보지 않고 일부분만 다루는 격이다. 육체의 죽음, 한 가지 죽음 판정기준에 국한시킨다면 삶과 죽음에 대한 폭넓은 가능성을 제한하는 일도 야기될 수 있으므로, 죽음을 폭넓게 또 깊이 있게 이해하기 위해서는 육체의 죽음에만 국한시키기보다 다양하게 접근해야만 우리의 삶과 죽음에 새로운 지평이 열릴 수 있다.

또한 죽음이 끝이냐 아니냐, 혹은 죽은 뒤 영혼은 유지되느냐 여부 문제 역시 죽음 정의 문제와 밀접하게 연관된다. 죽음 정의 문제는 죽음 이후 문제와 아무 관련 없이 논의되어서는 곤란하다. 죽음은 우리의 삶과 죽음 이후를 연결시켜주는 매듭역할을 하므로, 삶과 죽음 그리고 죽음 이후 3가지는 함께 심사숙고되지 않으면 안 된다. 퀴블러 로스는 죽음이 끝이 아니라는 것은 단지 지식의 문제, 사실의 문제라고 말했다. 소아암 등으로 죽음에 직면한 어린아이들을 향해 그는 말했다. "우리 몸은 헝겊으로 만든 번데기와 마찬가지여서 죽으면 영혼은 육신으로부터 벗어나 나비처럼 하늘을 향해 날아 올라간다."

생사학을 창시해 현대인들에게 올바른 죽음관을 제시했던 20세기의 영적 지도자 엘리자베스 퀴블러 로스. 그녀는 1995년 자신의 삶을 조망하는 자서전을 썼다. 자서전 집필 내내 뇌출혈로 쓰러져 신체의 일부가 마비되는 등 여러 번 위기를 겪기도 한 그녀는, 우여곡절 끝에 마침내 자신의 필생의 업적에 대한 기록을 끝내면서 자서전 표지를, 하늘로 날아오르는 나비 한 마리 그림과 어린 암환자에게 보냈던 편지로 장식했다.

"우리가 세상에 보내져 해야 할 일을 다 마치고 나면 / 우리는 마치 미래의 나비를 품고 있는 고치처럼 / 영혼을 가두고 있는 육신을 버릴 수 있게 된단다. / 그리고 때가 오면 우리는 육신을 떠나서 / 고통도, 두려움도, 걱정도 없는… 마치 정말 아름다운 한 마리 나비처럼 자유로이…"[14]

그녀는 어느 날 스위스에서 아침식사로 커피를 마시고 담배를 한 모금 피우는 순간, 갑자기 의식이 희미해지면서 그대로 쓰러져 버렸다. 그녀는 '이 제야 죽는구나' 하는 생각이 들었다. 평소에 죽음은 이 세상을 졸업하는 것이므로, 오히려 기뻐하고 축하해야 할 일이라고 생각하고 있었던 퀴블러 로스에게 죽음에 다가가는 것은 매우 기쁘고 흥분되는 일이었다. 그때 그녀는 다른 임사체험자와 마찬가지로 너무나 스위스적인 산길에서 자기 인생을 파노라마처럼 회고하기도 했고 그 너머 밝게 빛나는 빛의 세계를 향해 날아가 평안과 사랑으로 가득 찬 세상을 만났지만, 안타깝게도 퀴블러 로스의 표현 다음 순간, 의식을 회복했다. 아직 죽을 때가 오지 않은 것이다.[15] 그렇게 죽음의 순간을 오랫동안 기다려오던 퀴블러 로스는 2004년 8월 24일 "나는 우주로 춤추러 간다. 그곳에서 노래하고 춤추며 놀겠다"라는 말과 함께 78세의 나이로 여행을 떠났다. 장례식에서 그녀의 두 딸이 관 앞에서 작은 상자를 열자 상자 안에서 한 마리 호랑나비가 날아올랐고, 참석자들이 미리 받은 봉투에서도 수많은 나비들이 일제히 하늘로 날아올라 장관을 이루었다.[16]

삶, 죽음에게 길을 묻다

바람직한 죽음 정의定義 모색

2장 '죽음, 어떻게 이해할 것인가'에서 보다 자세하게 죽음을 어떻게 이해해야 할지 다루겠지만, 죽는다고 해서 모든 게 끝이 아니므로, 죽음정의 역시 육신에만 초점을 맞추는 것은 바람직하지 않다. 그 결과 사람들은 육체에만 국한되는 그런 삶, 지나치게 세속적인 삶만을 추구하게 되기 때문이다. 죽음을 육체로부터 영혼의 분리과정으로 본다면, 죽음에 대한 거부감이 어느 정도 바뀔 수 있을 것으로 기대된다. 죽음을 육체적 관점으로만 보지 말고 보다 깊이 영혼, 영성의 문제로 바라볼 수 있고 죽음방식이 보다 성숙되지 않는다면, 우리 삶의 질Quality of Life 과 죽음의 질Quality of Death 은 결코 올라갈 수 없다.17) 삶과 죽음을 통한 여행으로 자기존재를 이해할 경우, 우리 사회에 팽배해있는 세속주의나 물신주의를 치유할 수 있는 계기도 마련될 수 있을 것으로 기대된다. 그러므로 죽음정의와 관련해 다음과 같은 내용을 반드시 고려해야 할 것이다.

- 죽으면 다 끝난다면 심폐사, 뇌사가 죽음정의일 수 있다.
- 인간은 육체만의 존재가 아니므로, 죽는다고 전부 끝나는 것이 아니다.
- 죽음이란 육체가 죽는 것이지, 인간존재 전부가 죽는 것은 아니다.
- 따라서 심폐사, 뇌사는 죽음정의가 아니라 죽음판정의 육체적 기준일 뿐이다.
- 육체가 죽으면 시신으로부터 3일 반을 전후해 영혼이 분리된다.

- 주검으로부터 분리된 영혼은 다른 세상으로 떠난다.

- 그러므로 죽음이란 관계가 끝나는 것도 아니고 생명이 없어지는 것도 아니다. 단지 육체만 사라질 뿐이다.

죽음을 육체의 측면에서 본다면, 육체의 죽음은 분명 있는 것이다. 그러나 영적인 차원에서 죽음을 바라보면 죽음은 육체의 죽음일 뿐이고 육체로부터 영혼이 떠나는 것이다. 죽음은 단지 육체의 죽음일 뿐 끝이 아님을 분명히 안다면, 죽음은 더 이상 존재하지 않는다고 말할 수 있다. 사실, 퀴블러 로스가 생사학의 연구 가치를 인정하지 않는 남편과 이혼하면서까지 생사학 연구에 몰두한 것도, 생사학이 존재하는 이유도, 그리고 불교 가르침[18] 역시 죽음은 끝이 아니므로 죽음은 사실 존재하지 않는다는 메시지 전달에 있는 것이다. 우리가 알고 있는 그런 죽음이란 존재하지 않는다는 것, 죽음이 끝이 아니라는 것을 아는 것은 매우 중요한 일이다. 죽음에 대한 바른 이해는 우리 자신의 삶의 이해와 그 방식, 죽음의 이해와 그 방식에 결정적인 영향을 미치기 때문이다. 임사체험자들은 죽음의 순간 마치 허물 벗듯이 육체의 옷을 벗어버렸다. 죽음은 흡사 나비가 고치를 벗어던지는 것처럼 육신을 벗는 것에 불과하다. 죽음은 보다 높은 의식 상태로의 변화일 뿐이다. 죽음의 순간에 유일하게 잃어버린 것이 있다면 육신이란 허물 뿐이다. 죽은 뒤 우리는 더 이상 육신을 필요로 하지 않는다. 봄이 와서 겨울코트를 벗어버리는 것과 같다. 따라서 죽음이라 일컬을 수 있는 것은 실제로 존재하지 않는다.[19]

그러므로 생사학의 입장에서 본다면 우리 사회에 죽음은 두 가지 이유에서 존재하지 않는다. 첫째 죽음정의에 대한 논의를 심폐사나 뇌사같은 죽음 판정 기준이 대신하고 있으므로, 우리 사회에 죽음판정 기준에 대한 논의만 있을 뿐 죽음정의_{죽음에 대한 바른 이해}는 존재하지 않는다.[20] 둘째 죽음이란 육체의 죽음에 불과하고, 죽음의 순간 육체로부터 영혼이 분리되어 다른 세상으로 여행을 떠나므로, 영혼은 죽는 것이 아니다. 육체의 차원에서 보면 죽음은 존재하지만, 영혼의 차원에서 보면 죽음은 존재하지 않는다. 죽음은 육체의 죽음일 뿐 끝이 아니므로, 죽음은 더 이상 존재하지 않는다.[21] 우리 사회에서 사람들이 왜 그토록 죽음에 대한 거부감이 심한 것인지, 불행하게 죽어가는 사람이 왜 그렇게 많은 것인지, 그리고 자살사망률이 왜 최근 들어 급증하는 것인지 문제를 추적해 보니까, 다른 여러 가지 원인도 작용하지만 그 근원에는 죽음에 대한 오해, 육체 중심의 인간이해와 죽음정의가 오해의 근원으로 자리 잡고 있었다.[22]

2장 죽음, 어떻게 이해할 것인가

WHO 세계보건기구 에 따르면 건강에는 4가지 측면이 있다고 한다. 육체적, 사회적, 정신적, 영적인 건강이 그것이다. 최근 세계보건기구에서는 기존의 3가지 측면에 영적인 건강을 추가시킴으로써 우리의 건강에 당연히 영혼이나 영성, 영적인 문제가 결부되어 있음을 분명히 지적하고 있다. 건강에 영적인 건강을 포함해 4가지 측면이 있다면, 죽음도 당연히 4가지 측면에서 접근해야 한다. 첫째 육체적 죽음, 둘째 사회적 죽음, 셋째 정신적 측면, 넷째 영적인 측면23)이다.

그러나 우리 사회는 육체적 죽음과 사회적 죽음에만 관심을 가질 뿐 정신적 측면과 영적인 측면에는 무관심하다. 의학적, 법적인 논의도 해야겠지만, 그런 식의 논의에 앞서 인간의 삶과 죽음, 생명 혹은 영혼의 문제라는 보다 큰 차원에서 죽음은 진정 무엇을 의미하는지, 인간으로서 존엄한 죽음은

34

어떤 죽음이어야 하는지 하는 문제를 먼저 검토해야 하지 않을까. 인간의 삶과 죽음, 생명 혹은 영혼의 문제처럼 보다 큰 차원에서 죽음은 진정 무엇을 의미하는지, 인간으로서 존엄한 죽음은 어떤 죽음이어야 하는지 하는 문제에 대해 먼저 심사숙고해야 한다.

불교의 죽음이해에서 중요한 용어가 바로 생사윤회와 열반이다. 생사윤회와 열반은 불교적 죽음관의 핵심일 뿐만 아니라 붓다 가르침의 근간을 이루고 있으므로, 불교 이해의 전체, 나아가 불교의 역사적 전개에 있어서도 핵심적 역할을 수행했다. 붓다의 출가동기, 깨달음의 구체적 내용, 그리고 열반의 의미를 좀 더 자세히 검토한다면, 불교의 죽음이해가 보다 분명하고 알기 쉽게 제시될 수 있을 것이다. 거꾸로 붓다의 출가동기, 깨달음의 구체적 내용, 그리고 열반의 의미를 빼놓고 우리는 불교의 죽음을 충분히 논할 수 없다.

붓다의 출가, 깨달음, 그리고 열반

싯다르타 왕자가 왕궁을 버리고 출가하여 수행의 길에 들어선 목적은 죽음의 문제를 풀기 위한 것이었다. 싯다르타는 출가를 만류하는 부왕에게 "죽음이 없는 길을 알려주면 출가하지 않겠다"고 말하거도 했다. 출가한 이후 오랫동안 진리를 추구했던 그는 어느 날 진리를 찾을 때까지 결코 일어서지 않겠다는 굳은 결심을 하고 나무 밑에 계속 앉아 있었다. 해질 무렵 미혹으로 말미암는 온갖 어리석음을 떨쳐버릴 수 있었다. 다음 날 이른 아침 동트는 하늘에서 샛별이 반짝일 때, 깨달음을 성취함으로써 오랜 인내와 수행이 결실을 맺었다.

> 고타마는 자신을 무수한 삶에 걸쳐 가두었던 감옥이 부서지는 듯한 느낌이 들었다. 무명이 감옥을 지키는 간수였다. 무명 때문에 먹구름에 가린 달과 별처럼 그의 마음은 미혹에 휩싸였던 것이다. 한없이 이어지는 미혹의 파도에 가려 우리는 실재를 주관과 객관, 자아와 타아, 존재와 비존재, 삶과 죽음으로 잘못 나누었다. 이렇게 차별하는 마음으로 인해 잘못된 소견, 즉 감정, 갈망, 집착, 삶과 죽음의 감옥이 생겨났다. 생노병사의 고통은 감옥의 벽을 두껍게 만들 뿐이다. 감옥으로부터 벗어나기 위해 해야 할 유일한 일은 간수를 붙잡고 그의 본모습을 바라보는 것이다. 무명이 바로 감옥을 지키는 간수이다.[24)]

붓다는 무명無明, 참된 본성에 대한 무지가 바로 생사윤회의 고통으로 떨어뜨리는 근본원인임을 깨달았다. 마음의 미혹을 끝내는 것이 곧 생사윤회를 벗어나는 것이고, 이를 위해서는 우리 마음을 참된 본성으로 이끌어야 한다는 것이다. 오랜 정진 끝에 어느 날 새벽 마침내 깨달음을 얻고 외친 첫마디가 "나는 불사不死, Amrta를 얻었다"는 말이었다. 불사의 산스크리트 원어 아므리따는 한문불교권에서 불사로 번역했지만, 무사無死, 비사非死로도 옮겨질 수 있다.[25)] 붓다는 보리수나무 아래 앉아 "죽음은 죽음이 아니다[非死]"

삶, 죽음에게 길을 묻다

"죽음은 없다[無死]"라는 사실을 깨달았다.

보리수나무 아래 앉기 전까지 고민하게 만들었던 죽음이 알고 보니 실재하는 게 아니라 우리 의식이 만들어낸 허구에 불과했다. 죽음의 순간 우리가 맞을 죽음은, 우리가 생각했던 그런 식의 죽음이 아니다[非死]. 다시 말해 그런 죽음은 없다[無死]는 뜻이다. 죽음이 있다는 착각에 지금 살아있다는 생각을 떠올리게 되고, 지금 살아있다고 착각하는 순간 죽음이 있다고 생각하게 되는 것이다. 그러나 삶과 죽음은 인연의 결과일 뿐이지 실재하는 것은 아니라고 붓다는 말한다. 붓다는 깨달음을 얻은 다음 "나는 죽지 않는다[不死], 죽음은 죽음이 아니다[非死], 죽음은 없다[無死]"고 외친 것은 삶과 죽음은 우리 의식이 꾸며낸 허구, 인연에 따라 일시적으로 결합된 것에 불과하다는 선언이었다.

붓다가 깨달은 다음 처음으로 제시한 교리가 바로 고집멸도苦集滅道 사성제이다. 고제苦諦는 세상 사람들이 삶에서 느끼는 고통, 집제集諦는 고통의 원인, 멸제滅諦는 고통이 없어진 상태, 도제道諦는 고통을 없애는 방법을 뜻한다. 붓다가 태자 시절에 생로병사의 고통을 사문유관四門遊觀할 때 직접 보고 고통에서 벗어나는 방법을 찾기 위해 출가했고, 깨달음을 얻자마자 첫 설법에서 사성제 가르침을 통해 고통으로부터 벗어나는 법을 제시했다. 불교 가르침의 궁극적인 목적은 사성제 가운데 괴로움의 소멸, 열반의 실현에 있다. 붓다는 깨달음을 통해 죽음 극복을 선언했다. 따라서 붓다는 생로병사를 극복하기 위해 출가했고 깨달음의 순간에도 불사를 얻었다고 선언했으므로, 죽음 수용과 극복은 불교 가르침의 핵심인 것이다.

붓다 시대에 크리샤 고타미라는 젊은 여인이 살았다. 어느 날 그녀의 첫 아이가 태어난 지 1년 만에 죽었다. 비탄에 빠진 그녀는 아기의 시신을 끌어 안고 아기를 되살리는 약을 달라고 간청하면서 거리를 떠돌아다녔다. 미친 듯이 거리를 헤매고 다니는 그녀를 보고 사람들은 "고타미가 미쳤다"며 손 가락질했다. 그때 행인 중 한 사람이 '아기를 살리는 기적'을 일으킬 수 있 는 인물이 붓다라고 일러주었다.

그녀는 붓다를 찾아가 발밑에 아기의 시신을 내려놓고 자신이 찾아온 사 연을 말했다. 그러자 붓다가 말씀하셨다. "당신의 상처를 치유할 수 있는 단 한 가지 방법이 있습니다. 시내에 들어가서 죽음을 겪지 못한 집이 있거 든 그 집에서 겨자씨 하나만 가져오세요."

그녀는 생기를 되찾고 곧바로 시내에 들어가 우선 눈에 띄는 집으로 들어 갔다. 그런데 그 집 주인이 하는 말이 "우리 집에서는 많은 사람들이 죽었 다"는 게 아닌가. 여인은 아이를 살리겠다는 일념으로 온 시내를 돌아다녔 지만, 붓다가 제시한 조건을 충족시킬 수 있는 집은 그 어디에도 없었다. 그 녀는 아기의 시체를 납골당에 가져가 마지막 작별인사를 고하고는 곧바로 붓다를 찾아왔다. 붓다가 물었다. "그래, 겨자씨를 가져왔습니까?" 그러자 여인은 침통한 표정을 지으며 "사람이 죽지 않은 집은 어디에도 없었습니 다. 붓다께서 제게 가르쳐 주신 교훈을 이제야 알 것 같습니다. 자식을 잃은 비통함으로 인해 저 하나만 죽음의 손아귀에서 신음한다고 착각했습니다." 그러자 붓다는 "그러면 왜 또다시 나를 찾아왔습니까?"라고 여인에게 물었 다. 여인은 갈구하는 눈빛으로 붓다를 바라보며 "죽음이 무엇을 뜻하는지,

죽음을 넘어서 무엇이 있는지, 그리고 어떤 것이 죽지 않는 것인지 가르침을 구하고자 합니다."라고 간절히 기원했다. 여인의 말에 연민의 표정을 짓던 붓다가 이어서 나직한 목소리로 말했다.

> "만일 당신이 삶과 죽음의 진리를 알고자 한다면, 우주에 단 한 가지 변치 않는 법칙이 있다는 것을 아셔야 합니다. 그건 바로 '모든 것은 변하고 모든 것은 덧없다'는 것입니다. 당신은 아기의 죽음을 통해 지금 우리가 살고 있는 세상이 고통의 바다임을 알게 되었습니다. 생사의 끝없는 순환에서 벗어나는 단 하나 유일한 길은 깨달음을 얻는 것입니다. 고통을 겪음으로써 이제 당신은 진리를 배울 준비가 되었습니다."[26]

붓다는 생사의 고통으로부터 벗어날 수 있는 길로 깨달음을 통해 열반을 증득하는 것이라고 분명히 밝혔는데, 불교적 죽음이해를 제시하기 위해서는 죽음과 열반 개념의 차이를 먼저 명확히 해야 한다. 붓다고사의 정의에 따르면 '죽는다'에 해당하는 팔리어는 'kalam karoti'이다. 'kala'는 시간을 의미하는데 인간의 생명과 관련해 수명의 길이를 말한다. 'kalam karoti'는 자신이 부여받은, 이 세상에 머물 수 있는 육체의 시간을 마친다는 뜻이다.[27] 불교에서는 죽음을 어떻게 이해하고 있는지, 육체 중심의 죽음이해와 어떻게 다른지 살펴볼 필요가 있다.

> "수명호흡, 체온, 의식이 육체를 떠날 때… 모든 근이 무너지고 육체와 명命

이 분리되는데 이를 죽음이라 이름한다."[28]

"수명호흡과 체온, 그리고 의식은 육신이 사라질 때 함께 사라지며 저 육신이 무덤 속에 버려지면 나무나 돌같이 마음이 없어진다."[29]

"세존께서 말씀했다. 수명호흡, 체온, 그리고 의식 세 가지가 육신을 버릴 때 육신은 쓰러져 마치 아무 감각없는 나무처럼 된다."[30]

우리의 생명은 수명호흡, 체온, 그리고 의식 세 가지를 갖추고 있다. 호흡, 체온, 그리고 의식이 육신으로부터 벗어날 때 이를 죽음이라 일컫는다.[31] 살아있을 때에는 호흡, 체온, 의식 세 가지가 서로 분리되지 않지만, 호흡이 다하면 체온이 떨어져 육신이 차갑게 되고 이숙식아뢰야식이 몸을 떠나게 된다.[32] 호흡이 멈추고 심장 박동이 정지하면서 육신은 기능이 다하게 된다. 어떤 순수하고 미묘한 마음subtle mind이 육신에서 떠나면 몸의 9가지 구멍으로부터 시신은 부패하기 시작한다고 달라이라마는 말한다. 죽은 이후 시신으로부터 벗어나 유지되고 윤회하는 것은 바로 subtle mind라는 것이다.[33]

열반은 적멸寂滅, 멸도滅度, 무생無生 등의 뜻으로 옮겨진다. 열반의 특징으로, 상주常住, 적멸寂滅, 불사不死 등이 말해지고 있다.[34] 열반은 생사의 고통에서 벗어난 적멸을 뜻한다. 열반의 세계는 불생불사이다. 따라서 붓다의 죽음이란 붓다 육신의 죽음을 의미하고, 붓다의 입멸이란 붓다가 불생불멸의 열반에 들어갔다는 뜻이다. 붓다는 열반에 들어갔으므로 윤회에서 벗어났다. 붓다는 자신의 육체를 오래된 낡은 집에 비유한다. 세월이 지나면 집은 낡아 마침내 허물어지듯이 육신도 결국 죽게 된다. 집을 받치고 있던 대지는 여전히 변함없듯이, 붓다의 육신은 죽었지만 마음은 대지처럼 안정되어 있다.[35] 붓다는 육신에서 벗어나는 길을 다음과 같이 말한다.

> "저 금빛 찬란한 왕의 마차도 마침내는 낡고 부서지고야만다. 활기 넘치는 그대의 젊은 육체도 마침내는 늙어 부서지고야만다. 그러나 니르바나, 저 불멸을 향한 수행의 힘은 결코 늙거나 부서지지 않는다. 그러므로 세대에서 세대로 니르바나, 이 불멸의 길을 길이 전해야 한다."[36]

> "지금 여래의 몸은 늙고 노쇠했다. 육신은 마땅히 사멸하는 과보를 받아야 한다. 따라서 비구들이여, 그대들은 마땅히 태어나지도 않고 늙지도 않고 병들지도 않고 죽지도 않는, 영원히 고요한 열반을 구해야 한다.[37]

> "부처님께서 게송으로 말씀하셨다. 생명이 있는 모든 중생은 죽는다. 수명은 반드시 다하게 되어 업에 따라 인연의 과보를 받는다. 선과 악 각각에 결과가 뒤따른다. 복을 쌓으면 하늘세계로 올라가고 악을 지으면 지옥에 떨어진다. 도를 닦으면 생사의 과보를 끊고 열반의 세계로 들어가… 윤회에서 벗어나 죽지 않게 된다.[38]

누구든지 죽은 이후 업에 따라 과보를 받아 윤회하게 된다. 그러나 윤회, 죽음의 고통으로부터 벗어날 수 있는 해탈의 길 역시 붓다는 제시했다. 인용문 가운데 "도를 닦으면 생사의 과보를 끊고 열반의 세계로 들어가 윤회에서 벗어나 죽지 않게 된다"는 게송은 불교적 죽음 이해를 시사해주고 있다. 붓다가 출가한 것도 생로병사의 고통에서 벗어나 열반을 얻기 위한 것으로, 깨달음이란 생사에 자유자재한 능력을 갖추는 것이다. 성철 스님도 인과에 따라 생사윤회하는 고통을 벗어나는 길은 해탈, 성불밖에 없다면서, 도를 닦아 성불하기 이전에는 영혼이 있어 자꾸자꾸 윤회한다고 말한다. 39)

불교경전에 제시된 죽음이해

『능엄경』에 따르면 아난은 붓다의 설법을 듣기만 했을 뿐 번뇌에서 벗어난 무루無漏의 경지를 증득하지 못해 마등가녀의 사비가라 주문에 걸려 음란한 일에 떨어졌다. 아난은 이는 참마음을 제대로 알지 못하기 때문이라면서 가르침을 청했다. 그러자 붓다는 얼굴에서 광명을 발하신 다음 말씀하셨다.

모든 중생은 머나먼 과거로부터 미혹하여 업의 종자가 마치 악자취와 같다. 40) 수행인들은 위없는 보리를 이루지 못한 채 소승의 과보인 성문·연각이 되기도 하고 외도·하늘의 신선·마왕과 그 권속이 되기도 한다. 이는 바로 두 가지 근본을 알지 못하고 제대로 수행하지 못하기 때문이다. …두 가지 근본이란 무엇인가. 첫째는 '시작을 알 수 없는 생사근본[無始生死根本]' 이니, 그대는 지금 여러 중생과 더불어 인연을 짓는 그 마음을 자기 성품으로 간주하고 있다. 둘째는 '시작을 알 수 없는 보리열반의 원래 청정한 자체[無始菩提涅槃元淸淨體]'로, 이제 그대의 밝은 식정원명識精元明이 능히 여러 인연을 지었지만, 그 인연으로 인해 원래의 밝은 식정을 잃고 있다.[41]

식정원명識精元明은 육근에 본래 갖추어진 불생불멸을 뜻한다고 풀이하므로 8식에 해당된다. 8식으로 인해 여러 인연, 즉 육식이 생겨났지만 이와 같이 인연에 따라 생겨난 마음을 자신의 참마음으로 잘못 아는 까닭에 원래 갖추어진 밝은 마음을 잃게 되었다고 부처님께서는 지적하셨다. 따라서 중생들은 본래 밝은 마음을 잃었기에 종일토록 밝은 마음을 사용하면서도 자각하지 못하고 어리석게도 육도세계에 제 발로 들어가 생사윤회를 거듭하게 된다. 중생들이 알 수 없는 머나먼 과거로부터 생사를 계속 이어가게 되는 것은, 참마음의 자성이 청정하며 밝게 빛나는 사실을 알지 못하고 끊임없이 망상을 일으키기 때문이다.[42] 이와 같이 중생들은 본래의 밝은 마음을 잃었기에 생사윤회를 거듭하는 것이다.

"알 수 없는 과거로부터 온갖 미혹에 빠져들게 되었다. 예를 들어 어느 지역의 지리에 어두운 사람이 사방을 제대로 분간하지 못하는 것처럼, 중생들은 어리석게도 지수화풍 사대로 구성된 것을 자기 육신으로 여기고 육진

六塵의 대상으로 인해 생긴 그림자를 자기 마음으로 착각하고 있다."

"여래의 수행인지에서 원융한 깨달음을 닦아 그것이 허공꽃인 줄 알게 되면 생사윤회에서 벗어나게 된다. 또한 생사에 부침할 몸과 마음이 원래 있는 게 아님도 알게 될 것이다. 애써 노력해 몸과 마음을 없게 하는 게 아니라 그 몸과 마음은 근본적으로 있는 게 아니다."[43)]

중생들은 어리석은 무명으로 인해 본래 갖추어진 불성에 미혹해 탐욕, 성냄, 어리석음이란 세 가지 독을 일으켜 생사윤회를 거듭하게 된 것이다. 지수화풍 사대로 구성된 육신을 자기 몸으로 착각하고 육진六塵 대상과의 관계 아래 성립된 망상을 자기 마음으로 간주하고 있다. 허공에는 아무런 꽃도 없거늘 눈병 난 중생이 어리석게도 허공꽃에 집착하는 것이다. 사대로 된 몸이 자기 육신이 아니건만 자기 육신으로 착각하는 까닭에 생사윤회를 반복하는 것이다. 중생들은 자기 존재가 원래 있는 게 아님에도 불구하고 어리석게도 생멸한다고 착각하므로 생사에 윤회하게 된다.[44)] 우리가 마음의 본성을 참으로 깨닫기 전에는 어느 누구도, 두려움 없이, 또 평온하게 죽음을 맞이할 수 없다.

12연기는 생사의 고통 속에서 윤회하는 중생의 삶, 그로부터 벗어나는 방법을 구체적으로 도식화한 것이다. 12연기는 무명에서부터 시작되는데, 무명은 밝은 지혜가 없는 어리석음을 말한다. 1.무명, 2.자기중심적 행위行, 3.의식識, 4.인식대상名色, 5.여섯 가지 감각기관六入, 6. 감각기관과 대상의 접촉觸, 7.감정이나 느낌受, 8.좋거나 싫다는 애착愛, 9.구체적 행동取,

10. 잠재적 형태有, 11. 존재生, 12. 늙음과 죽음老死 의 12연기는 무명에서부터 시작해 죽음에 이르기까지 고통이 이어지는 과정을 도식화한 것이다. 우리는 삶을 이런 방식으로 영위하고 있는데, 이를 유전연기流轉緣起 라고 말한다. 유전연기란 생사윤회의 고통에서 부침하는 중생의 삶을 가리킨다.45)

생사윤회의 고통을 끊기 위해서는 괴로움이 이어져 나가는 12연기의 매듭을 끊어야 하는데, 고통의 원천인 무명을 밝음으로 전환하는 일이 우선된다. 붓다가 맨 먼저 가르친 것처럼, 우리가 윤회 속에서 겪게 되는 모든 고통의 뿌리가 바로 무명이다. 무명의 어리석음으로 인해 우리는 생사윤회의 고통에서 헤매는 것이다. 무명이 없어지면 자기중심적 행위도 없어지고 차례로 의식, 인식대상, 감각기관도 자기중심적인 굴레에서 벗어나 마침내 고통의 사슬로부터 빠져나오게 된다. 이것이 바로 환멸연기還滅緣起 로, 생사고통으로부터 벗어난다는 뜻이다. 환멸연기는 본래적인 모습을 회복하는 길이고 열반으로 가는 길이다. 12연기도, 중생이 생사윤회로 고통 받는 삶의 방식과 함께, 생사의 고통에서 벗어나는 열반의 길을 동시에 제시하고 있는 것이다.

티베트의 죽음이해

『티베트의 지혜』는 독특한 내용을 담고 있는 문헌이다. 이 책은 티베트에서 오래 전부터 전해 내려오는 죽음 이후의 상황에 대해서 상세하게 기록한 일종의 사후세계에 대한 안내서 같은 성격의 책이다. 어떤 사람이 죽어갈 때 또는 죽은 이후에 스승이나 주위 사람이 그를 위해 읽어주는 책이다. 티베트인들은 죽어가는 사람 혹은 이미 죽은 사람이 들을 수 있다는 것을 자명한 사실로서 전제하고, 죽은 사람의 시신 옆에서 그의 귀에 대고 이 책을 읽어준다. 시신이 없으면 죽은 사람이 쓰던 침대나 의자 옆에서 그의 영혼을 불러, 그 영혼이 옆에서 듣고 있다고 상상하면서 읽어준다. 『티베트 사자의 서』의 원래 제목은 '바르도 퇴돌 첸모 Bardo Thödol Chenmo' 이다. "바르도 상태에서 가르침을 들음으로써 위대한 해탈을 성취한다 Great Liberation through Hearing in the bardo"는 뜻이다.

'바르도' 개념은 티베트인의 생사관에서 매우 중요한 용어이다. '바르도'의 '바르 Bar'는 '사이'를 뜻하고 '도 Do'는 '매달린' 혹은 '던져진'이라는 뜻이다. 따라서 '바르도'란 하나의 상황의 완성과 다른 상황의 시작 사이에 걸쳐 있는 '과도기' 혹은 '틈'을 의미한다. 바르도는 죽음과 다시 태어남 사이의 중간상태를 가리키는 말로 사용되기도 하지만, 그보다 훨씬 깊은 의미가 담겨있다. 인간은 삶과 죽음 사이에 걸쳐 있는 과정적 존재라는 뜻이다. 붓다의 가르침이 얼마나 심오하고 넓은 것인지 바르도 가르침을 통해 알 수 있다. 바르도 가르침에 따라 우리 존재 전체를 네 가지로 나누어 볼 수 있다.

첫째, 바로 지금의 삶이라는 고통스러운 바르도

둘째, 임종과정이라는 고통스러운 바르도

셋째, 다르마타라는 밝게 빛나는 바르도

넷째, 업에 따라 다시 태어나는 바르도

　첫째 바르도는 태어남과 죽음 사이의 모든 기간에 해당된다. 업의 수레바퀴가 굴러가는 엄청난 시간에 비하면 우리가 지금 이 삶에서 보내는 시간은 상대적으로 짧다. 지금 이 삶의 바르도는 수행을 통해 제대로 하기만 한다면 죽음준비를 하기 위한 유일한, 최선의 기간이라고 한다. 둘째 바르도는 임종과정의 시작에서부터 '내적인 호흡'이 끝날 때이다. 죽음의 순간 근원적 광명이라 불리는 마음의 본성이 떠오르면서 절정에 달하게 된다. 셋째 다르마타라는 밝게 빛나는 바르도는 마음의 본성이 밝게 빛을 내기 시작한 이후의 온갖 경험을 포함한다. 넷째 업에 따라 다시 태어나는 바르도는 일반적으로 바르도, 중음상태라 일컫는데 우리가 다시 생명을 받아 태어날 때까지 지속된다.46)

　따라서 바르도는 우리가 알고 있는 삶, 그리고 죽음의 범위에 한정되지 않는다. 우리는 자신의 삶만 알고 있을 뿐, 죽어가는 과정이라든가 죽음 이후에 대해 말할 수 없다. 그러나 바르도 개념은 우리가 살고 있는 바로 지금의 이 삶만이 아니라 죽어가는 과정, 죽음 이후, 다시 태어나는 바르도까지 포함해 말하고 있다. 네 가지 바르도 개념에 비추어 볼 때 죽음이 끝이 아니라는 말은 더 이상 재론할 필요조차 없다. 이와 같이 삶과 죽음에 대해 확고한 생사관을 갖춘 티베트인들은 죽음이 끝이 아니기 때문에 죽음을 두려워할 아무런 이유가 없는 것이다. 그래서 죽음을 자연스럽게, 당연히 지나가야 할 하나의 과정으로 받아들인다.

티베트 불교에 따르면 마음에는 두 가지 측면이 있다고 한다. 첫 번째 일상적인 마음, 티베트어로 셈sem이라 일컫는다. 분별의식, 외적인 것을 수용하거나 부정하는 그런 마음이다. 셈은 생각하고 조작하고 꾸미는 마음, 성냄의 파도로 불타오르는 마음, 부정적인 생각에 빠지는 마음. 일상적인 마음은 끊임없이 변하면서 외부의 영향과 조건에 좌우된다. 셈은 활짝 열린 문아래 놓여 주변의 온갖 바람에 흔들리는 촛불과 다름없다. 티베트어로 육신은 '뤼lü'라고 불리는데 수하물처럼 사람이 떠난 뒤에 남는 것을 의미한다. '뤼'라고 말할 때마다 티베트인들은 인간이란 이 삶과 육신에 잠시 머무는 여행자일 뿐이라는 사실을 상기하게 된다. 육신과 마찬가지로 우리 마음도 믿을만한 게 못된다. 우리 마음은 쉴 새 없이 이리저리 튀어 다니는 벼룩이나 다름없다. 생각은 아무 이유 없이 불쑥불쑥 떠오른다. 우리는 매순간마다 변덕스러운 마음에 이끌려 다닌다.

우리가 죽음을 두려워하는 가장 큰 이유는 자기 육신이나 일상의 삶에서 자신이 사용하고 있는 마음을 자기 자신인 양 착각하기 때문이다. 자기 자신이 정말 누구인지 자기 존재의 정체성을 어디에서 찾아야 하는지 모르고 있다. 사람들은 자신이 다른 사람과 구분되는 독자적인 정체성을 지니고 있다고 생각한다. 구체적으로 검토해보면 이름, 배우자, 가족, 일, 주민등록증, 신용카드… 그 정체성이란 무수한 사물들의 집합에 불과하다. 우리가 자신의 안전을 위해 의지하고 있는 것들은 이렇게 깨지기 쉽고 일시적인 버팀목일 뿐이다. 그것들을 모두 잃어버린다면 진정 자기가 누구인지 우리는 아무런 말도 하지 못한다. 죽을 때 우리가 그토록 애지중지해 맹목적으로

의존했고, 그렇게 열심히 계속 살아있게 하려고 애썼던 육신을 뒤에 남기고 떠난다. 우리에게 친숙한 육신과 의식 상태가 오직 이 정도에 불과하다면, 죽는 순간 자기 마음에 의지하는 것은 어처구니없는 도박이 아닐 수 없다.

두 번째 마음의 본성, 티베트어로 '리그파 rigpa'는 어떤 변화, 심지어 죽음에 의해서도 결코 흔들리지 않을 정도로 절대적이다. 마음의 본성은 황급히 줄달음치는 생각과 감정에 의해 가려진 채 셈 안에 숨겨져 있다. 강한 돌풍이 구름을 쫓아내 빛나는 해와 푸른 하늘을 드러내는 것처럼 특별한 상황 아래에서 어떤 영감을 받아 리그파는 드러날 수도 있다. 리그파는 원초적이고도 순수한 때묻지 않은 의식으로 항상 밝게 빛난다. [47]

무상함에 담긴 헤아리기 어려운 메시지, 무상함과 죽음 너머에 있는 그 무언가를 심사숙고하면 불교 가르침의 핵심, 마음의 본성에 닿게 된다. 마음의 본성을 실현하는 것이 삶과 죽음을 이해하는 열쇠이다. 그 품 안에서 전 우주가 전개되는 우주와 마찬가지로 마음의 본성은 삶과 죽음의 토대인 것이다. 깨달음을 성취한 붓다는 사람들에게 마음의 본성을 제시해 자신이 실현한 것을 공유하고자 했다. 우리의 삶이 어떠하든지 마음의 본성, 즉 불성은 항상 우리와 함께 한다. 붓다라 할지라도 증대시킬 수 없고 어리석은 중생이라도 불성을 훼손시킬 수 없다. 불성은 하늘에 비유한다면 우리의 혼란스러운 마음은 구름에 견줄 수 있다. 어느 날 하늘은 온통 구름으로 뒤덮인다. 지상에서 보면 하늘에 구름 이외의 것이 있다고 믿기가 어렵다. 그러나 비행기를 타고 날아오르면 맑게 짙푸른 하늘이 무한하게 펼쳐져 있는 것을 발견할 수 있다. 불성이 바로 우리 마음의 본성이다. 불성에 대해 티베트의 뒤좀 린포체는 이렇게 말한다.

어떤 말로도 그것을 묘사할 수 없다.

어떤 예로 그것을 설명할 수도 없다.

윤회가 그것을 더욱 나쁘게 할 수도 없고

열반이 그것을 더욱 좋게 할 수도 없다.

그것은 결코 생겨나지도 않았다.

그것은 언젠가 없어지는 것도 아니다.

그것은 결코 자유로워진 적도 없고

그것은 결코 미혹된 적도 없다.

그것은 존재하지 않지만

존재하지 않는 것도 아니다.

그것은 아무런 한계도 없다.

그것은 어떤 범주에도 속하지 않는다.[48]

사람들이 이와 같이 마음의 본성이 지니는 깊이와 영광을 알아차리는 것이 그렇게 어려운 이유는 무엇일까. 첫째, 마음의 본성은 너무나 가까이 있어서 깨닫기 어렵다. 자기 자신의 얼굴을 볼 수 없듯 우리는 마음의 본성을 바라보기가 어렵다. 둘째, 마음의 본성은 너무나 심원해 우리를 숨막히게 한다. 마음의 본성이 얼마나 깊은지 우리는 모른다. 셋째, 마음의 본성은 너무나도 쉬워서 믿을 수 없을 정도이다. 실제로 우리가 해야 할 일이란 마음의 본성이라는 있는 그대로의 순수의식에서 쉬는 일뿐이다. 넷째, 마음의 본성은 엄청나게 놀라워 우리가 적응할 수 없다. 마음의 본성은 참으로 방대해 우리의 편협한 사고방식과는 어울리지 않는다. 깨달음이 우리 마음의 실제 본성이라고 상상할 수조차 없다. [49]

티베트의 바르도 가르침은 우리가 미리 죽음을 준비할 때 일어나는 것과 아무런 대비도 하지 않을 때 닥치는 것의 차이를 명확하게 제시해준다. 만일 우리가 아직 살아 있는 지금 죽음을 받아들이지 않는다면, 우리는 삶을 통해, 죽는 그 순간에, 그리고 죽은 이후에 값비싼 대가를 치르게 된다. 바로 지금 이 삶에서 죽음을 받아들이지 않을 경우 지금의 삶과 앞으로 다가올 모든 삶은 황폐해지고 우리는 삶을 온전하게, 충분히 살 수 없게 된다. 우리는 죽어야만 하는 우리 자신, 바로 그 상태에 갇혀버리고 만다. 이러한 무지로 인해 우리는 끝없는 환상의 나락, 생사의 끝없는 순환, 붓다가 윤회라고 일컬은 고통의 바다에 떨어지게 된다. 그러나 바르도 가르침의 근본 메시지는 우리가 죽음을 제대로 준비한다면 삶과 죽음 모두에 커다란 희망이 아직 남아 있다는 것을 명확하게 전해주고 있다. 바르도 가르침은 우리에게 지금 살고 있는 이곳에서 놀랍고도 영원한, 끝없는 자유를 얻을 수 있는 방법을 제시해준다. 그런 자유는 우리의 준비 여하에 따라 우리 자신의 것이 될 수도 있다. 죽음도 선택할 수 있고 삶 역시 선택할 수 있는 그런 자유. 죽음을 준비하고 수행을 닦은 사람에게 죽음은 패배가 아니라 승리, 삶의 가장 영광스러운 성취의 순간이다. [50]

3장 일반인과 생사학의 죽음이해 비교

       지금까지 살펴보았듯이 우리 사회에는 죽음의 문화가 없고, 의료현장에서 심폐사와 뇌사가 마치 죽음정의라도 되는 듯이 활용되고 있고, 죽음에 대한 체계적인 교육도 찾아보기 힘들다. 자살률이 급증하고, 자살 충동자가 양산되고[51] 나아가 대다수 사람들이 불행하게 죽어가는 것도 죽음문화의 부재, 웰다잉 교육의 부재에서 찾을 수 있다. 일반인이 죽음을 어떻게 이해하고 또 의료현장에서는 죽음을 어떻게 설명하고 있고, 생사학과 불교는 죽음을 어떻게 이해하는지 비교 검토해 차이점과 문제점을 드러내기 위해 다음과 같이 7가지 질문을 제기하고자 한다.

  1. 인간의 죽음을 육체중심으로 이해하는가
  2. 죽으면 다 끝나는가

3. 영혼의 존재를 부정하는가

4. 영혼의 성숙, 영적인 성숙 가능성을 인정하는가

5. 그런 죽음이해로 인해 죽음을 절망, 두려움으로 보게 되는가

6. 우리 삶을 배움의 장소, 수행의 기회로 간주하는가

7. 그런 죽음이해가 우리 사회에 어느 정도 통용되고 있는가

우리는 죽음과 관련해서 분명하게 4가지 사실을 알고 있다. 누구나 죽는다는 것과 언제나 죽을 수 있다는 것, 어디서나 죽을 수 있다는 것, 마지막으로 누가 언제 어디서 어떻게 죽을지는 아무것도 정해져 있지 않다는 것이다. 이처럼 인간은 죽음 앞에서 누구나 평등하다. 이처럼 누구에게나 공평하게 다가오는 죽음의 순간도 사람마다 죽어가는 마지막 모습이 똑같지 않다. 죽음에 임하는 올바른 태도를 지닌 사람인지 아닌지에 따라 값진 죽음이 될 수도, 무의미한 죽음이 될 수도 있다. 우리는 아직까지 죽어가는 사람이 어떤 심리상태를 거치면서 죽어가는지 특별하게 생각해보지 않았다.[52] 대개 죽어가는 사람의 모습은 9가지 정도의 유형으로 나누어볼 수 있다.

1. **절망, 두려움** | 많은 사람들은 죽음을 절망, 혹은 두렵다고 생각한다.

2. **부정** | 죽어가는 사람이 마지막 순간까지 부정하면서 죽는다.

3. **분노** | '왜 죽어야하는지' 주위사람들에게 화를 내는 사람도 있다.

4. **슬픔** | 임박한 죽음을 앞두고 슬픔에 잠긴다.

5. **삶의 마무리** | 운명이나 의사와 타협해 삶을 조금이라도 연장하고자 한다.

6. 수용 | 죽음을 더 이상 피할 수 없는 현실로 받아들인다.

7. 희망 | 사후세계에 대한 희망과 기대를 지니고 죽는다.

8. 마음의 여유와 유머 | 여유 있는 모습으로 죽음에 임한다.

9. 밝은 죽음 | 죽음에 임해 밝은 마음으로 여행을 떠난다.

죽어가는 사람들이 보이는 9가지 유형을, 위에 제시한 7가지 질문과 연결지우면서, A 일반인의 죽음이해_{의료현장에서 통용되는 죽음이해}, B 생사학의 죽음이해, C 불교의 죽음이해_{생사윤회}, D 불교의 죽음이해_{붓다의 열반} 등 각각에서 죽음을 어떻게 바라보고 있는지 살펴보고자 한다.

A 일반인의 죽음이해 _{의료현장에서 통용되는 죽음이해}

1. 인간의 죽음을 육체중심으로 이해한다.

2. 죽으면 다 끝난다고 생각한다.

3. 영혼의 존재를 부정한다.

4. 영혼의 성장 역시 부정한다.

5. 육체 중심, 이 세상 중심으로 죽음을 이해하니까, 두려움이나 절망으로 간주하기 쉽다.

6. 이런 문제에는 전혀 관심 없다.

7. 의료현장에서 죽음판정의 육체적 기준 뇌사, 심폐사가 마치 죽음정의

인 듯이 통용. 일반인들도 이렇게 생각하는 사람들이 많다.[53]

9가지 죽음 유형 가운데 다섯 가지 반응 첫 번째 두려움 혹은 절망에서부터 다섯 번째 삶의 마무리까지은 사람들의 마지막 죽음 모습에서 흔히 나타난다. 대다수 사람들의 죽음 이해와 방식은 다섯 가지 유형으로부터 크게 벗어나지 않는다.

죽어가는 사람이 보여주는 첫 번째 반응은 바로 절망과 두려움이다. 죽으면 아무것도 없다고 생각하는 사람은 어떻게 해서든지 삶의 시간을 연장하려고만 한다. 결국 두 눈을 부릅뜬 채 공포와 두려움에 가득 찬 표정으로 죽음을 맞이하는 모습은 가족에게 안타까움만 남길 뿐이다. 사람들은 현재의 삶을 인생의 모든 것으로 여길 만큼 영혼이 메말라 있다. 삶 이후의 삶에 대한 어떤 실제적인 또는 근거 있는 신념도 없이 대부분의 사람들은 궁극적인 의미를 상실한 채 자신의 삶을 이어가고 있을 뿐이다.

두 번째 반응은 자신의 죽음을 인정하지 않는 것이다. 자신의 죽음에 대해서 부정하거나 부분적으로 거부하는 행동은 죽어가는 환자 대부분에게서 나타나는 현상으로, 일종의 '자기방어'라고 할 수 있다. 죽어가는 당사자가 자기 자신에게 임박해 있는 죽음을 부정하는 사례도 있고, 사랑하던 가족이 이미 죽었음에도 불구하고 몇 달, 심지어 몇 년 뒤까지도 죽음을 인정하지 않는 경우도 있다. 죽음을 부정하거나 거부하는 것은 일시적인 방어수단이며 시간이 지남에 따라 '부분적 순응'으로 대치되게 마련이지만, 끝까지 죽음을 부정하는 경우도 있다.

세 번째 반응은 세상에 대한 분노이다. 대부분의 임종환자들은 "왜 내가 죽어야 하냐?"며 주위 사람에게 분노의 감정을 드러내는 경우가 많다. '아직 죽고 싶지 않다, 더 오래 살고 싶다'는 희망의 감정이 분노의 형태로 표출되곤 한다. 분노로 가득 찬 말기환자와는 아무런 대화가 이루어지지 않는다. 무엇보다도 자신이 죽을 수밖에 없는 사람이라는 진단이 내려지면 사람들은 세상과 주변사람, 심지어는 자신에게조차 억울하고 분하다는 생각이 본능적으로 치솟아 오르게 된다.

네 번째 반응은 슬픔이다. 회복 가능성이 없는 환자가 시시각각으로 다가오는 죽음의 그림자를 느끼게 될 때, 증상이 점점 뚜렷해지고 몸이 현저하게 약해질 때쯤이면 그전까지 환자가 보여주었던 초연한 듯한 자세와 무감정, 분노 등의 감정은 극도의 상실감으로 바뀌게 된다.

다섯 번째 반응은 자신의 주변을 정리하는 삶의 마무리 과정이다. 죽기 전에 인간관계상 갈등이 있다면 원만하게 화해를 하고, 매듭짓지 못한 문제가 있다면 잘 마무리하는 일은 죽음을 앞둔 환자가 꼭 해야 할 중요한 일이다. 삶을 어떤 식으로 마무리하느냐 하는 것은 우리 삶에서 가장 중요한 과제이다.

B 생사학의 죽음이해

1. 인간의 죽음을 육체중심으로 이해하지 않는다.
2. 죽음은 다른 세상으로 여행을 떠나는 것으로 이해한다.

3. 영혼의 존재 인정, 육체가 죽으면 영혼이 다른 세상으로 떠난다.

4. 죽음은 성숙의 마지막 단계라 하여 영적인 성숙의 중요성을 강조한다.

5. 죽음은 끝이 아니라고 보므로, 죽음을 두려움이나 절망으로 간주하지 않는다.

6. 이 세상에서 배움을 통해 영적인 성숙을 위해 노력해야 한다.[54]

7. 우리 사회에서 생사학 연구가 미비하므로 사회적 영향력은 전혀 없다.

1장에서 우리 사회에 죽음 정의가 없고 죽음 이해가 크게 부족함을 지적한 바 있듯이, 우리 사회는 육체적 죽음과 사회적 죽음에만 관심을 가질 뿐 정신적 측면과 영적인 측면에는 무관심하다. 퀴블러 로스도 현대인은 죽음을 제대로 이해하고 있지 못하다고 지적한다. 죽어가는 사람들의 육신은 껍질에 불과하고 죽은 이후 그 사람은 더 이상 그 껍질 안에 있지 않다는 것은 재론의 여지조차 없는 당연한 상식이라고 그는 말한다. 사람은 죽더라도 존재의 양식만 바꿀 뿐 계속 존재한다는 것. 따라서 죽음 정의는 육체적인 것을 넘어 영혼, 죽음과 삶의 의미같이 물질적인 생존 이상의 무언가 지속되는 것이 있음을 고려해야 한다.[55] 의학적, 법적인 접근은 단지 죽음의 육체적 측면만, 즉 죽음 전체를 보지 않고 일부분만 다루는 것이다. 티베트의 달라이라마도 "죽음이란 육신의 옷을 벗는 행위"라고 규정했다.[56] 따라서 죽는다고 모든 게 끝이 아니므로, 죽음 정의 역시 육신에만 초점을 맞추는 것은 바람직하지 않다. 그 결과 사람들은 육체에만 국한되는 그런 삶, 지나치게 세속적인 삶만을 추구하게 된다.

생사학이 존재하는 이유는 죽음은 끝이 아니므로 죽음은 사실상 존재하지 않는다는 메시지 전달에 있다. 퀴블러 로스도 자기가 죽음을 연구해 이런 메시지 전달하게 될 줄은 전혀 예상하지 못했다고 한다. 죽음이란 존재하지 않는다는 것, 죽음이 끝이 아니라는 것을 아는 것은 매우 중요하다. 왜냐하면 죽음 이해는 인간의 자기이해, 삶의 이해와 그 방식, 임종의 방식에 결정적인 영향을 미치기 때문이다. 따라서 죽음정의 대신 죽음판정의 육체적 기준만 논의하는 사회에는 육체의 죽음이 전부라고 착각하는 사람이 많을 수밖에 없고, 그런 사회에 자살사례가 급증하는 등 불행한 죽음만 양산되는 것은 당연한 귀결이다. 죽음을 육체적 관점으로만 보지 말고 보다 깊이 영혼, 영성의 문제로 바라보지 않는다면, 죽음 이해방식이 보다 성숙되지 않는다면, 우리 사회에 팽배해 있는 세속주의와 물신주의, 황금만능 풍조와 쾌락주의를 치유하기 어려울 것이다. 또 자살충동자의 양산, 급증하는 자살률, 그리고 불행한 죽음의 양산에 제동을 걸 수도 없을 것이다.

C 불교의 죽음이해 생사윤회

1. 색수상행식의 오온에는 육체와 영혼識이 포함된다.[57]
2. 이 세상만이 아니라 다른 세상도 인정한다. 육도윤회.
3. 인간을 연기적 존재로 파악하므로, 영혼도 실체적 존재가 아닌 연기적 존재로 인정. 영혼은 중음신, 8식 등 다양하게 표현된다.

삶, 죽음에게 길을 묻다

4. 불교에서 수행을 강조하는 것은 바로 영혼을 성숙시키라는 의미이다.

5. 달라이라마에 따르면, 죽음은 끝이 아니라 육신의 옷을 벗고 다른 세상으로 떠나는 것이다.

6. 불교에서 수행을 강조하는 것은 바로 배움의 중요성 때문이다.

7. 불교에는 죽음과 관련된 다양한 가르침이 구비되어 있다. 하지만 현대인이 생활에서 실천할 수 있는 웰-다잉 가르침은 부족하다.

생사학과 불교의 죽음이해생사윤회와 관련되는 죽음의 유형은 9가지 반응 가운데 여섯 번째 수용, 일곱 번째 희망, 여덟 번째 마음의 여유와 관계된다. 여섯 번째 반응 수용의 경우, 바람이 불면 부는 방향에 따라 납작 엎드렸다가 곧바로 일어서 자세를 바로잡는 잡초처럼, 시간이 경과함에 따라 감정적 흔들림을 서서히 추스르고 이제 임박한 죽음을 차분히 직시해 수용해야 한다. 죽음을 인정하지 않으면 죽어가는 과정에서, 또 죽은 이후에도 우리는 결코 죽음으로부터 벗어날 수 없다. 죽음이 남긴 침전물이 우리 존재 깊숙이 박혀 있기 때문이다. 하지만 죽음을 수용해 순응하면 죽음을 넘어설 수 있는 계기가 마련될 수 있다. 죽음을 수용하는 시점에서부터 죽음은 더 이상 걸림돌이 되지 않는다. 죽음에 순응하는 바로 그 순간부터 영혼의 치유는 시작된다. 임종을 앞둔 사람들 중에는 마지막까지 죽음을 거부하거나 분노를 표하기 때문에, 여섯 번째 단계인 수용에까지 이르지 못하는 사람들이 많다. 불가피한 죽음을 피하려는 저항이 강하면 강할수록, 죽음이 임박했음을 부정하는 심경이 강하면 강할수록 죽음을 품위 있게 또 평온하게 맞이하기가 어려워진다.

죽어가는 사람의 아홉 가지 반응 가운데 처음 다섯 가지 반응과 여섯 번째 반응 '수용'은 크게 차이가 난다. 처음 다섯 가지 반응과 마지막 세 가지 반응의 분기점이 바로 당사자가 임박한 죽음을 수용하느냐 하지 않느냐 여부에 달려 있다. 죽어가는 사람의 모습은 죽음을 수용하느냐의 여부에 따라 크게 달라진다. 죽음 앞에서 한없이 절망하거나 죽음을 두려워만 하거나, 자기가 왜 죽어야만 하냐며 화를 내거나, 마지막 순간까지 슬픔에만 젖어 있다면, 자기의 죽음을 인정하지 않으면서 삶을 마감하는 셈이므로 결코 밝은 모습으로 편안하게 임종했다고 말할 수 없다. 이런 식으로 죽는 사람의 경우, 그의 삶 역시 그렇게 살았다고 말할 수 있지 않을까. 왜냐하면 죽음은 바로 삶의 거울로 삶과 죽음은 서로 다르지 않기 때문이다. 죽어가는 마지막 모습을 통해 우리는 그의 삶, 죽음 이후의 삶까지도 상상해볼 수 있는 것이다.

일곱 번째 반응은 희망, 인생이라는 길이 너무 막막하고 허무하다고 느껴진다면 당신의 인생 여행은 그 목적을 잃게 된다. 그것은 상상에 불과할지라도 두려운 광경이다. 그러나 죽음에 의미가 있다면, 다시 말해 죽음 저편에 여행길의 본래 목적지가 있다면, 고난의 인생길에도 나름의 의미가 있게 된다. 영원한 생명이란 미래와 관련된 문제만이 아니라, 바로 지금 인생을 어떻게 살고자 하는가 하는 삶의 태도와도 밀접한 관계가 있다. 사후에 계속되는 세계가 있느냐, 없느냐, 혹은 죽음이 끝이냐, 아니냐 하는 문제는 이 세상을 살아가는 각자의 삶의 방식과 밀접한 관계가 있다. 희망을 지니고 밝은 모습으로 죽는 것과 어두운 표정으로 절망하면서 죽는 것 중 어떤 죽음이 보다 인간적일까. 가능한 한 밝은 모습으로 죽을 수 있도록 준비하는 것이 현명한 삶의 지혜일 것이다.

여덟 번째 반응 마음의 여유, 죽어가는 사람들 중 극소수의 사람들은 생의 얼마 남지 않은 시간들을 마음의 여유와 웃음으로 지낸다. 이런 사람들은 자신에 대한 자존감이 강해 자기 자신을 긍정적으로 생각해 죽음에 임박해서도 마음의 평정심과 여유를 갖고 적극적으로 죽음에 임한다. 이들은 매사에 긍정적인 태도를 지녀 역경에 처했을 때도 충격을 덜 받는다. 평생 한두 번 겪을까 말까 하는 희열보다는 일상에서 자주 느끼는 작은 만족감, 그리고 마음의 여유가 훨씬 우리 삶의 질을 향상시킨다. 갑자기 죽음이 찾아오더라도 담담히 죽을 수 있도록 충분히 연습하는 것이 지혜로운 자의 태도이다. 죽는 마지막 순간까지 태연함을 유지할 수 있는 지혜와 배짱이 있는 사람이라면, 삶에서 두려울 게 있을 수 없다. 죽음 앞에서 조금도 흔들리지 않는 평정심과 마음의 여유는 쉽게 얻을 수 있는 게 아니다.[58]

죽음치유가 시급하다

사람들의 죽음이해, 의료현장에서 통용되는 죽음이해는 앞에서 지적했듯이 문제가 많다. 죽음판정의 육체적 기준인 심폐사와 뇌사가 죽음정의를 대신하는 등 육체중심의 죽음관, 이로 인해 자살을 비롯해 불행한 죽음이 양산되고 있다. 마지막 죽음의 순간 편안하고 여유 있는 모습으로 가족과 작별인사를 나누고 다른 세상으로 여행 떠나듯이 죽는 사람을 주위에서 찾아보기 어렵다. 호스피스 관계자의 증언에 따르면 죽어가는 사람 중 90% 이상이 영적인 고통을 당하고 있다. 불교 가르침에는 죽음과 임종에 관한 다양한 가르침이 갖추어져 오래 전부터 우리 사회에 뿌리내리고 있음에도 불구하고, 우리 사회에 성숙한 죽음문화를 찾아보기 어렵고 죽음의 질에 문제가 심각한 것은 이해하기 어렵다.

아홉 가지 죽음 유형 가운데 처음의 다섯 가지 반응은 그 마음에 무명의 어둠이 내려 죽음을 밝은 지혜로 바라보지 못하기 때문이다. 여섯 번째 수용에서부터 여덟 번째 마음의 여유까지는 그 어둠이 걷히기 시작함을 뜻한다. 마지막 아홉 번째 반응 '밝은 죽음'에 이르러야 비로소 지혜 광명이 저하늘의 태양처럼 우뚝 솟아 무명의 어리석음을 몰아낼 수 있다. 여섯 번째 수용에서부터 여덟 번째 마음의 여유 반응까지는 애써 정진하기만 한다면 성취할 수 있다. 누구나 붓다가 될 가능성이 있듯이 '밝은 죽음' 역시 불가능한 것은 아니지만, 깨달음의 성취가 쉬운 일이 아니듯 '밝은 죽음' 역시 마찬가지이다.

죽어가는 사람들의 일반적인 반응인 절망, 두려움, 부정, 분노, 삶의 마무리, 슬픔, 수용 등의 과정은 누구나 비슷한 단계를 밟게 되지는 않는다. 왜냐하면 사람마다 각각의 방식으로 저마다 다르게 반응하기 때문이다. 어떤 사람은 위의 반응들이 순차적으로 일어나지 않고, 어떤 사람은 두세 가지 반응이 동시에 관찰되기도 한다. 또한 삶을 마무리하는 모습 네 번째 반응을 보여주다가 갑자기 죽음에 대한 절망이나 두려움첫 번째 반응 을 표출하는 사람도 있다. 이처럼 각양각색의 모습을 보이는 것은 죽음이라는 절대명제 앞에서 인간이 지니는 나약한 모습이 적나라하게 드러나기 때문일 것이다. 아홉 가지 반응 가운데 첫 번째에 근접할수록 바람직하지 못한 죽음의 모습이라고 말할 수 있는데, 특히 처음 세 가지 반응은 성숙되지 못한 죽음이다. 여섯 번째 수용의 반응은 이전의 반응과 크게 다르다. 아홉 번째 밝은 죽음에 근접할수록 보다 성숙한 죽음, 존엄한 죽음이라고 말할 수 있다.

D 불교의 죽음이해 붓다의 열반

1. 깨달음으로 무아를 성취하면, 내가 따로 없다. 따라서 내 영혼의 존재를 논하는 것 자체가 아무런 의미가 없다.[59]
2. 생사윤회에서 벗어나므로, 이 세상과 저 세상 구분이 무의미하다. 윤회에서 벗어남은 이 세상과 저 세상 모두로부터 벗어난다는 뜻이다.
3. 죽은 뒤 다른 세상으로 떠나 생사 윤회하는 영혼의 존재가 인정되지 않는다. 무아를 성취했기 때문이다.
4. 불교에서 강조하는 열반은 바로 인간의 완성을 뜻한다.
5. 열반을 성취하면 생사윤회의 고통이 끝난다.
6. 불교에서 수행을 통한 열반의 강조는 바로 배움의 중요성 때문이다.
7. 불교에는 생사윤회의 고통에서 벗어날 수 있는 가르침이 제시되어 있다.

죽어가는 사람이 보여주는 아홉 가지 반응 가운데 첫 번째 반응에서부터 다섯 번째 반응까지는 마지막 순간에 임해서도 죽음을 받아들이지 않는다. 여섯 번째 수용에서부터 태도가 바뀌어, 죽어야 한다는 사실에 순응하면서 죽음으로부터 무언가 긍정적이고도 희망적인 메시지를 읽고자 한다. 죽음에 대한 이러한 태도의 변화는 수용, 희망, 마음의 여유를 거쳐 아홉 번째 반응 '밝은 죽음'에 이르러 마침표를 찍는다. 아미타불은 '한량없는 광명[無量光]'의 뜻으로 풀이된다. '비로자나 vairocana'라는 명호 역시 '광명변조 光明遍照' 즉 지혜의 빛으로 삼라만상을 널리 비춘다는 뜻이다. 붓다의 존재는 한마디로 무량한 광명 그 자체이다. 불교에서 말하는 깨달음이란 곧 광명을 깨닫는다는 말이다. 광명은 또한 마음의 지혜, 반야지혜를 가리킨다. 우리의 일상생활은 태양에 의해 크게 좌우된다. 태양이 비추지 않는다면 아무 것도 볼 수 없고 우리는 아무 일도 할 수 없다. 태양보다 중요한 역할을 하는 것이 바로 진리 광명이다. 진리가 저 하늘의 태양처럼 우리를 비추어 주니까, 어둠을 헤쳐나갈 수 있는 것이다.

불교의 목적은 우리의 마음으로부터 지혜의 빛을 발하는 일이다. 무명의 어두운 껍질을 깨뜨려 자기 마음에 본래 갖추어진 지혜광명을 있는 그대로 드러내고자 하는 것이 불교가 지향하는 세계이다. 불교는 생사불이 生死不二, 즉 삶과 죽음 사이에 조금도 차이를 인정하지 않으므로, 불교의 가르침은 죽음에도 그대로 적용된다. 붓다는 삶과 죽음의 어둠을 밝히는 광명 그 자체이다. 불교의 가르침은 육신을 지닌 인간보다, 육신을 벗어난 영혼의 존재가 보다 더 잘 이해한다는 말도 있다. 우리도 삶뿐만 아니라 죽음의 길마

저도 그 광명으로 밝히라고 붓다는 가르친다.

　죽음을 밝음 혹은 광명과 연결시키기는 쉽지 않으리라 짐작된다. 그러나 죽음문제를 추적하다보면 궁극적으로 접하게 되는 것이 바로 광명 혹은 빛의 존재이다. 불교경전이나 성경에 나오는 광명이나 빛의 존재, 선사들이 남긴 게송, 『티베트사자의 서』에 자주 제시되는 광명, 그리고 현대 사회에 주목받고 있는 임사체험자들이 전하는 빛의 존재 등등. 예로부터 숱하게 전해지고 있는 스승들의 놀라운 죽음의 모습은 우리가 죽음에 임했을 때 어떻게 대처해야 하는지를 보여주는 가장 설득력 있고 감동적인 모범답안이다.[60]

　건강한 삶과 건강하지 못한 삶이란 말이 있듯이 건강한 죽음과 건강하지 못한 죽음, 행복한 죽음과 행복하지 못한 죽음이란 말도 있다. 삶을 밝은 모습으로 살아야 하는지, 어두운 표정으로 살아야 하는지 모르는 사람은 하나도 없다. 밝은 모습으로 삶을 마감해야 하는지, 어둡고 마지못한 표정으로 작별인사를 해야 하는지 조금만이라도 생각해보면 알 수 있는 문제이다. 그럼에도 불구하고 대다수의 사람들은 마치 불행한 죽음을 원하기라도 하는 것처럼 어두운 모습으로 삶을 마감한다.

　사람마다 죽어가는 방식이 다른 것은 살아가는 방식이 차이나는 것과 마찬가지이다. 아무 준비 없이, 아무렇게나 마치 불행한 죽음을 원하는 것처럼 죽어도 되는 것인가. 죽음의 방식은 자기존재의 가치를 있는 그대로 비추어주는 거울이다. 이런 맥락에서 죽음의 방식에는 그 사람의 전부가 담겨있는 것이다. 사람마다 죽어가는 모습이 천양지차인 것은 각자가 이 삶에서 살았던 모습이 그만큼 달랐기 때문이다. 다양한 사례와 함께 죽어가는 마지막 모습을 자세히 논의한 것은, 우리 사회에 죽음방식의 중요성에 대한 공감대가 전혀 형성되어 있지 않기 때문이다. 사람들은 어떻게 먹고 살 것인지, 어떤 직업을 택할 것인지, 어떻게 해야 돈을 벌 수 있는지 이런 질문을 수시로 던진다. 그러나 어떻게 죽을 것인지 하는 질문을 자신 앞에 던지는 사람은 몇이나 될까.

'어떻게 살 것인가?' 하는 물음은 세속적인 성공이나 출세 등을 모색하는 '삶의 양Quantity Of Life'과 관계되는 질문이다. 반면에 '어떻게 죽을 것인가?' 하는 물음은 삶과 죽음의 의미, 영혼, 가치, 삶의 보람, 죽음방식의 중요성을 의미하는 '삶의 질Quality Of Life'과 '죽음의 질Quality Of Death'에 관계되는 물음이다. 삶의 양적인 차원과 관련되는 문제는 이 세상에서만 의미 있는 듯이 보일 뿐 삶의 질과는 별 관련이 없다. 하지만 삶과 죽음의 질과 관계되는 문제는 이 세상과 저 세상 양쪽 모두에 통용된다.

지금까지 우리는 인간다운 삶의 권리만 생각했을 뿐, 인간다운 존엄한 죽음의 권리를 생각해본 일이 없다. 우리 삶은 죽음에 의해 마감되므로, 웰빙은 웰다잉에 의해 완성된다. 잘 죽지 못한 삶은 결코 웰빙일 수 없다. 만일 어떤 사람이 죽음을 건강하게, 밝은 모습으로 마감하지 못했다면, 그의 삶 역시 마찬가지라고 말할 수밖에 없다. 이제, 이 세상에서만 통용되는 그런 방식으로 살 것인지, 아니면 이 세상뿐만 아니라 저 세상에서도 통용되는 방식으로 살 것인지, 자기 자신에게 언제든지 찾아올 수 있는 죽음을 실제로 맞이하기 이전에 어떻게 죽을 것인지, 물어볼 때가 되었다.

4장 자살, 더 큰 고통을 부른다

자살하면 왜 안 되나요?

최근 우리 사회에서 급증하고 있는 자살 현상은 '자기 자신의 의지'라는 수식어를 붙이기가 민망할 정도로 사회적 혐의가 짙은 느낌이다. 굳이 통계수치를 인용하지 않아도, 매일 저녁 뉴스에 거의 단골처럼 빠지지 않는 자살 소식만으로도 우리는 자살 문제가 가장 시급히 해결해야 할 사회적 과제요 발등에 떨어진 불임을 알 수 있다. 그러면 도대체 사람들은 왜 자살하는 것일까? 자살이 급증하기 시작한 1997년 외환위기 이후 한국에는 무슨 일이 있었던 것일까? 현재 우리 사회의 자살은 연령과 계층, 성별을 가리지 않고 불특정 다수에게서 무차별적으로, 예측불허의 상황에서 발생하고 있다는 점에서 문제가 더욱 심각하다. 지나친 학습 부담으로 인한 초중고생과 재수생의 자살이라든가, 인터넷 사이트의 공개적인 유혹, 경기침체 장기화로 인한 자살, 실직과 직장 스트레스로 인한 자살, 그리고 외로운 독거노인의 자살 등이 줄줄이 이어지고 있다. 그렇다면 과연 이렇게 표면적으로 나타난 현상들만이 사람들이 자살하는 진짜 이유일까? 한국자살예방협회 홈페이지 자유게시판에 아래와 같은 글이 올라온 적이 있다.

왜 자살하면 안 되나요? 부모님이 슬퍼한다, 친구들이 슬퍼한다 해서 자살하지 말라고 하는 사람도 있고, 생명은 소중한 거다, 인생은 한 번뿐이다, 그래서 자살하면 안 된다고 말하기도 하고, 당신보다 훨씬 힘든 인생을 사는 사람도 열심히 살아가면서 감사히 살아간다, 그러니 자살하지 말라고 하죠. 이런 말들은 그래도 자살하면 지옥 간다는 개뿔 말도 안 되는 종교 논리보다는 그래도 좀 와 닿는데… 하지만 이런 논리라면 아무도 슬퍼하거나 울어줄 사람이 없는 자는 죽어도 되는 거잖아요? 한 번뿐인 인생에 더 이상 미련이 없는 사람은 자살해도 되는 거잖아요? 다른 사람이 더 훨씬 힘든 환경에서 열심히 살아가든 말든 관심이 없는 사람은 죽어도 된다는 거네요. 정말 궁금한 게 두 가지입니다. 첫째, 삶이 괴로워서 죽으려는 사람은 왜 자살하면 안 되나요? 둘째, 행복도 고통도 다 싫증나고 귀찮아서 더 이상 삶에 미련이 없는 사람이 왜 자살을 하면 안 되는지 궁금합니다. 대답 좀 꼭 부탁드려요. 제가 굳이 자살하겠다는 게 아니라 친구끼리 자살은 하면 왜 안 되는지 이유를 함께 말해 보았는데, 설득력이 별로더라고요. 사실 살아오면서 자살충동을 느껴보기도 했고요. 근데 죽는 게 너무 두렵더라고요. 죽은 후에는 어떻게 될지 모르니까. 근데 또 살다보면 자살하고 싶을 때가 있지 않겠어요. 그래서 왜 자살해서는 안 되는지 제대로 알고 싶어요. 왜 사람이 자살을 하면 안 되는지 정말 궁금합니다.[61]

이 학생은 삶이 괴로워서 자살하고 싶은데, "죽는 게 너무 두렵고 죽은 후에는 어떻게 될지 모르니까" 궁금해서 질문을 올린 것이다. 그에게 왜 자살을 하면 절대로 안 되는지를 말해줄 어른은 과연 아무도 없었던 것일까? 이렇게 절실한 질문에 과연 어떤 답변으로 설득을 할 것인가?

얼마 전 서울에서 중학생이 자살하자, 그 학교에 신문기자가 찾아갔더니, 담임교사는 "왜 자살해서는 안 되는지 아는 게 없다"라는 말에 충격을 받은 기자는 춘천의 연구실로 전화를 걸어온 일이 있다. 자살예방협회 자유게시판에 올린 질문의 핵심은, 자살하면 과연 어떻게 되느냐 하는 것이다. 이런 절박한 질문에 우리 사회는 단지 도덕적 훈계만 일삼고 있는 것은 아닐까?

자살 사례 또는 자살 충동자들을 조사해보면 자살 이유는 크게 3가지로 나타나는 것을 볼 수 있다. 첫째는 개인적 이유, 둘째는 사회병리 현상 또는 사회구조적 문제, 셋째는 자살과 죽음에 대한 오해 등이다.

자살의 첫째 동기인 '개인적 이유'로는 입시 실패나 이성 문제, 혹은 경제적 어려움으로 인한 고민을 들 수 있다. 개인적 이유로 자살을 감행하는 사람들은 이런 고민들을 아무리 다른 사람에게 털어놓는다 해도 타인이 이 문제를 해결해줄 수는 없기 때문에 결국 자살을 택하곤 한다.

두 번째 자살 동기인 '사회병리 현상'은 입시 위주의 교육, 경제적 가치

일변도의 사회 분위기, 외모 중시 풍조, 청년 실업, 구조조정으로 인한 40대와 50대의 조기 퇴직 등을 들 수 있다. 이런 사회구조적 문제는 가까운 시일 내에 개선될 수 없고, 또한 당사자 개인이 해결할 수 있는 문제도 아니라는 점에서 자살의 더욱 심각한 원인이 되고 있다. 개인적 이유와 사회적 문제가 원인이 되어 일어나는 자살은 자살의 원인을 쉽게 제거하기 어렵다는 공통점을 가지고 있다. 개인이 인생을 살아가는 데 있어서 부딪치는 좌절이란 사람들의 삶 속에 늘 일어나는 일이며, 이런 사람들의 태도를 일거에 바꾸기란 어렵기 때문이다. 마찬가지로 사회구조적 문제에서 비롯된 자살 역시 사회 분위기와 제도를 단번에 뜯어고치지 않는 한 해결이 어렵기는 매한가지다.

그러나 세 번째 자살 동기, '죽음과 자살에 대한 오해'에서 빚어진 자살의 경우, 자살예방교육을 통해 당사자가 가진 잘못된 죽음관이나 자살관을 바꾸기만 한다면 자살 충동을 상당 부분 치유할 수 있다는 점에서 해결의 실마리를 쉽게 찾을 수 있다. 사람들은 살다가 극심한 어려움에 부딪치면 자살로써 그 고통에서 벗어날 수 있을 것처럼 생각하는 경향이 있다. 죽으면 모든 것이 끝이라고 막연하게 생각하는 사람들은 자살하면 자기 삶도 끝나고 그에 따라 고통도 사라진다고 생각한다. 따라서 이런 생각에 빠진 사람들에게는 죽음이란 삶의 끝이 아니라 새로운 시작을 뜻한다는 것을 가르치기만 해도 큰 효과를 거둘 수 있다. 실제로 내 경험으로 볼 때, 대학에서 개설한 자살예방 강의를 들은 학생들에게서 상당한 의식 변화가 있음을 확인하는 자료를 얻을 수 있었고, 일반인들을 대상으로 한 교육에서도 같은 결

과를 확인할 수 있었다.[62]

이 글에서는 자살하면 과연 어떻게 되는지, 죽음은 끝이 아니므로 자살하면 고통으로부터 벗어나는 게 아니라 왜 더 큰 고통에 빠지게 되는지, 자살하면 왜 안 되는지, 삶과 죽음의 근본원리에 입각해 자살미수자와 자살자 사례를 통해 구체적으로 검토하고자 한다.

자살하기 위해 독극물을 마셨다가 미수에 그친 사람이 7일간 혼수상태에 빠져 있다가 깨어난 사례가 있다. 그는 혼수상태에 있는 동안 사방이 캄캄한데 험한 산 속을 맨발로 헤매고 있었다. 멈추려고 해도 웬일인지 멈추어지지가 않아 지칠 대로 지쳤다. 잠시 쉬려고 하나 계속해서 떠돌아 다녀야만 했다. 살아서 겪는 고통은 아무리 심하다 할지라도 잠시 쉴 수는 있건만 단 한순간도 멈출 수 없이 뾰족한 바위를 넘고 칡넝쿨을 헤치고 한없이 떠돌아 다녀야 하는 고통은 이루 형용할 수 없었다. 극적으로 살아나자마자 그는 "다시는 자살하지 않겠다."고 말했다.[63]

대학생 정군은 우울증으로 심하게 방황하다가 자살예방 교육을 받고 이제는 우울증에서 벗어날 자신감을 얻은 젊은이다. 정군은 자신이 다니는 교회에서 자살을 여러 차례 시도했던 한 교인의 간증을 들은 적이 있었다. 간증인은 사업 실패와 부인과의 이혼, 자녀들의 비뚤어진 성장 등으로 인해 더 이상 인생을 살아갈 의욕을 잃은 나머지 자살을 기도했다. 누차 자살을 기도한 끝에 결국 병원에서 사망 판정이 내려졌다. 그러나 무슨 일인지 기적적으로 이틀 만에 다시 살아나게 되었다. 죽음을 판정 받은 이틀 동안 그는 혼수상태에서 무서운 사후세계를 경험하였다고 한다. 불구덩이 안에서 수많은 사람들이 살려달라고 아우성치고 있었고, 절대 헤어나올 수 없는 곳에 갇혀서 그들과 함께 고통을 겪었다. 그 고통은 삶에서 마주치는 고통과는 비교도 안 될 만큼 가혹한 것이었다. 이틀 동안 그런 불구덩이 속에 있다가, 어떤 이유에서인지 모르게 그는 다시 소생하여 새 삶을 살게 되었다. 지금은 이 곳 저 곳 교회를 다니면서 어리석었던 자신의 자살 시도를 간증하면서 다른 이들의 자살 예방을 위해 노력을 기울이고 있다.[64]

인용된 두 가지 사례는 자살을 시도했다가, 미처 생각하지 못한 고통, 삶의 고통보다 훨씬 큰 고통을 받다가 살아난 경우이다.

한림대 생사학연구소의 웰다잉–자살예방 전문과정을 2006년에 수강했던 노인병원 간호사는 형부의 자살 사례를 다음과 같이 들려준 바 있다.

1997년 말 IMF와 함께 경제적 고통 속에서 몸부림치다가 어느 날 깊은 산속에서 농약을 마시고 가신 형부의 죽음이 뇌리에 사무쳐서 나는 인터넷으로 동영상 수업을 듣다가 속으로 한없이 눈물을 흘릴 수밖에 없었다. 신체 건강하고 언제나 긍정적이며 모든 일에 적극적이었던 형부는 경제위기로 인해 이미 자살을 깊이 생각하고 있었던 때였다. 나는 간호사로서 형부의 깊은 우울증 증세를 감지하고는 병원에 입원할 것을 권유했다. 그런데 다음날

삶, 죽음에게 길을 묻다

병원으로 언니의 다급한 전화 한 통이 걸려왔다. "형부가 산속에서 기침소리가 났는데, 내려오질 않는다"는 전화였다. 119를 불러놓고 온 산을 수차례 오르락내리락 하면서 겨우 형부를 찾아냈는데 형부는 이미 의식이 없었다. 병원으로 후송하여 응급처치를 했지만 농약이 온몸에 퍼진 상태라 살려낼 수가 없었다. 중환자실에서 3일간의 입원기간 동안 형부는 "다시 살 수만 있다면 정말 열심히 살아야지."라고 말했다. "너무나 고통스러워 견딜 수가 없다, 후회한다"는 말도 했고 "도와달라"고 말하기도 했다. 나는 그렇게 형부를 간호하면서 자살하는 사람이 후회와 회한의 눈물에 몸부림치는 모습을 남김없이 지켜보았고 형부는 결국 살아나지 못한 채 삶을 마감했다.[65]

이 사례는 자살을 시도한 이후, 응급실에서 치료를 받고 고통을 호소하다가 죽음을 피하지 못한 경우다.

자살하면 다 끝나는 걸까?

인용된 세 가지 사례는 자살을 시도했다가 극적으로 다시 살아난 두 사람, 또 자살을 시도해 중환자실에서 치료받다가 숨을 거둔 한 사람의 이야기이다. 그렇다면 자살한 사람의 증언을 들을 수는 없을까. 자살자의 증언을 우리가 직접 듣는 것은 불가능하다. 왜냐하면 그들은 이미 죽은 사람이기 때문이다. 눈으로 직접 자살자를 만나거나 그들의 증언을 직접 들을 수는 없고 과학이나 의학을 통한 접근은 불가능하다. 그러나 통로를 찾아보면 없지는 않다. 1.불교의 구병시식救病施食, 2.기독교의 안수기도, 3.무당의 퇴마의식, 4.최면치료 등이 있는데, 1번과 2번은 종교의식이고, 3번은 민간신앙의 방식이고, 4번은 현대 정신의학의 치료방법이다. 기독교[66], 불교, 샤머니즘의 방식은 오랜 역사를 지니고 있는데, 샤머니즘의 퇴마의식은 비판적인 견해가 많으므로, 이 글에서는 다루지 않는다. 다른 방식과 달리 최면치료는 역사는 짧지만 수십 년 전부터 미국의 정신과 교과서에 수록되어 이미 공인된 치료방법으로 받아들여지고 있으며, 새로운 치료기법들 중에서도 미국의 국립보건연구원에서 엄선한, '연구를 장려할 만한 새로운 치료법들' 중 한 가지로 자리 잡고 있다.[67] 여기서는 최면치료와 불교의 구병시식 관련 자료를 중심으로 자살자의 사례를 다루고자 한다.

먼저 우리는 죽음의 순간을 최면치료에서는 어떻게 말하고 있는지 하는 점에 주목할 필요가 있다. 최면치료 과정에서 임종의 순간을 회상하게 할 경우, 내담자는 죽은 이후 육체로부터 영혼이 빠져나와 허공에 떠다닌다고 증언한다. 죽음 이후 세계가 존재한다는 사실을 의심하고 있으며 죽음의 공포에 시달리고 있는 내담자를 상대로 최면치료를 했더니 다음과 같은 결과가 나왔다. 어느 나라 사람이든 종교나 신념에 관계없이 유사한 내용을 증언하고 있어서 주목된다.

사례 1

의사 ● 죽음의 순간을 말해 주세요.

환자 ● 나는 육체를 떠나서 위로 올라갔습니다. 시체가 보입니다. 위쪽에서 내 자신의 육체를 내려다보고 있습니다……

의사 ● 그리고 나서 어떻게 되었습니까?

환자 ● 잠깐 근처를 방황하고 있었습니다. 곧이어 하늘로 올라가서 누군가를 만났습니다. 다른 세계에서 온 존재는 말을 사용하지 않고도 내게 말을 건네옵니다. 매우 안심이 되었습니다. 다른 세계로 가게 되어 기분이 좋습니다. 매우 아름답고 평화로운 곳입니다. 새파란 빛이 넘치는 세계, 지구와 닮았으면서도 전혀 다른 세계……68)

사례 2

의사 ● 어디에 있습니까?

환자 ● 침대에 누워 있습니다. 거의 숨을 쉴 수가 없습니다……

의사 ● 죽어가고 있다는 것을 알고 있습니까?

환자 ● 예, 생명이 몸에서 빠져 나가는 것을 느낍니다……고통스러워 못 견디겠습니다.

의사 ● 이어서 무슨 일이 일어났습니까?

환자 ● 죽었습니다.

의사 ● 어떤 기분이었습니까?

환자 ● 숨 쉬는 것을 그만두고 육체에서 떠났습니다. 갑자기 몸이 가벼워졌습니다. 대단히 가볍고 자유스럽습니다. 고통은 말끔히 사라졌습니다. 호흡이 편하게 되었습니다……실제로 호흡을 하고 있는 것은 아니고 단지 그런 느낌입니다……방 전체가 밝은 빛에 차 있습니다. 부드럽고 반짝이는 빛, 하지만 이 빛이 어디서 오는지 알 수 없습니다.

의사 ● 지금 당신은 어디에 있습니까?

환자 ● 바로 위에서 시체를 내려다보고 있습니다.

의사 ● 자신이 매장되는 것을 알고 있습니까?

환자 ● 물론입니다……

의사 ● 죽은 장소에 언제까지나 머물고 있었습니까?

환자 ● 아니오. 따로 갈 곳이 있었어요. 그 장소에는 아무런 미련이 없기도 했고. [69]

　　두 가지 인용사례는 죽음의 순간 생명 혹은 영혼이 육체에서 빠져나간다는 것을 말해주고 있다. [70] 이런 과정은 임사체험자의 증언과 일치한다. 임사체험자는 육신으로부터 영혼이 벗어나 자기의 육신을 허공에서 내려다본다. 이들의 의식은 분명하고 생생하게 깨어 있다. 자기가 죽었다는 의사의 판정을 직접 듣기도 한다. 체험자는 죽음이 끝이 아니고 단지 육신과 영혼이 분리되는 것임을 경험한다. 살아있을 때와는 전혀 다른 느낌으로 아무런 고통도 없는 평온함과 행복감을 느끼게 된다. 임사체험자는 자신의 육신과 함께 주위 환경을 볼 수 있다.[71] 또한 이런 증언은 오래전 『티베트 사자의 서』가 말한 내용과 일맥상통한다.[72] 티베트어로는 몸을 '뤼[lü]'라 하는데, 이는 수화물처럼 '당신이 두고 떠난 어떤 것'을 의미한다. '뤼'라고 말할 때마다, 티베트 사람들은 우리가 이 삶과 육신에 잠시 머무는 여행자들일 뿐이라는 사실을 상기하게 되는 것이다.[73] 달라이라마도 죽음이란 낡아서 해어졌을 때 갈아입는 옷 같은 것이라고 말하고, 가톨릭의 데레사 수녀도 성경의 가르침에 입각해 이렇게 말한다. "죽음은 고향으로 가는 것이다. 사람들은 죽으면 어떻게 될지 두렵기 때문에 죽기 싫어한다. 죽음이 무엇인지 안다면 죽음을 두려워하지 않을 것이다. 죽음은 삶의 계속이고 완성이다. 죽음이란 육신의 죽음일 뿐이지 영혼은 계속 유지된다."[74]

따라서 현대의 생사학과 최면치료, 임사체험, 그리고 『티베트 사자의 서』, 기독교와 불교의 가르침은 똑같이 생명이 육체로부터 벗어남으로 임종순간을 설명하고 있다. 그러므로 생명은 일정 기간 동안 육체에 머물다가, 임종의 시간을 맞으면 육체로부터 저 하늘로 나비처럼 날아오르는 것이다.[75]

자살하면 어떻게 될까?

그런데 문제는 바로 여기에 있다. 죽음을 자연스럽게 맞이했을 때는 곧바로 '빛'들이 맞으러 오기도 하고 자신이 눈부시고 따뜻한 빛에 싸여 가기도 하지만 [76], 자살한 사람의 경우 "육체에서 떠난 후 아무도 맞이해 주러 오지 않아 캄캄한 암흑 속에서 울고 있었다"는 증언이 있어서 차이가 난다.

의사 ● 그러면 죽음의 순간으로 진행해 주세요. 어떤 죽음을 맞이했습니까?

환자 ● 자살했습니다. 빌딩 위에서 뛰어내렸습니다……절망을 느꼈기 때문입니다.

의사 ● 죽은 후에 어떤 기분이 들었습니까?

환자 ● 얼마 동안은 뭐가 뭔지 잘 몰랐습니다. 빛을 찾아서 소용돌이 속을 빙빙 돌고 있는 기분이었습니다. 내 스스로 목숨을 끊은 것을 매우 후회하고 있었습니다.

의사 ● 어떻게 그 혼란에서 빠져나왔습니까?

환자 ● 이미 돌아가신 부모의 모습을 보았기 때문입니다……

의사 ● 어떻게 부모를 만나고 혼란에서 빠져나왔습니까?

환자 ● 부모를 만나고 나서 겨우 알게 되었기 때문입니다…… 내가 무엇을 했는지…… 비로소 나는 내가 여행을 계속하고 있는 의식체라는 것을 이해한 것입니다. 계획대로 잘 이루어지지 못한 것을 이해한 것입니다.

의사 ● 자살한 사람은 죽음 후에 누구나 같은 느낌을 가질까요?

환자	● 인간은 자살해서는 안 됩니다. 자살자는 자신이 얼마나 어리석은 행위를 하고자 하는지 알지 못합니다.
의사	● 어떤 경우에도 절대로 자살해서는 안 되는 것입니까?
환자	● 대부분의 사람들은 동요나 후회, 그리고 덧없는 무상감, 절망감으로 인해 목숨을 끊어 버립니다. 그러한 죽음으로는 아무것도 얻어지지 않습니다……인생을 도중에서 포기하면 자신이 선택한 그 교훈을 얻을 수가 없게 되는 것입니다. 인생에서 도망친다고 하여 아무것도 해결되지는 않습니다.[77]

자살한 경우 인용문과 같이 "빛을 찾아서 소용돌이 속을 빙빙 돌고 있는 느낌"이 되어버린다. 에도 시대에 무사로서 할복자살한 기억을 가진 일본인은 최면상태에서 그것을 기억해 냈을 때, 자기 시체에서 빠져나온 순간에 "이런 일로 목숨을 끊다니 정말 바보스런 짓을 했어. 정말 안타깝다"라며 크게 후회한 것을 기억하고 있다. 비록 정상참작의 여지가 있는 자살이라고 할지라도 자살 그 자체가 '잘못된 일'이라는 점에는 변함이 없다.[78] 따라서 왜 자살해서는 안 되는지, 죽는다고 모든 게 왜 끝나는 게 아닌지, 죽음을 제대로 이해해 삶을 보다 의미 있게 영위하다가 죽음이 찾아오면 편안하고 여유 있게 죽을 수 있도록 철저하게 준비해야 하는 이유가 바로 여기에 있다.

"영과 육이 분리되는 순간은 흔히 생과 사의 갈림길이다. 육신은 흙으로 돌아가고 영은 영혼의 세계로 가는 분기점이다. 인간은 누구나 그 길을 거쳐 새로운 세계에서 또 다른 삶을 누리게 된다.[79] 영육이 합일된 인간으로 태어나는 일이 제 마음대로 되는 것이 아니듯이, 유명을 달리해 영혼의 세계에서 또 다른 삶을 누리는 것 역시 자기 의사와는 전혀 상관없이 이루어지는 것이다. 인생의 삶이 나름대로 법칙에 따라 전개되기 마련이듯이 영혼살이, 즉 내생에도 일정한 궤도가 있다. 그렇다고 모든 것이 법대로 되는 것은 아니다. 변칙 없는 법칙이 없듯이 이생이든 내생이든 상궤를 벗어나는 경우가 있다. 이생에서 법칙을 벗어나는 일이 하도 많아 이상이 정상인 것처럼 혼동하는 경우가 흔하다. 영혼의 세계에서도 비정상적인 일이 일어난다. 한은 정상을 뛰어넘어 비정상을 초래케 하는 원인이 된다."[80]

어느 날 P여사는 차길진 법사가 진행하는 구병시식에 참석했는데, 그의 뒤에 일본 여인이 함께 따라온 것이 보였다. 차법사가 P여사에게 자초지종을 물었다. 그러자 외삼촌댁에서 일본 여성이 비참하게 생을 마감한 일이 있었다고 한다. 그의 친척인 외삼촌이 일본에 머물 때 일본 여인 마사코와 사랑하게 되어 우리나라에서 함께 새생활을 시작하게 되었다. 마사코는 산도 설고 물도 설은 우리나라에, 오직 사랑하는 연인을 찾아서 건너오게 된다. 결국 국경을 뛰어넘은 두 청춘 남녀는 전쟁으로 폐허가 된 우리나라 땅에서 가정을 꾸리고 새로운 생활을 하게 되었다.

그러나 이러한 연인들의 사랑도 오래가지 않았다. 마사코가 사랑 하나만을 믿고 찾아온 남편이 오래지 않아 우리나라 여자와 눈이 맞아 외도를 하기 시작한 것이다. 우리나라 여자와의 사랑을 끊을 수 없었기 때문이라고 했지만, 마사코에게 다가온 충격은 말로 다할 수 없었다. 결국 마음을 주고, 사랑을 주고, 인생을 모두 걸고 낯선 산천을 찾아온 마사코는 자신의 빼앗긴 사랑을 저주하며 낯선 땅에서 자살이라는 극단의 길을 택하게 된다. 마사코의 영혼은 일본을 건너가지 못하고 우리나라 땅을 떠돌게 되어 그의 영혼은 괴로워하고 있었다.

자살을 한 영가들은 영혼의 세계에서 가장 비참한 처지에 놓여 있게 된다. 자살했던 순간의 고통이 죽어서 영혼이 된 후에도 계속되기 때문이다. 마사코의 영혼은 바로 '죽으면 살아 있었을 때의 고통을 잊을 줄 알았는데 죽으니 더 괴롭다'고 말했다. 그러면서 그 영혼은 일본으로 돌아가고 싶다고 이야기하는 것이었다. 영혼이 원하는 지방은 도쿄의 북쪽에 있는 하코다테라는 곳이었다. 차법사는 그녀의 한과 고통을 위로하면서 죽어서 구천에 자리를 잡지 못한 그녀의 영혼을 일본으로 천도했다.[81)]

최면치료 과정에서 환자들이 떠올리는 죽음의 기억 중에는 자살로 삶을 마감한 경우가 적지 않은데, 그 경험은 예외 없이 깊은 상처가 되어 현재의 삶에도 큰 영향을 주는 것으로 확인되고 있다. 원인을 알 수 없는 막연한 우울증과 고독감, 위축감과 죄책감은 자살 경험이 있는 환자들이 가장 흔히 호소하는 정신증세들이다. 특히 두 번 이상의 자살 기억을 가진 환자들은 이런 경향을 더 뚜렷이 보여준다. 각자의 삶에 주어진 책임을 참을성 없이 벗어던진 환자들은 그로 인해 씻을 수 없는 아픈 기억을 품게 되고, 자살을 선택한 그 순간부터 그 행위를 후회하게 된다. 살아가면서 배우고 인내해야 할 여러 어려움들을 피해 스스로 목숨을 끊게 되면, 바로 그 순간부터 영혼은 후회와 죄책감에 빠지게 된다. 그리고 새로운 삶에서는 원래 감당해야 했던 과제와 함께 '자살'이라는 어리석은 선택에 대한 책임까지도 짊어져야 하는 것이다.

이씨는 30세의 가정주부다. 결혼해서 딸 하나를 두고 살고 있지만 어릴 때부터 찾아오곤 하던 원인을 알 수 없는 고독감과 우울감, 어둠에 대한 공포는 그를 고통스럽게 했다. "아마 태어날 때부터 우울했던 것 같아요." 정신과 전문의에게 상담도 받고 약도 먹어봤지만 우울증 해소에는 도움이 되지 않았다며 언제나 마음 한 구석에 있는 자살 충동에 대해 얘기했다. "너무 괴롭고 가족들에게도 미안해서 죽고 싶어요. 제가 이 정도로 힘든지는 아무도 모를 거예요." 최면치료 상태에서 그의 내면의식은 우울과 공포의 원인이 과거 삶의 기억 속에 있다고 대답했고, 그 기억들을 찾아내고 이해하면 나을 수 있다고 했다. 이후 세 번의 최면치료를 통해 떠올린 세 가지 삶의 모습 속에서 그는 두 번의 자살 경험을 기억해냈다.

첫 번째의 자살은 중세기 유럽남자로서의 삶이었는데, 전쟁에서 한쪽 다리를 잃고 돌아오니 가족들은 멀리 피난을 가버려 낯선 도시에서 걸식을 하며 살 수밖에 없었다. 배고프고 비참한 불구자로서의 삶은 그를 절망과 외로움에 빠지게 해, 결국 근처 호수 속으로 걸어 들어가 스스로 목숨을 끊게 되었다. 그 삶에서의 절망감에 대해 그는 이렇게 말했다. "제가 혼자 있으면 언제나 느끼는 막막하고 답답한 절망감이 그 삶에서 죽기 전에 느꼈던 것과 똑같아요. 사실 저는 물에 대한 심한 두려움도 있어요. 그것 때문에 수영을 배울 수 없었고 물가에 가면 마음이 편치 않아요."

두 번째의 자살은 조선시대 처녀로서 살았을 때, 임신을 했고 어머니의 혹독한 꾸중과 질책을 견디지 못해 벼랑에서 떨어져 죽었다. "그때도 제 성격은 지금과 비슷했던 것 같아요. 아마 우울증도 있었을 거예요. 벼랑에서 뛰어내리기 전에 느꼈던 슬픔과 답답함도 지금 느끼는 것과 완전히 같아요. 어머니에게 한마디도 못하고 처음부터 죽음을 생각했었거든요." 그 뒤 두어 번의 치료 과정 속에서 그는 삶의 의미와 생명의 소중함에 대해 어렴풋이 깨닫게 되었다고 하며, 그 두 번의 자살 기억은 자신의 과거임이 틀림없다고 주장했다. 이 치료의 결과로 고질적이던 우울증은 거의 사라졌고, 불을 끄고는 자지 못하던 어둠에 대한 공포증도 없어졌다. 대인관계에서도 여유가 생겨 남편과 아이가 처음으로 가깝고 다정하게 느껴진다고 말했다.[82]

이 환자처럼 최면치료 후 자신의 삶과 어려움을 대하는 태도가 달라지는 경우는 아주 흔하다. 이들이 떠올리는 기억이 실제 과거의 기억이라는 사실을 객관적으로 증명할 수는 없지만, 그 내용 속에 현재의 증상과 어려움을 이해하고 풀 수 있는 중요한 실마리가 들어 있는 것은 분명하다. 그렇기 때문에 환자 자신도 반신반의하면서 영혼의 존재와 '자신의 모든 행동에는 끝까지 책임이 따른다'는 원인과 결과의 법칙을 사실로 받아들이게 된다. 자신의 자살로 피해를 입힌 가족들을 다시 만나 보상을 해나가는 경우도 있고,

같은 잘못을 거듭하여 더 어려운 상황에 빠져 있는 경우도 있다.

어떤 여성이 딸을 위한 구병시식을 해주고 싶다고 차길진 법사를 찾아왔다. 부인의 딸은 중학교 3학년생이었는데, 얼마 전에 아파트에서 뛰어내려 목숨을 끊었다고 한다. 짧은 생을 스스로 마감하고 이제는 다른 세계에서 한이 맺혀 있을 소녀와의 만남을 위해 구병시식을 행했다. 소녀는 생전에 차법사와 안면이 있던 아이였고 소녀의 영혼도 차법사를 금세 알아봤다. 소녀가 죽은 지 얼마쯤 지나서부터 함께 어울려 다니던 사내아이들에게 심상치 않은 일이 벌어지기 시작했다.

소녀의 친구 오빠가 남한산성에 놀러 갔다가 실족해서 목숨을 잃는 사고가 생겼다. 얼마 뒤에는 소녀를 데리고 다니며 함께 어울렸던 삼촌이 필리핀에 갔다가 갑자기 심장마비로 세상을 떠났다. 배를 타고 제주도에 가던 또 다른 아이가 느닷없이 쇼크사한 일도 있었다. 사내애들과 어울리기 좋아하던 소녀는 죽기 얼마 전에 친구네 집에서 삼촌들과 놀다가 성폭행을 당했다. 그 뒤, 임신한 사실을 알고 절망감에 몸부림치다가 스스로 목숨을 끊었다. 어린 소녀의 영혼은 분노 그 자체였다. 생전에 그녀와 어울려 다니던 사내애들의 잇단 죽음도 한 맺힌 어린 소녀의 영혼이 저지른 복수였다. "법사님, 복수를 했으니 이제 제자리로 돌아가고 싶습니다." 어린 소녀의 영혼은 지쳐 있었다. 한때의 불장난이 비극적인 사건으로 유명을 달리한 넷의 영혼들은 영계에서도 정처없이 떠돌고 있었다. 차법사는 복수의 일념으로 구천을 떠돌던 어린 소녀의 영혼을 위로하고 안식을 취하도록 했다. [83]

어느 날 차법사에게 친구로부터 전화가 왔다. 친구는 심한 우울증을 앓고 있었다. 그의 아버지는 불치의 병에 걸려 치료가 잘되지 않자 죽음을 택했다. 그의 큰아버지 또한 자살했다. 큰아버지의 자식들인 사촌 남동생이 독약을 먹고 자살했으며, 사촌 여동생은 목매달아 죽었다. 여기에 자신에게 문득문득 엄습하는 우울증은 자살만이 살 길인 것처럼 느껴지게 했다. 친구를 위해 구병시식을 해본 결과, 일본의 게이샤의 원혼이 집안을 떠나지 않고 맴돌고 있기 때문이었다. 게이샤 영혼에 한을 안겨준 것은 친구의 아버지였다. 그의 아버지는 군수로 재직하던 당시 일본을 여행할 기회가 있었다. 그때 그는 시모노세키의 한 유곽遊廓에서 잠을 자게 됐다. 그는 여기서 일본인 게이샤를 만나 하룻밤을 지내면서 그녀에게 몸값을 속량해 주기로 약속했으나 약속을 지키지 않고 우리나라로 건너왔다.

한마디라도 일단 약속하면 반드시 지키는 것이 일본인이다. 평생 동안 자신을 유곽에서 구해 줄 남자를 기다리던 게이샤의 배신감과 비참함은 도저히 상상하지 못할 정도였다. 한국인 남자에 대한 한은 결국 그녀를 자살하게끔 만들었다. 이후 충주 친구의 집안을 맴돌면서 '스스로 자살하게끔 만드는 보이지 않는 힘'은 바로 한 많은 일본인 여성의 원혼이 있었기 때문이었다. 구병시식을 하는 동안 게이샤 여성은 쌓인 한을 주체하지 못했다. 그녀의 영혼을 담는 그릇으로 일본 인형과 꽃을 사서 예를 지내고는 그 꽃과 인형을 강물에 띄워 보냈다. 꽃과 인형은 한 일본인 여성의 한을 실은 듯 넘실거리면서 강물따라 흘러 내려갔다. 남자의 한마디 말에 자신의 운명을 걸고 있었던 일본 게이샤 여성과의 약속을 지키지 못한 것이 결국 그 집안의 4

명의 목숨을 빼앗아가게 만들고 만 것이다. 그리고 살아 있는 자들도 '살아 있는데 살아 있는 게 아닌' 상태로 만들었다.[84)]

삶의 고통을 견뎌내지 못하고 인생을 포기해 자살하면 어떻게 되는지 최면상태에서 빛의 존재에게 물었더니, 다음과 같은 증언을 얻었다.

의사	● 빛의 존재에게 부탁해 보세요. "만약 내가 이 고통을 이기지 못하여 자살한다면 어떻게 됩니까? 자살했을 때의 비전을 조금만 보여주세요."
환자	● "……어둡다……캄캄하다……웅크리고 있다……(바짝 긴장하고 있는 상태)."
의사	● 캄캄합니까?
환자	● "……이렇게 되기 때문에 자살하면 안 된다……."[85)]

먼저 죽은 가족 만나기 위해 자살한다?

사랑하는 가족 중 한 사람이 의외의 사고나 불치의 병에 걸려 죽음으로써 헤어지게 되는 것은 사랑에 빠진 사람들이 상상할 수 있는 가장 큰 불행일 것이다. 배우자의 죽음은 자녀의 죽음, 부모의 죽음과 함께 큰 충격이다. 그래서 우리는 사랑하는 사람을 잃고 시름시름 앓다가 죽거나 자살하는 사람들의 이야기를 가끔 들을 수 있다. 30대 초반의 민정숙 씨는 다섯 달 된 외동딸 주희를 잃었다. 외출했다가 돌아와 아이가 너무 오래 자는 것 같아 깨우러 들어간 그녀는 잠든 듯 죽어 있는 딸을 발견했다. 원인이 될 만한 것은 아무것도 찾을 수 없어 남편과 친척들의 위로도 소용없이 슬픔에 잠겨 지낸 한 달 동안의 괴로움은 그녀의 얼굴과 몸 전체에서 풍겨 나오고 있었다. 임신 4개월의 몸으로 제대로 먹지도 자지도 못한 그녀는 지치고 갈라진 목소리로 애원하듯 말했다. "이 괴로움에서 도저히 벗어날 수 없을 것 같아요. 왜 그 아이가 그렇게 어린 나이에 죽어야 하는지 받아들일 수가 없어요."

김 ● (화자의 긴장을 충분히 풀게 한 후) 주희가 죽은 것을 발견했을 때로 가 보세요.

민 ● (울기 시작하며) 제가 주희를 안고 있어요……. 아이는 이미 죽었어요…….

김 ● 긴장을 풀고 그 상태에서 주위를 잘 둘러보세요……. 주희가 어딘가 있을 겁니다.

민 ● (놀란 듯) 네…… 제 옆에 서서 저를 보고 있어요……. 저는 죽은 주희를 안고 있는데…… 제 옆에 있는 것은 주희의 영혼인가 봐요…….

김 ● 주희가 뭐라고 하는지 잘 들어보세요.

민 ● (흥분한 듯 떨리는 목소리로) 저보고 슬퍼하지 말래요. 죽을 때 하나도

아프지 않았다고 해요……. 이렇게 죽어야 할 이유가 있었다고
요……. 어떻게 죽었는지는 하나도 중요하지 않대요.…… 그것
은…… 자기 영혼이 가야 할 길이었으니…… 슬퍼하지 말고 받아
들이래요……. 자기는 엄마 곁에 갈 거라고 해요. …뱃속에 있는
아기가 되어 돌아올 건가 봐요. (기쁜 듯 밝은 목소리로)…… 제 뱃속에
있는 아기에게 들어올 것 같아요……. (흥분하여) 동생의 몸으로 다
시 태어나…… 엄마 아빠 곁으로 돌아가겠대요…….

김 ● 죽은 후 주희가 어디로 가는지 보세요…….

민 ● (만족스러운 듯 안정된 목소리로) 제 옆에 서서 죽은 자기를 안고 있는
저를 지켜보고 있다가…… 밝은 빛을 따라갔어요……. 그 아이 얼
굴이 참 어른스럽고…… 평화로워 보여요……. 가면서 제게 꼭 돌
아온다고 했어요…….86)

　최면에서 깨어난 그녀는 김영우 박사를 보며 놀라움과 흥분에 떨리는 목
소리로 물었다. "선생님, 정말 놀라웠어요. 주희가 죽었을 때 그 아이 영혼
은 제 옆에서 저를 위로하려고 했어요. 아이답지 않게 어른스러운 태도로
저를 안타까운 듯 바라보고 있었어요. 그날 왜 저는 그것을 느끼지 못했을
까요?…… 선생님이 '주희가 뭐라고 하는지 들어보라'고 하셨을 때 저는
순간적으로 '그런 게 어떻게 가능할까?' 하는 의심을 품고 마음을 집중했는
데……정말 주희가 제게 말하는 것처럼 마음속에 또렷이 그 아이의 말과 생
각들이 전달되기 시작했어요……. 저도 마음속으로 그 아이에게 '엄마는

정말 너를 사랑한다. 너를 죽게 해서 너무 미안하다'는 말을 했어요. 그 말에 주희는 밝게 웃으며 엄마 탓이 아니라고 했어요……. 이제까지의 슬픔에서 벗어날 수 있을 것 같아요. 제 안에 있는 아이가 주희라는 확신이 아주 강하게 들어요. 주희가 죽은 후 저는 혼자서 '이 아이를 통해 주희가 다시 태어나면 얼마나 좋을까' 하는 생각을 참 많이 했었죠.……."

"최면 상태에서의 느낌과 경험을 액면 그대로 받아들여서는 안 되지만 비슷한 상황에 있는 다른 사람들도 죽은 이의 영혼으로 추정할 수 있는 그 같은 존재와의 만남과 교류를 많이 경험합니다. 아직 과학과 정신의학은 이 방면에 대해 정확한 데이터나 결론을 제시하지 못하고 있고 사람의 영혼에 관한 문제들은 앞으로 풀어야 할 큰 과제 중의 하나죠. 몇 달 후에 태어날 아기가 되어 주희가 부모 곁으로 돌아온다는 것은 환생과 윤회의 개념에 익숙한 문화권에서는 쉽게 받아들여질 수 있겠지만, 현대인에게는 미신이나 동화 같은 얘기겠죠. 현대 과학은 아직 이 문제에 대해서도 답을 가지고 있지 못하지만 어머니로서 확신을 가지고 그렇게 믿는다면 그럴 수도 있는 일이겠죠. 오늘의 작업을 통해 느끼고 경험한 것들이 그간의 슬픔과 상실감, 억울함 등의 파괴적이고 부정적인 감정과 고통을 없애고 새로운 깨달음과 희망을 얻는 계기가 된다면 그것으로 충분한 의미가 있습니다."[87]

몇 달 후 그녀는 병원으로 전화하여 아기를 무사히 낳았고 그 아기를 다시 태어난 주희라고 생각하며 행복하게 지내고 있다고 했다. 단 한 번뿐이었지만 그 최면치료는 정말 자신에게 큰 도움이 되었다며 다시 한 번 감사하다는 말을 전했다.

일본의 어떤 여성이 최면 상태에서 나타난 '빛'을 향해 "먼저 죽은 어린 딸을 만나기 위해서 자살해도 좋은가"라고 물어봤더니 이런 답변이 되돌아왔다.

의사 ● 빛에게 물어봐 주세요. "나는 딸을 빨리 만나고 싶은데 일찍 죽어도 괜찮나요?"

환자 ● ……"일이 다 끝난 후에"…… 일이 다 끝나기 전에는 죽어서는 안 된답니다.

의사 ● "만약 딸을 일찍 만나려고 자살한다면 어떻게 될 것 같습니까?" 빛에게 물어봐 주세요.

환자 ● ……내가 어두운 곳에 있습니다…… 어두운 곳에서 위를 보고 있습니다…… 위에는 높은 곳에 빛이 보입니다…… 어두운 곳에 있으면서 위쪽의 높은 곳에 있는 빛을 쳐다보고 있습니다.

의사 ● "이 광경은 어떤 의미입니까?" 빛에게 물어봐 주세요.

환자 ● "자살하면 안 돼"…… "자살 같은 것을 하면 딸을 만날 수 없어"라고 말하고 있습니다.

의사 ● "이대로 계속 노력하며 살아간다면 반드시 딸을 만날 수 있겠습니까?" 물어보세요.

환자 ● "물론이지"라고.[88]

    어느 날 김영우 박사는 상담 전화의 녹음 내용을 확인하던 중 깊이 인상에 남는 사연이 하나 있었다. "오늘 전화 드린 이유는 저 혼자 감당하기에 너무나 힘든 일을 얼마 전에 겪었기 때문입니다. 저는 올해 스물여덟 살이고 이름은 최은정입니다. 결혼한 지 이제 2년밖에 되지 않았습니다. 그런데 제 남편이 갑작스런 병에 걸려 한 달 전에 세상을 떠났습니다. 지금 저는 그의 죽음이 정말 믿어지지 않고 도저히 받아들여지지도 않습니다······."

김 ● 남편이 죽던 순간으로 가보세요. 당시의 상황을 그대로 느낄 수 있을 겁니다.

최 ● (괴로운 듯 얼굴을 찡그리며) 죽기 직전의 아픈 모습이 보여요······. 꿈에 가끔 보이던 모습이예요······. 저는 옆에 앉아 있어요······.

김 ● 그가 죽음의 순간을 넘어간 직후로 가보세요.

최 ● ······ 그는 죽었고······ 저는 울고 있어요······.

김 ● 주위를 잘 느껴보세요. 남편이 어디 있는지 잘 살펴보세요.

최 ● (놀란 듯) 남편이······ 그이 영혼이······ 제 옆에 있어요······.

김 ● 그가 뭘 생각하고 느끼는지 알 수 있을 겁니다.

최 ● 제게 슬퍼하지 말아라, 그럴 이유가 있다고 말해요.

김 ● 그는 어떤 상태에 있죠?

최 ● (기쁜 듯) 편안해 보여요······. 이제 고통이 끝났어요······. 자기 죽

음은 이유가 있다고······ 괴로워하지 말라고 해요······.(한참 동안 감
정이 복받치는 듯 눈물을 흘린 후 편안한 표정으로 돌아옴)

김 ● 남편의 죽음이 가지는 의미는 뭐죠?

최 ● ······아쉬운 것 없이 살던 중 모든 것을 빼앗겼죠. 그 경험을 통해
자신의 내면을 살펴 보고 받아들이는 것을 배우게 돼요······. 세상
을 바라보는 눈이 더 커지는 거죠······. 태어나기 전에 이미 그 사람
이나 저나 그런 죽음을 경험할 것을 알고 받아들였어요······. 영혼
의 성장을 위해서요······.89)

　　담담하고 편안한 어조로 이어나가는 그녀의 이야기는 이 세상의 지성과
분별력이 아닌 영혼의 의식과 통찰력으로 삶과 죽음을 바라보는 다른 환자
들의 경험담과 같은 것이었다. 편안하고 밝은 표정으로 깨어난 그녀는 최면
상태에서 자신이 방금 겪은 일들이 신기한 듯 생각에 잠긴 얼굴로 돌아갔다.
3주 후에 다시 만났다. 세 번째 시간에 그녀는 전보다 훨씬 밝고 가벼운 표
정으로 김영우 박사와 마주 앉았다. "지난번 치료를 끝내고 돌아가는 길에
하늘이 아주 맑은 것을 새삼 깨닫고 무척 기뻤어요. 지난 2년 동안 하늘을
쳐다본 적도 느낀 적도 없었거든요. 그날의 그 느낌은······ 남편을 처음 만
났던 날 느꼈던 것과 같은 기분이었어요······. 이제는 다시 잘 살아갈 수 있
을 것 같아요······. 죽음을 생각하거나 공허하다는 마음은 들지 않아
요······."

"전생퇴행을 포함하여 인간의 영적 내면을 다루고 체험하는 최면치료는 아주 강력한 치유와 깨달음의 힘을 가지고 있습니다.…… 지금 상태에서는 더 이상의 최면치료가 꼭 필요하지는 않습니다. 최면 작업이 큰 힘을 가지고 있다 해도 눈앞의 현실적 문제들에 대한 지금과 같은 대화와 해결 노력도 그에 못지않게 중요합니다. 표면의식 수준에서의 이해, 내면의 깊은 잠재의식 수준에서의 직관적 느낌과 깨달음이 적절한 균형을 이루게 될 때, 정신적으로 가장 건강한 상태가 됩니다. 머릿속의 생각과 의지로 모든 것을 분석하고 통제하려 하거나, 직관적이고 감정적인 충동만을 무작정 따라가서는 어떤 문제도 제대로 해결할 수 없습니다. 따라서 억지로 남편을 잊으려고 애쓸 필요도 없고 잊지 않으려고 불안해 할 필요도 없죠. 앞으로 살아가면서 생각과 경험의 폭이 더 넓어지고 유연해져 머리와 가슴이 조화를 이루게 된다면 모든 것이 자연스럽게 제자리를 잡아가게 될 테니까요. 최면 상태에서 경험했던 느낌들이 마음속 깊은 곳에서 많은 것을 정리해 줄 겁니다."[90]

어느 여성은 남편이 죽었을 때는 정말 괴로웠다. 둘의 꿈도 모두 한꺼번에 사라졌다. 그가 진정으로 자살을 생각한 일도 한두 번이 아니었다. 살아서 숨을 쉬고 있는 것조차도 괴로웠다. 눈물이 나서 어떻게 할 수 없을 때 간혹 남편이 최면치료 장면에 등장해 위로해 주었다. "괜찮아, 울어. 당신을 위해서 우는 쪽이 더 좋아."라고 말한다. 걱정해 주는 것을 잘 알 수 있었으며 울 만큼 운 다음에는 언제나 껴안아 주었다. 팔로 껴안아 주는 것을 그녀는 실제로 느낄 수가 있었다. 그렇지만 자살하는 방법을 생각한다든지 하면 갑자기 설교를 한다. "그렇게 한들 아무것도 해결되지 않아. 자살한다고 해서 고통이 없어지는 건 아냐." 방 안에 갇혀 있으면 야단을 친다. "이봐! 일어나. 그런 곳에 쪼그리고 앉아 자기 자신을 불쌍히 여기고 있다 해서 어떻게 되는 것은 아니잖아. 아무것도 안 하고 빈둥대고 있으면 안 돼!" 그녀도 가만히 있지 않고 덤벼들었다. "그렇게 말하지 말아요. 말하기는 간단할 거예요. 당신은 죽었으니까. 하지만 나는 아직 살아 있어요. 지금부터 혼자서 살아가지 않으면 안 돼!"

"그래, 당신은 아직 살아 있어. 그러니까 살아 있는 동안 인간답게 살아야지, 살아 있으면서 죽은 것처럼 하고 있으면 안 되잖아."[91]

고통 극복을 통해 우리는 성숙해진다

미국에서 유태인 할머니가 한국인 며느리와 함께 차법사를 찾아왔다. 차법사를 찾아온 가장 중요한 이유는 바로 '자신의 집에 항상 죽은 남편의 영혼이 돌아다니는데 나타나지 않게 할 수는 없겠는가' 하는 것이었다. 왜 돌아가신 할아버지가 매일 밤 할머니와 자식들이 사는 집에 나타나는가에 대해 차법사는 의구심이 들었다. 할머니는 아들과 딸 모두 훌륭한 교육을 시켰다. 수년 전 남편은 갑자기 사고로 세상을 떠났는데, 생전에 남편이 소위 거액의 보험을 들었기 때문에 자식들을 모두 일류 대학까지 공부시킬 수 있었다. 차법사는 유태인 할머니가 이야기하는 모습을 보면서 그분의 남편은 사고를 당해서 목숨을 잃은 것이 아니고, 바로 '자살', 교묘히 조작된 사고사임을 확신했다. 유태인 할머니에게, "할아버지는 사고사가 아니라 자살입니다."라고 말하자, 할아버지는 자살하기 직전 할머니에게도 아무 말을 하지 않았지만, 할머니는 이미 짐작하고 있었다.

할머니의 남편은 왜 사고사를 가장해 교묘하게 자살해야만 했을까. 자식들의 교육을 위해 보험금이 필요했기 때문이었다. 자신은 막대한 교육비는 물론 생활을 해결할 능력이 없다고 판단한 할아버지는 몇 백만 달러짜리 고액의 보험에 가입한 후, 자식들의 교육과 가정의 미래를 위해 스스로 목숨을 끊어버린 것이었다. 죽어야겠다고 생각하고 숨 안 쉬고 죽어 질식사 내지는 심장마비를 일으킨 사람에게, 자살이라고 판정할 수 있는 근거는 아무것도 없었다. 유태인 할아버지의 영혼을 천도하기 위해 구병시식을 했을 때 차법사는 또 한 번 놀랐다. 구병시식을 통해 나타난 그 할머니의 남편의 영혼 뒤에는 셀 수 없을 정도의 여러 영가가 함께 나타난 것이다. 바로 그들은 똑같이 자녀교육을 위해 또는 가정을 지키기 위해 자살을 한 유태인들의 영가였다. 유태인들의 강한 민족성 뒤에는 이 같은 강한 교육열이 있었다. 그러나 그러한 행동이 바람직하지 않다. 죽은 할아버지의 영혼은 왜 다른 많은 유태인 영혼과 함께 세상을 떠돌아다닐 수밖에 없는 것인가. 영혼의 세계에서 자살자의 영혼은 가장 대접받지 못하는 부류이기 때문이다.[92]

자살은 사고사나 병사와는 달리 당사자는 물론 가족에게 너무나 깊고 아픈 상처를 남긴다. 그 후유증이 얼마나 큰 것인지는 당해보지 않은 가족은 짐작조차 하기 어렵다.[93] 한 여성은 돌도 되기 전에 겪었던 엄마의 자살로 인한 충격이 의식 깊은 곳에 저장되어 35년간 원인도 모른 채 고통 속에서 살았다.

> 30대 중반의 여성이 어느 날 머리가 깨질 듯 아프다면서 김 박사의 병원을 찾아왔다. 다른 병원 여러 곳을 다녔지만 원인을 알 수 없더라는 것이다. 그녀는 빈틈 하나 없어 보이는 아주 지적인 전문직 여성이었다. 그녀는 돌을 지나기 전에 어머니가 자살해 새어머니 손에서 사랑을 받으며 자랐고, 고등학생 때 이 사실을 처음으로 알았다고 했다. 어머니의 자살 이야기를 듣고 왠지 큰 죄책감이 들어 악착같이 공부에 몰두했고, 결국은 일류대에 진학했다는 것이다. 그녀가 최면치료를 원하여 치료에 들어갔는데, 치료를 시작하자마자 그녀는 서너 살 먹은 아기처럼 울어서 간호사까지 놀라게 했다. 태어난 지 6개월 쯤 엄마와 함께 있는 장면을 상상해 보라고 하자, 엄마는 자기를 사랑한다고 말하면서 사랑받는 표정을 지었다. 태어난 지 9개월이 지나자 엄마 내면에 혼란이 일어나기 시작했다. 부부 간의 성격 차이로 인해 결국 엄마가 자살하는 시점에 이르자, 그녀는 갑자기 울면서 "엄마가 그러면 안 되잖아, 엄마가 자살하면 안 되잖아!" 하고 소리치는 것이었다. 최면치료를 통해 그녀는 엄마의 사랑을 받으며 크는 장면, 자살에 충격 받는 상황을 재현한 이후 두통이 감쪽같이 사라져 버렸다.[94]

생사학을 창시한 20세기의 영적인 스승 퀴블러 로스Elisabeth Kübler-Ross

여사는 많은 사람들이 편안히 죽음을 맞을 수 있도록 도움을 아끼지 않은 사람이다. 그녀는 죽음을 앞두고 고통을 겪고 있는 환자들을 세심하게 보살핌으로써 그 중 단 한 사람도 자살을 택하지 않도록 인도할 수 있었다. 환자들이 병으로 인한 고통을 참지 못해 자살하려 할 때마다 그녀는 그들을 괴롭히는 것이 무엇인지 물었다. 육체적 고통 때문이라면 약물 처방을 통해 효과적으로 통증을 치료했고, 가족 문제라고 말하면 그것을 해결해 주기 위해 노력했으며, 우울증 때문이라면 효과적으로 치료될 수 있도록 도왔다. 그녀의 목표는 사람들이 자연사할 때까지 존엄성을 지키다가 후회 없이 다음 생을 맞이하도록 돕는 데 있었다.

자살은 아직 자신이 배워야 할 과제를 남겨둔 채 죽는 행위이다. 자살하면 다음 단계로 넘어가지 못하고 처음부터 다시 시작해야 하기 때문이다. 어떤 여자가 남자친구와 헤어지고 더 이상 살 수 없어 자살하려고 한다면 그녀는 다시 상실과 함께 사는 법을 배워야 한다.[95]

퀴블러 로스에 따르면, 살아가면서 우리가 마주치는 어려움은 우리 삶에 주어지는 일종의 과제로서 스스로 수용하고 극복해야 할 것들이라고 한다. 우리의 영혼은 이 과제를 마쳐야만 다음 단계로 넘어갈 수 있다는 얘기다. 만일 자살을 택함으로써 과제를 마치지 못했다면, 우리는 다음 삶에서 똑같은 과제를 만나게 된다. 결국 자살은 자신이 감당해야 할 일을 뒤로 미루는 어리석은 행위일 뿐이며, 미뤄진 과제는 죽은 이후에도 계속 그를 따라 다니게 된다. 퀴블러 로스의 말은 최면치료를 통해 밝혀진 것과 일맥상통한다. 삶에서 마주치는 어려움들을 피해 자살했다면, 남겨진 영혼은 영영 후회와 죄책감에서 벗어날 수 없다. 게다가 새로운 삶에서는 원래 감당해야 했던 과제와 함께 자살이라는 어리석은 선택의 책임까지도 짊어져야 한다.[96]

퀴블러 로스의 말과 같이 우리의 삶은 상실의 고통을 비롯해 다양한 과제를 풀어나가는 과정이라는 것을 최면치료는 증언하고 있다. 어머니 죽음의 슬픔에서 헤어나지 못해 "나도 빨리 죽어 어머니 곁으로 가고 싶다"는 딸에게 어머니의 영혼은 최면치료를 통해 '빛'으로 나타나 다음과 같은 메시지를 주었다.

> "너는 아직 죽을 때가 아니야. 아직 그쪽에서의 일이 끝나지 않았어. 너는 거기에 남아서 한순간 한순간을 힘껏 살지 않으면 안 돼. 아름다운 지상에 산다는 선물을 맛보지 않으면 안 되는 거야. 이것만은 말해두겠어. 저녁노을도, 꽃도, 소중한 사람도 하나하나 기쁨을 가지고 바라보렴. 그리고 다른 사람에게도 그 기쁨을 가르쳐주고 사랑을 쏟아줘. 사랑은 다른 무엇보다도 소중한 것이니까. 엄마는 항상 네 옆에 있어."[97]

김인자[가명] 씨의 경우, 1997년 말 외환위기로 인해 가정이 파괴되는 고통을 겪은 이후 10여 년간 자살시도를 여러 차례 하는 등 정말 힘든 세월을 보냈다. 두 딸과 어머니 생각에 자살을 잠시 유보해둔 상태에서 수업을 듣게 되었다. 자살예방교육 수업을 들으면서, 죽는다고 끝나는 게 아니라는 말을 듣고 그는 너무 충격을 받았다. 지긋지긋한 이 삶을 자살로 끝낼 수도 없다는 말이냐, 도대체 어쩌란 말이냐는 식으로 처음에는 격하게 반응했다고 나중에 토로했다. 자살을 잠시 유보해 두었다가 언젠가 때가 되면 자살하리라는 희망을 그는 마음속에 담아두고 있었기 때문이다. 자살한다고 해서 다 끝나는 게 아니라는 사실을 배우게 되면서, 그런 마지막 기대가 일거에 무너지면서 수업 듣는 내내 혼란에 휩싸였다. 또 자살이 자신만의 불행이 아니라 또 다른 불행으로 이어질 가능성이 크다는 말에 어머니와 두 딸 생각으로 충격을 받기도 했다. 책을 많이 읽었던 그는 수업시간에 추천해 주었던 책을 다시 차분히 정독하는 등 시간이 지나면서 서서히 안정을 찾아갔다. 자살예방 워크샵에서 자신의 아픈 과거, 교육에 의해 바뀐 자신의 삶을 소상하게 증언하기도 했다. 자살은 정말 예방해야 하고, 그러기 위해서는 자살예방교육이 필요하고, 자신도 자살예방 도우미 역할을 기꺼이 하겠다고 말하고 있다. 교육에 의해 자기는 완전히 바뀌었지만, 친구들에게 전해주려고 해도 받아들이지 못한다고 하소연 한다. 친구들은 교육 받기 이전의 자기 생각과 대동소이했지만, 교육을 받은 이후 자살과 죽음을 바라보는 자기의 시선은 너무 많이 바뀌었다고 말했다.[98]

평소 우울증이 있는 강애숙가명, 주부 씨는 자기 판단에 따라 자살해도 되고 죽으면 다 끝난다고 생각하고 있었다. 그는 2006년 서울에서 웰다잉 체험교실을 통해 과제로 제시한 퀴블러 로스의 『인생수업』, 김영우 박사의

『영혼의 최면치료』를 정독하는 등 진지하게 교육에 임했다. 그 결과 10주 교육을 마친 후 그는 인생관 자체가 긍정적인 방향으로 완전히 바뀌게 되었다. 그가 내게 보내온 글을 소개한다.

"그동안 경원시했던 죽음에 대해 긍정적으로 비교적 깊이 생각하게 되었습니다. 삶을 좀 더 긍정적으로 충만하게 살면서 성숙하게 인격을 완성하는 과정이 죽음이라고 배웠는데, 이것은 제게 놀라운 가르침이었습니다. 교육 기간 내내 삶의 의미를 진지하게 생각하게 되었고 감사한 마음으로 따사롭게 지냈던 행복한 시간이었습니다. 막연히 숨이 멈추면 죽는다고 생각하는 등 죽음은 항상 제게 의문부호였지만, 지금은 뭐라 말할 수 없으나 막연히 어떤 해답을 얻은 듯합니다. 이제 우울증으로부터 벗어날 수 있는 자신도 얻었습니다. 세속적으로 잘 살기만 하는 삶보다 우리 마음의 세계와 영적인 삶에 이제는 더 관심을 갖게 되었습니다. 정말 즐겁고 뜻깊은 시간이었습니다. 사람들이 웰다잉 교육을 통해 죽음준비의 필요성, 삶과 죽음을 넘어선 영혼의 세계에 관심을 가질 수 있다면 우리 사회 죽음의 질과 삶의 질이 한층 향상될 것입니다."99)

삶, 죽음에게 길을 묻다

5장 웰다잉 교육 프로그램 모색

효과적인 죽음 준비교육의 전체조건

지금까지 살펴본 바와 같이 우리 사회에 죽음에 대한 타부와 거부감은 상당히 뿌리가 깊다. 죽음이해가 우리 삶에서 중요함에도 불구하고, 죽음문화의 성숙을 위한 사회적 노력이 필요하다는 공감대가 아직 형성되어 있지 못하다. 우리나라에도 최근 1, 2년 사이에 죽음 준비교육을 다양한 종교와 복지시설에서 실시하고 있는 상황이지만, 교육 프로그램을 구체적으로 분석해보면, 아직 시작 단계에 불과한 상태라 내용이 부족하다.[100] 다른 무엇보다도 죽음을 보다 심층적으로, 체계적으로 가르치는 것이 핵심이어야 하는데 이에 대한 심사숙고가 빠져있고 주변에서 머뭇거리는 양상이다. 죽음이해의 부족, 성숙한 죽음문화의 부재는 지적되고 있지만, 그렇다면 과연 무엇이 바른 죽음이해이고 바른 죽음정의인지 구체적인 의견제

시가 빠져있다. 예를 들어 죽음이 과연 끝인지 아닌지 하는 문제, 죽어가는 구체적인 유형, 죽음체험과 명상수행, 성숙한 죽음문화의 모색, 죽음준비의 구체적 내용 등 핵심 내용이 빠져있다.

또한 자살문제와 웰다잉 교육을 연결시키지 못하고 있는 점 역시 지적되어야 한다. 자살률이 OECD 국가 중 1위에 이를 정도로 문제가 심각하지만, 제대로 준비된 예방 대책이 거의 없다. 자살은 가장 바람직하지 못한 죽음방식이므로, 죽음 준비교육에서 이 문제를 간과할 수는 없다. 더구나 웰다잉 교육이 자살예방에 효과적이라는 점을 감안하면 더욱 그렇다. 이것은 곧 웰다잉 전문가 부재의 문제와 연결되어 있다. 더구나 과연 우리 사회에 생사학 전문가라고 말할 수 있는 사람이 있다고 말하기가 어려운 상황이다. 생사학 전문가의 부재가 결국 웰다잉 교육 시스템의 부실로 이어지게 되는 것이다.

그러나 죽음을 교육한다는 일은 결코 쉬운 일이 아니다. 자기가 원한다고 죽음을 체험할 수 있는 일이 아니기에, 보다 철저하게 준비된 교육 프로그램을 마련할 필요가 있다. 최근 우리 사회에서 죽음체험하면 입관을 중심으로 교육시키고 있지만, 입관체험은 임종체험의 전부일 수 없고 그 일부에 지나지 않는다. 왜냐하면 임종하면 3일반 이내에 육신으로부터 영혼이 분리되므로, 관에 들어가는 것은 죽은 사람의 주검뿐이기 때문이다. 죽음에 대한 체계적인 교육 없이 입관하는 것을 중심으로 교육하고 있는 것, 입관이 임종체험의 핵심인 것으로 알려져 있는 것은 문제가 아닐 수 없다. 더구나 입관 중심의 임종체험이 상업주의와 결탁해있는 점 역시 문제점으로 지적된다. 따라서 죽음 준비교육은 보다 심사숙고해서 준비된 프로그램이 마

삶, 죽음에게 길을 묻다

련되지 않으면 안 된다. 효과적인 웰다잉 교육을 위해 미리 고려해야 할 사항 몇 가지를 제시하고자 한다.

:: **이론교육의 한계 극복**　죽음은 직접 체험할 수 없고 말로 설명하는 것으로는 한계가 있다. 이런 한계를 극복할 수 있는 보다 구체적인 방법이 교육내용에 포함되어야 한다. 그래야만 죽음 준비교육이 효과를 거둘 수 있다. 이론교육의 한계를 극복하는 방법으로는 시청각자료를 활용한 간접체험, 죽음 체험과 명상, 죽음 체험자의 증언 등을 들 수 있다.

:: **종교적 접근과 생사학적 접근 병행**　종교 교리 위주의 이론 중심 교육으로는 실감하기 어려울 수 있다. 현대 생사학의 연구성과와 다양한 시청각 자료를 제시함과 동시에 이에 대한 종교적 입장을 일목요연하게 함께 제시한다면, 종교 가르침을 보다 쉽게 이해할 수 있게 된다. 불교를 비롯한 다양한 가르침을 이 시대에 맞게 다시 살려낼 수 있을 것이다.

:: **의식조사**　첫 시간에 자살과 죽음에 대한 의식조사와 우울증 조사를 실시한다. 학기말에 똑같은 조사를 실시해 비교 검토하고 죽음 준비교육은 죽음과 자살에 대한 의식변화를 목표로 하므로, 의식조사는 필수이다. 죽음과 자살에 대한 의식을 획기적으로 변화시키기 위해서는 강도 높은 교육시스템 구축이 요구된다.

:: **죽음과 관련된 다양한 현장의 전문가들의 참여**　죽음과 관련된 분야 생사학, 의학, 장례, 장기기증, 호스피스, 법률, 자살예방, 종교학 등에서 오랫동안 종사해온 다양한 분야의 전문가들이 함께 프로그램을 진행하는

것이 바람직하다. 생사학과 종교 중심의 교육에 병행해 죽음과 관련된 다음 같은 분야의 전문가를 초빙한다. 현대인의 죽음이해, 각 종교의 죽음이해, 유산의 사회 환원, 존엄사와 무의미한 연명치료의 중단, 우리 사회의 장례문화의 현황과 개선방향, 장기기증의 현황, 호스피스, 유언과 법률 관계, 우리 사회 자살현상과 예방대책 등

　:: **시청각 자료의 활용**　생사학과 종교 중심의 이론 교육으로는 죽음에 대한 의식을 짧은 기간 안에 획기적으로 바뀌게 할 수 없다. 죽음과 자살에 관계된 다양한 시청각 자료를 활용함으로써 간접 체험하게 한다면 교육효과는 한층 증진될 수 있을 것이다. 우리나라 자료뿐만 아니라 외국의 시청각 자료까지 활용해 대학생과 일반인을 대상으로 교육했을 때 효과는 훨씬 높았다.

　:: **체험학습 실시**　죽음과 자살 관련한 시청각 자료를 활용한 간접 체험 활용과 함께, 입관과 죽음체험 프로그램을 동시에 실시해 교육효과를 증진시킨다.

　:: **명상 수행 프로그램의 도입**　웰다잉을 위한 명상, 마음수행과 웰다잉 교육의 접목. 수행과 웰다잉 교육의 목표는 영혼의 성숙이므로, 두 가지를 효과적으로 결합시킨 교육 프로그램 개발이 요구된다.

　:: **소그룹 활동을 통한 참여수업**　죽음 준비교육을 통해 목표하는 것이 죽음과 자살에 대한 의식변화이므로, 전문가가 일방적으로 주입시키는 교육, 수동적인 교육은 큰 효과를 거두기 어렵다. 자기 자신의 죽음 이해, 가까운 사람의 죽음이나 자살 경험 나누기, 유언장 작성과 발표, 리빙윌과 사전의료지시서에 대한 토론, 임종장소 등 다양한 주제를 설정해 소그룹으로 나누어 토론하는 방식으로 수업을 진행한다.

:: **워크샵 운영**　10주 프로그램이 시작하기 전, 또 마무리되는 시점에 1박 2일 동안 웰다잉 캠프를 운영한다. 수강생 간의 친목도모와 유대감 형성, 소집단 활동을 통한 토론, 죽음체험과 명상 수행, 교육에 참여한 수강생들의 유서 작성과 소감 발표 등을 실시한다.

:: **방문교육**　이론 위주의 수동식 교육에서 벗어나기 위해 죽음문제와 직접 관련되는 화장터, 호스피스, 장기이식센터 등을 방문함으로써 교육효과를 높인다.

:: **심화학습**　엄격한 출석 요구, 추천도서 제시[101], 10주 교육 기간 동안 3가지 정도 리포트를 부과한다.

죽음 준비교육 프로그램의 구성

웰다잉 교육을 추상적으로, 원론적으로만 다루기보다 구체적인 프로그램웰다잉 전문과정 을 다음과 같이 예시해 논의를 보다 구체화하고자 한다.

:: 웰다잉 전문가 양성과정은 10주 프로그램으로 매주 2회 교육을 진행한다. 한번은 오진탁 교수의 웰다잉 체험교실, 또 한번은 죽음현상 관련 전문가 10명의 웰다잉 특강을 실시한다. 웰다잉 체험교실은 해당 주제와 관련된 동영상 자료를 매주 4개 정도씩 제시하면서 체험교육을 실시한다.

구분	교육내용
워크샵 (1박 2일)	- 친교의 시간 : 수강생 간의 친목의 시간, 수강생들의 자기 소개 - 웰다잉 교육프로그램 소개 - 웃음요가 (집단 활동) - 가까운 사람과의 사별체험 나누기 - 죽음체험과 명상
오진탁교수의 웰다잉 체험교실	1강. 웰빙과 웰다잉의 관계 2강. 죽음, 어떻게 이해할 것인가 : 생사학과 일반인의 죽음이해 비교 3강. 우리사회의 자살급증 현상 : 사회병리현상으로서 자살 4강. 죽음을 알면 자살하지 않는다 : 자살해서는 안 되는 이유 5강. 죽음은 끝이 아니다 A : 티베트사자의 서, 불교를 비롯한 종교의 가르침 6강. 죽음은 끝이 아니다 B : 임사체험, 빙의현상, 호스피스 봉사자의 증언 7강. 성숙한 죽음문화의 모색 : 소극적 안락사에 대한, 죽음 준비교육의 실시, 리빙윌과 사전의료지시서 보급, 호스피스 제도의 정착과 활성화 8강. 죽음체험 통한 삶의 변화 : 호스피스 봉사자, 임사체험자, 암을 극복한 사람, 사형수, 죽음체험자 9강. 죽음 앞의 인간, 9가지 유형 : 절망과 두려움, 부정, 분노, 슬픔, 삶의 마무리, 수용, 희망, 마음의 여유와 유머, 밝은 죽음 10강. 죽음준비 어떻게 할 것인가 : 죽음준비의 일상화, 8단계 죽음준비
방문교육	- 3주 : 호스피스 센터 - 6주 : 장기기증센터 - 9주 : 화장터
워크샵 (1박 2일)	- 죽음체험과 명상 - 소그룹 토론 - 유서 작성과 발표 - 수강 소감

∷ 입제 워크샵과 회향 워크샵을 각각 1박 2일씩 진행해 수강생 간에 유대관계를 형성하게 하고, 교육이 끝난 이후에도 모임을 유지하면서 종교와 노인복지시설 등에서 웰다잉 교육 활동을 할 수 있도록 한다.

입제와 회향 워크샵에서 실시하는 죽음체험과 명상, 그리고 10번의 웰다잉 체험교실 강의를 시작하면서 5분 정도 실시하는 웰다잉을 위한 명상은 다음과 같은 방식으로 진행된다.

◉ 죽음 체험과 웰다잉을 위한 명상 _ 입관체험과 명상

우리는 일상생활에서 항상 깨어있는 상태로 살 수 있을까. 늘 무언가에 쫓기듯이 일상에 묻혀 살아가다 보면, 우리는 어떤 것이 진정으로 '자신'을 위한 삶이고, 그렇지 않은 삶인지를 분별해 내기가 쉽지 않다. 이처럼 자신이 중심이 되지 않는 생활을 날마다 이어나가다보면 자칫 '사는 게 이게 아닌데' 하는 번민과 회의에 휩싸일 때가 있다. 명상의 목적은 명상과 일상생활을 통합시키는 것이다. 날마다 비인간적이고 폭력적인 상황이 깊어만 가는 현대사회에서 갖가지 폭력과 스트레스, 마음의 혼란은 명상을 생활화하는 데 크나큰 걸림돌로 작용한다. 이런 때일수록 명상과 일상생활의 통합은 더욱 시급하다. 진정으로 명상적인 삶을 성취하고자 한다면, 가끔씩 약을 복용하거나 치료를 받듯 수행하지 말고, 매일매일 음식물을 통해 영양분을 섭취하듯 수행에 임해야 한다. 죽음 명상은 또한 '죽음을 눈 앞에 둔 임종자'가 최후의 순간을 존엄하고 아름답게 마무리

할 수 있도록 마음의 평안과 고요, 그윽한 경지에 다다를 수 있도록 해줄 것이다. 6단계로 진행되는 죽음 치유를 위한 명상 수행은 우리의 영혼을 맑고 밝고 아름답게 이끌어주고, 눈부신 혜안에 이르는 여정旅程으로 인도한다. 이 명상은 1단계 죽음 준비 : 만약 죽음이 찾아온다면, 2단계 죽음의 순간 : 어떻게 죽을 것인가, 3단계 육신의 죽음과 영혼의 분리 : 나는 어디에 있는가, 4단계 다른 세상과 빛의 존재를 만난다, 5단계 영혼의 방황 : 삶과 죽음을 초월한 영혼의 의미, 6단계 죽음체험을 통한 삶의 변화 순으로 진행된다.

동영상자료 ● 티베트 소남 체링의 죽음, 육체에서 벗어났던 임사체험자, 죽은 뒤 겪는 현상 티베트사자의 서, 죽은 뒤 터널 지나 빛을 향해 갔던 임사체험자, 죽음은 끝이 아니라 과정 티베트 사자의 서, 체험을 통해 삶이 변했다는 임사체험자의 증언 등.

10주 동안 진행되는 웰다잉 체험교실의 구체적 내용은 간략히 소개하면 다음과 같다.

◉ 1강 웰빙과 웰다잉의 관계

요즘 우리 사회에는 웰빙 Well-Being 이란 말이 대유행이다. 웰빙이란 말만 붙으면 무엇이든 관심을 끈다. '행복' 혹은 '잘 산다'는 의미의 웰빙. 물론 인간은 누구나 행복하게 잘 살기를 바란다. 그러나 과연 어떻게 사는 것이 잘 사는 것일까? 사람들은 흔히 웰빙을 '잘 먹고 잘 산다'는 뜻으로 이해한다. 그런데 '잘 산다'라는 말에서 '잘'에 해당하는 의미는 참으로 의미심장한 뜻을 지니고 있다. 행복한 삶을 추구하는 웰빙의 의미가 '품격 높은 삶'을 지향하는 데 있다면, 우리가 결코 간과해서는 안 되는 또 하나의 문제가 바로 '품격 높은 죽음'이 아닐까. 어떤 사람이 아무리 잘 살았다 한들 죽음을 편안히 맞이하지 못했다면, 그 사람은 '잘' 살았다고 말할 수 없다. 우리는 흔히 행복한 삶, 건강한 삶만 생각한다. 하지만 그런 삶이 가능하다면 행복한 죽음, 건강한 죽음도 가능할 것이다. 만일 평소에 행복하게 살았던 어떤 사람이 마지막에 몹시 괴로워하다가 죽었다면, 그의 인생이 진정으로 행복했다고 말할 수 있을까? 진정한 의미의 행복이란 삶과 죽음이 다 같이 만족스러워야 하지 않을까? '잘 먹고 잘 사는' 삶의 의미가 '인간으로서 누려야 할 행복한 생활'을 말하는 것이라면, 거기엔 마땅히 행복한 죽음도 포함되어야 할 것이다. 결국 웰빙이란 삶에만 한정되는 문제가 아니라, '잘 죽는 것' 즉 웰다잉Well-Dying 과도 깊게 관련된 문제이다.

동영상자료 ● 베르베르의 증언, 마지막 죽음의 모습진정화 씨, 부인이 항암치료 받다 죽은 김중섭 씨, 식물인간 딸과 아버지의 고민 등.

● 2강 죽음, 어떻게 이해할 것인가 _ 생사학과 일반인의 죽음이해 비교
　제1부 2장과 3장 참조

동영상자료 ● 달라이라마의 죽음이해, 70대 말기암환자의 죽음에 대한 두려움, 말기암 환자의 죽음부정, 말기암 환자 정인숙 씨의 마지막 죽

음모습 등.

◉ 3강 우리 사회의 자살급증 현상 _ 사회병리현상으로서 자살

자살은 자기 자신의 의지로 자기 목숨을 끊는 행위이지만, 최근 우리 사회에서 일어나는 자살 현상은 '자기 자신의 의지'라는 수식어를 붙이기에는 부적절하다는 느낌이 든다. 지나친 학습 부담으로 인한 초등학생과 재수생의 자살, 인터넷 사이트의 공개적인 유혹, 경기침체 장기화로 인한 자살 사례, 실직과 스트레스로 인한 자살 사건, 그리고 외로운 노인의 자살 등이 계속 이어지고 있다. 연령층도 초등학생에서부터 노년층에 이르기까지 광범위하게 확산되는 등 나이에 관계없이 발생하고 있다. 최근 우리 사회에서 벌어지고 있는 자살 현상은 단순히 개인의 문제라기보다는 경제 만능주의, 가족관계의 해체, 폭력적인 인터넷 문화, 스트레스와 우울증의 확산, 학벌 지상주의, 물신주의 풍조, 외모 지상주의 등 온갖 사회 병리 현상이 총체적으로 집약되어 있는 양상이라는 데 그 문제의 심각성이 크다.

동영상자료 ● 자살공화국, 조용한 살인자 우울증, 가족동반자살, 노인자살 사례, 카드빚 자살 등.

◉ 4강 죽음을 알면 자살하지 않는다 _ 자살해서는 안 되는 이유

우리 사회에 자살이 날로 심각해지는 상황임에도 불구하고 자살해서는 안 되는 이유에 대해서 분명히 제시된 적은 없는 듯하다. 우리나라 사람

삶, 죽음에게 길을 묻다

가운데 상당수가 자살 충동을 느끼는 현시점에서 이제는 '왜 자살해서는 안 되는지'에 대해 보다 체계적이고 심층적인 이유가 분명하게 제시되어야만 할 때가 되었다. 자살해서는 안 되는 이유에 대해서 지금까지는 정신의학, 심리상담, 사회복지학에서 다루어왔다. 하지만 이 주제에 있어서만큼은 죽음문제를 체계적으로 연구하는 생사학의 관점에서 논의하면 보다 효과적인 논의가 진행될 수 있을 것이다. 자살해서는 안 되는 이유가 명확하게 제시되고나면 아무래도 자살의 유혹에 빠진 예비자살자들에게 사이버 상담이나 전화 상담을 통해 분명한 메시지를 전할 수 있을 것이기 때문이다. 우리나라에서 일어나는 자살사례를 생사학의 관점에서 분석 검토해 자살해서는 안 되는 이유를 다음과 같이 다섯 가지 관점에서 제시하고자 한다. 첫째, 자살하는 즉시 더 큰 고통을 당한다. 둘째, 자살한다고 문제가 해결되지 않는다. 셋째, 죽음을 알면 결코 자살하지 않는다. 넷째, 우리에겐 자살권이 아니라 인간답게 죽을 권리가 있다. 다섯째, 자살은 가족과 주위 사람들을 한없이 고통스럽게 만든다. 이상과 같이 다섯 가지 관점에서 자살해서는 안 되는 이유를 구체적인 사례와 함께 하나 하나 논의해보고자 한다.

동영상자료　●　생활고 자살사례, 자살미수자의 고통, 자살자 가족의 고통, 친구의 자살로 10여 년간 고통당한 대학생, 자살예방교육 수강생의 의식변화 증언 등.

◉ 5강과 6강 죽음 끝이 아니다

죽으면 끝이라는 것을 과학적으로 증명할 수도 없음에도 불구하고, 죽음 이후에는 아무것도 없다고 단정내린 사람이 죽은 이후에 예상하지 못한 새로운 현상을 겪게 될 때 얼마나 당황하게 될까. 인간의 정신이나 영혼 같은, 보이지 않고 측정하기 힘든 영역의 문제에 접근함에 있어서 현재의 과학적 연구방법은 분명히 한계가 있는 것이 사실이다. 그러나 그 사실을 솔직히 인정하고 새로운 관점과 접근방법의 필요성을 수용하기보다, 관습적으로 익숙한 개념과 별다른 검증 과정 없이 널리 통용되어오던 이론들을 마치 과학적으로 확증되거나 밝혀진 사실인 양 별 고민 없이 받아들여지고 있다. 인간의 몸과 마음을 현재의 기계론적 사고방식으로 이해하기에는 여러 가지 한계가 많다. 그러다보니 보이지 않는 영역이랄 수 있는 인간의 정신세계와 정신질환을 해결하기가 쉽지 않다.

보통사람들이 죽음의 세계를 아무것도 없는 마지막 상황이라고 단정하는 것과는 달리, 늘 죽음을 곁에 두고 생활하고 있는 호스피스 봉사자들이나 죽음의 세계를 직접 체험했던 임사체험자들, 불치병을 극복하고 새 삶을 얻은 사람들은 한결같이 죽음은 '끝'이 아님을 증언하고 있다. 그들은 사후세계를 직·간접적으로 체험한바, 우리가 좀 더 가치 있는 삶을 살 필요가 있다는 점을 역설하곤 한다.

죽음을 종말로 보는 시각을 바꿔야 할 이유는 많다. 지금까지 살았던 세계와는 또 다른 세계가 당신을 기다리고 있다는 것은 특히 수많은 증언들이 확실하게 뒷받침하고 있기 때문이다. 그 세계는 현재의 우리가 사는

112

세계만큼이나 명확하게 존재하고 있는 세계이며, 그 실체를 본 사람들은 남들과는 다른 특별한 체험을 한 후에 오히려 순간을 영원처럼 소중하게 헌신하면서 살아야 한다고 역설한다. 죽으면 끝이 아니라는 증거로, 기독교와 불교의 가르침, 티베트사자의 서, 빙의현상, 호스피스 봉사자의 증언, 임사체험을 중심으로 자세히 살펴본다.

동영상자료 ● SBS 임사체험, 임사체험 토론, BBC 임사체험, 죽음을 앞둔 도공스님의 증언, 최면치료 받은 황종훈 씨, 『티베트사자의 서』, 시어머니 영혼이 빙의된 며느리 등.

◉ 7강 성숙한 죽음문화의 모색 _ 소극적 안락사의 대안, 웰다잉교육의 실시, 리빙윌과 사전의료지시서 보급, 호스피스제도의 정착과 활성화

최근 우리 사회뿐만 아니라 전 세계적으로 안락사라든가 연명치료의 중단에 대한 관심과 논란이 계속되고 있다. 하지만 이 논란은 죽음을 눈앞에 둔 말기 환자를 더 이상 치료할 수단도 없고 환자가 극심한 고통을 받고 있을 때 육체적 연명만을 위해 연명치료를 계속할 것인지, 중단할 것인지 여부에만 초점이 맞춰져 있을 뿐이다. 더구나 안락사가 법적으로 인정되지 않는 상황이지만, 의료현장에서는 소극적 안락사의 경우가 실제로 일어나고 있다고 한다. 최근 국립암센터에서 호스피스 제도와 관련한 설문조사를 한 결과, '의학적으로 무의미한 생명연장 치료 중단', '사전 의사결정 제도'에 대해 각각 국민의 84%, 81%가 '필요하다'고 응답한 바 있다.

필자는 이와 같이 뚜렷한 해결책 없이 논란만 거듭되고 있는 안락사 문제와 관련해, 이 문제를 보다 바람직한 방향으로 해결하기 위해 다음과 같은 세 가지 대안을 제시하고자 한다.

첫째, 남녀노소 가릴 것 없이 누구에게나 죽음준비의 중요성과 시급성을 널리 알리고, 죽음에 대한 인식 전환을 도모하기 위해 '죽음준비 교육'의 실시를 제안한다. 이를 위해서 사회 각계각층에서 모두 함께 머리를 맞대고 어떻게 죽는 것이 과연 인간다운 죽음인지 하는 문제와 죽음의 질Quality of Death에 대해 심사숙고해야만 소극적 안락사 문제와 연명치료 논란은 해결될 수 있을 것이다.

둘째, 언제든지 닥칠 수 있는 죽음을 평소에 대비하고, 치료가능성이 더 이상 1%도 없을 경우에는 무의미한 연명치료를 중단하고 죽음을 편안히 수용하고자 하는 자기 의사를 분명히 밝히기 위해 〈존엄한 죽음을 위한 선언서〉나 〈사전의료지시서〉에 서명할 것을 제안한다. 단순히 '리빙윌'에 서명만 하는 것이 아니라 이를 계기로 자신의 삶, 죽음, 그리고 죽음의 방식에 대해 평소에 미리 심사숙고하자는 것이다.

셋째, 호스피스 제도는 그 본질상 죽음을 패배가 아닌 인생의 자연스러운 과정으로 이해하는 철학에서 출발한 것이므로, 누구나 편안한 죽음을 맞이할 수 있도록 하기 위해서 호스피스 제도의 활성화가 필연적으로 이루어져야 한다.

동영상자료 ● 안락사 논란, 누가 죽음 결정할 것인가, 웰다잉 존엄한 죽음, 항암치료를 거부한 도재권 씨, 대만의 안녕카드 등.

114

◉ 8강 죽음체험 통한 삶의 변화 _ 호스피스 봉사자, 임사체험자, 암을
　　극복한 사람, 사형수, 죽음체험자

죽음을 기다리는 사형수, 죽어가는 사람들을 자원봉사로 보살피는 호스피스 봉사자, 암 등으로 시한부 인생 선고를 받았다가 극적으로 건강을 회복한 사람, 죽음의 현장에서 극적으로 살아난 사람, 죽음을 직간접적으로 체험한 사람들은 죽음을 새롭게 이해하게 되었을 뿐만 아니라 삶의 방식에 있어서도 크게 변화된 삶을 살게 된다.

김명원가명 씨는 약대를 졸업해 제약회사를 다니기도 했던 약사지만 지금은 시인으로, 대학에서 문학 강의를 하고 있다. 그녀의 삶이 이렇게 갑자기 바뀌게 된 건 바로 대장암을 극복하는 치열한 투병과정을 통해 스스로 거듭났기 때문이다. 1995년 대장암 3기 판정을 받았다. 수술을 받고 13개월 동안 항암치료를 받았다. 대장도 잘라내고, 항암제도 쓰고 있어 설사 같은 부작용이 너무 심했다. 어지럼증, 두통 등도 심했으며, 심리적으로 우울증도 생겼다. 하지만 이 모든 어려움을 그는 이겨냈다. 질병으로 삶이 깊어진 만큼 그 감정을 담아 시를 썼다. 여기저기 백일장 대회에도 참석했다. 1년 뒤에는 시인으로 등단하기에 이르렀다. 대학원 공부도 시작해 국문학을 전공했다. 이제는 대학에서 학생들도 가르치고 있다. "죽음도 그렇지만, 암과 같은 위중한 질병도 무조건 박멸한다는 생각보다는 내 몸이나 내 삶의 일부처럼 생각해야 해요. 질병뿐만 아니라 삶 전체를 돌아봐야 제대로 된 방향을 잡을 수 있습니다."

동영상자료 ● 사형수 최정수막가파 두목 의 변화, 사형수 김인제의 불교

귀의, 말기암환자의 암 극복, 삼풍백화점사고 체험자, 호스피스봉사자의
증언 등.

◉ 9강 죽음 앞의 인간, 9가지 유형 _ 절망과 두려움, 부정, 분노, 슬픔, 삶의 마무리, 수용, 희망, 마음의 여유와 유머, 밝은 죽음

사람들은 왜 그렇게 '죽는다'는 것을 두려워하는 것일까. 그건 아마도
'살고 싶다'는 욕망이 본능적으로 우리를 감싸고 있기 때문이고, 살면서
친숙하게 대했던 모든 것들이 죽으면 한꺼번에 끝장나고 만다는 근본적인
상실감도 겹쳐 있기 때문일 것이다. 무엇보다 인간에게는 아직 경험해보
지 못한 세계에 대한 원초적인 두려움이 있다. 여기에 또 하나, 죽으면 전
혀 알 수 없는 낯선 환경에 뚝 떨어져 길을 잃고 헤매게 될지도 모른다는
막막한 심정도 죽음의 공포를 더욱 부채질하는 요인이 되고 있다.

우리는 죽음과 관련해서 최소한 4가지 진리는 분명하게 알고 있다. 누
구나 죽는다는 것, 언제나 죽을 수 있다는 것, 어디서나 죽을 수 있다는
것, 마지막으로 누가 언제 어디서 어떻게 죽을지는 아무것도 정해져 있지
않다. 이처럼 인간은 죽음 앞에서 누구나 평등하다. 하지만 죽음 자체는
누구에게나 공평하다 해도 사람이 죽어가는 마지막 모습은 똑같지 않다.
바로 여기에 죽음준비 교육의 필요성이 있는 것이다. 즉 죽음에 임했을
때 올바른 태도를 지니는가 아닌가에 따라 그 사람의 죽음은 값진 죽음이
될 수도 무의미한 죽음이 될 수도 있다. 하지만 안타깝게도 아직까지 우
리는 죽어가는 사람이 어떤 심리상태를 거치면서 죽어가는지 별로 생각해

보지 않았다. 죽어가는 사람의 모습은 대개 9가지 유형으로 나누어진다. 첫째 두려움 혹은 절망, 둘째 부정, 셋째 분노, 넷째 슬픔, 다섯째 삶의 마무리, 여섯째 수용, 일곱째 희망, 여덟째 마음의 여유, 아홉째 밝은 죽음의 순으로 죽음을 받아들이는 과정이 전개된다. 물론 이런 과정이 꼭 순서대로 진행되는 것은 아니다. 대부분의 사람들은 죽음을 두려운 현상 혹은 절망으로 여기지만, 처음부터 죽음을 기꺼이 수용해 밝은 모습으로 미소 지으며 죽음을 맞이하는 사람도 있다.

사람이 죽어가는 모습은 동물의 죽음과는 다르다. 동물은 육체적으로 쇠약해지다가 죽게 되지만, 인간은 육체적으로는 쇠약해져도 정신적으로는 성장을 계속할 수 있다. 누구나 나이가 들면 육체적으로 노쇠해져가면서 정신마저도 나약해지기 십상이다. 그러나 육체의 기능이 쇠약해져 심신이 지쳐간다고 해서 마음마저 반드시 함께 늙어갈 이유는 없다. 시간의 흐름과 더불어 인간은 정신적·인격적으로 성숙을 거듭할 수 있다. 이런 의미에서 '죽음은 성숙의 마지막 단계'라고 말한다. 죽음을 준비해 밝은 모습으로 여유 있게 죽음을 맞이하는 것이야말로 우리가 이 세상에서 할 수 있는 가장 값진 행위가 아닐까.

동영상자료 ● BBC 죽음은 자연의 순환, 김상태 목사의 웃음치료, 103살 김경윤 할아버지의 행복한 죽음 등.

◉ 10강 죽음준비 어떻게 할 것인가 _ 8단계 죽음준비

건강을 유지하기 위해서는 바른 생활습관을 오랫동안 실천하는 것이

중요하듯이, 죽음준비 역시 일상생활에서 지속적으로 꾸준히 실천하는 태도가 중요하다는 점에선 조금도 다를 게 없다. 죽음준비는 단번에 완료되는 그런 문제가 아니다. 지금 이 순간에서부터 죽는 마지막 순간까지 평생토록 꾸준히 실천해야 하는 과제이다. 건강 유지에 지름길이 없듯이 죽음준비에도 지름길은 없다. 건강 유지를 위해서든, 죽음준비를 위해서든 일상의 삶에서 생활 깊이 받아들여 차근차근 준비하는 자세가 필요할 뿐이다. 하루 세 번 정해진 시간에 적절한 양의 식사를 해야 하듯이, 여기에서 제시하는 웰다잉을 위한 8가지 실천사항을 일상의 삶에서 실행해야 한다. 이제 죽음준비는 구체적으로 어떻게 해야 하는지, 일상생활에서 구체적으로 실천할 수 있는 방법을 제시해본다.

  1단계 실천사항 : 자신의 죽음이해와 임종방식 스스로 묻고 답하기

  2단계 실천사항 : '리빙 윌Living Will'이나 '사전의료지시서'에 서명하기

  3단계 실천사항 : 다른 세상으로 여행 떠날 준비

  4단계 실천사항 : 삶을 보다 의미 있게 살기

  5단계 실천사항 : 장례 방식과 장기기증 여부 결정

  6단계 실천사항 : 유서 쓰기

  7단계 실천사항 : 사랑의 실천

  8단계 실천사항 : '죽음치유를 위한 명상' 실천

동영상자료　● 서승자 씨의 죽음준비, 박정희 할머니의 죽음준비 등.

웰다잉 체험교실에서는 생사학과 종교 중심으로 교육을 실시하고, 이와

병행해 죽음문제와 관련된 전문가 10분을 초빙해 웰다잉 특강을 병행한다.

구분	강의주제	교육내용
죽음문제 관련 전문가의 웰다잉 특강	1강. 다양한 종교의 죽음이해	불교 유교 기독교 등 다양한 종교의 죽음이해 비교 우리 사회 죽음문화의 현주소 죽음의 질 향상을 위한 사회적 노력이 절실
	2강. 호스피스 의사가 보는 아름다운 죽음	아름다운 죽음의 조건 1.평소에 충분히 준비된 죽음 2.사랑하는 가족과 함께 맞이하는 죽음 3.정신적으로 편안하고 여유 있는 죽음 4.인간으로서 존엄함을 유지하는 죽음
	3강. 존엄사	소극적 안락사의 대안 모색 치료가능성이 전혀 없을 때 어떻게 해야 하는가 무의미한 연명치료의 중단문제 미국과 일본 등 외국의 사례 사전의료지시서와 리빙윌의 준비
	4강. 자살현상과 예방대책	OECD 국가중 자살률 1위 자살충동자의 양산은 사회적 병리현상과 관련 자살예방 대책, 자살은 개인문제가 아니라 사회의 문제
	5강. 장기기증	우리 사회 장기기증의 현황 각막이식 장기기증 시신기증은 사랑의 실천 장기기증 활성화 방안
	6강. 유산의 사회 환원	유산 전부를 자녀에게 물려주는 일이 바람직한가 유산의 전부 혹은 일부를 사회에 환원하기 유산의 사회 환원을 통한 공동선의 창출 사회에 환원된 유산의 사용처 아름다운재단과 아름다운가게의 활동상황
	7강. 호스피스와 임종 간호	우리 사회에는 불행한 죽음으로 가득 성숙한 죽음방식으로서 호스피스 호스피스는 죽음을 삶의 자연스러운 과정으로 이해 호스피스 봉사하면서 만난 다양한 임종모습 바람직한 삶의 마무리 방식

8강. 우리 사회의 장례문화	우리 사회 장례문화의 현주소
	매장, 화장, 수목장, 자연장 등 다양한 장례방식
	바람직한 장례방식 모색
	생전예수재, 임종염불, 사십구재, 영가천도재, 우란분재 등
9강. 전통 장례의례	죽음관련 종교의례
	불교의례와 전통 유교의례의 차이
	불교 전통의례에 나타난 죽음이해
10강. 유언과 재산관련 법률	유언에 관한 법률
	재산상속과 관련된 법률
	사전의료지시서와 리빙윌의 작성

건강한 삶과 건강하지 못한 삶이란 말이 있듯이 건강한 죽음과 건강하지 못한 죽음, 행복한 죽음과 행복하지 못한 죽음이란 말도 있다. 삶을 밝은 모습으로 살아야 하는지, 어두운 표정으로 살아야 하는지 모르는 사람은 하나도 없다. 밝은 모습으로 삶을 마감해야 하는지, 어둡고 마지못한 표정으로 작별인사를 해야 하는지 조금만이라도 생각해보면 알 수 있는 문제이다. 사람마다 죽어가는 방식이 다른 것은 살아가는 방식이 차이나는 것과 마찬가지이다. 죽음의 방식은 자기존재의 가치를 있는 그대로 비추어주는 거울이다. 이런 맥락에서 죽음의 방식에는 그 사람의 전부가 담겨 있는 것이다. 사람마다 죽어가는 모습이 천양지차인 것은 각자가 이 삶에서 살았던 모습이 그만큼 달랐기 때문이다.

'어떻게 죽을 것인가?' 하는 물음은 삶과 죽음의 의미, 영혼, 가치, 삶의 보람, 죽음방식의 중요성을 의미하는 '삶의 질Quality Of Life'과 '죽음의 질 Quality Of Death'에 관계되는 물음이다. 삶의 양적인 차원과 관련되는 문제는 이 세상에서만 의미 있는 듯이 보일 뿐 삶의 질과는 별 관련이 없다. 삶과 죽음의 질에 관계되는 문제는 이 세상과 저 세상 양쪽 모두에 통용된다. 우리 삶은 죽음에 의해 마감되므로, 웰빙은 웰다잉에 의해 완성된다. 어떤 사람이 죽음을 건강하게, 밝은 모습으로 마감하지 못했다면, 그의 삶 역시 마찬가지라고 말할 수밖에 없다. 죽음의 질 향상 없이 우리 삶의 질 향상을 결코 기대할 수 없으므로, 이젠 죽음의 질을 향상시키는 웰다잉 교육 프로그램을 다양한 연령층의 눈높이에 맞게 개발해 학교교육과 평생교육의 일환으로 널리 보급해야할 시점이다.

제2부

자살예방과 웰다잉 교육사례

1장 자살을 시도했던 사람들

어둠의 터널을 빠져나오다

| 언론정보학부 S양 |

　　　　　　자살예방교육을 수강한 S양은 오랫동안 우울증에 시달렸고, 자살 시도한 적이 있는 등 상당히 심각한 상태에 있었다. 먼저 S양이 마지막 시간에 제출한 '자살과 죽음 의식조사'를 살펴보자

　설문 1. 이전에 자살충동을 느낀 적이 있는가. 자살시도를 한 일이 있는가.

　2년 전쯤 자살시도를 한 적이 있다. 당시 몇 가지 일들로 우울증을 겪고 있었는데 우울증에 대한 일을 부모님께 이야기 했다가 오히려 야단을 맞은 적이 있다. 그때 춘천으로 돌아와 충동적으로 자살을 시도했다. 이 수업 중 반까지만 해도 다시 자살을 시도하지 않으리란 확신이 없었지만, 여름 계절

학기 수업을 마치는 지금은 확신이 생겼다. 전과 같은 충동이 생겼을 때 수업을 통해 봤던 동영상이나 교수님의 말씀이 스쳐지나갈 것 같다. 이것만으로도 충동을 억제할 힘이 생겼다고 본다.

설문 2. 사람들은 어려움에 봉착하면 마치 자살이 현실적 고통으로부터 벗어날 수 있기라도 하는 듯이 자살하는 사례가 있다. 자살한다고 해서 어려움으로부터 벗어날 수 있을까.

현실에서의 어려움은 오직 현실에만 해결할 수 있다. 자살은 단지 회피하려는 것뿐이다. 해결되지 않은 어려움은 계속 남아있는 것이다.

설문 3. 죽으면 모든 게 끝난다고 생각하는가.

그렇지 않다. 죽음 이후의 삶이 존재하리라고 생각한다.

설문 4. 자기 판단에 따라 자살해도 되는가.

전에는 죽음과 자살은 개인의 문제라고 생각했다. 하지만 수업을 들은 후 내 주위 사람들을 돌아보게 됐다. 자살은 이기적인 판단이고 잘못된 판단이다. 나를 위해서 다른 사람들의 삶에 상처를 남기는 건 안 되는 일이다.

여름 계절학기 수업을 인터넷과 출석 수업을 병행하면서 진행했는데, S양은 처음 3일 수업을 결석했지만, 사이버 수업은 제대로 수강했다. 개강한 지 며칠 지나 나에게 메일을 보내왔다.

"급작스런 일이 있었기에 이제야 메일을 보냅니다. 저희 집은 삼척입니다. 방학이라 그곳에 있다 보니 조금 지체되었습니다.… 결석사유에 대해서는 자세한 설명을 드리지 못하는 점 이해를 부탁드립니다.… 앞으로는 절대 결석하는 일 없이 성실히 수업에 임하겠습니다.”

　알고 보니 계절학기 수업을 시작하기 며칠 전에, 어머니에게 우울증에 걸렸다고 말했더니 야단만 맞고 춘천에 와서 그동안 모아두었던 수면제를 먹고 자살을 시도했다가 겁이 나서 수면제를 뱉고 엉엉 울고 있는데, 우울증이 있었던 어머니도 S양의 거짓말 때문에 자살을 시도했다는 전화연락을 받았다고 한다. S양이 김영우 박사의 『영혼의 최면치료』를 읽고 제출한 리포트, 마지막 시간에 제출한 수강소감 ‘고민과 반성의 시간을 지나며’를 소개한다.

　◉ 최면의학 전문가 가상 인터뷰 _ 『영혼의 최면치료』를 읽고

　시사프로그램에서 방영된 ‘영혼의 최면치료’편이 시청자와 네티즌들의 뜨거운 관심을 받고 있다. 그 관심의 중심에 국내최초 최면을 통한 치료에 성공한 김영우 박사가 있다. 방송 후 프로그램 홈페이지가 김 박사에 대한 문의폭주로 다운될 정도였으니 대단한 열기가 아닐 수 없다. 그동안 호기심의 영역으로 예능프로그램에서나 다뤄왔던 최면의학에 대한 진지한 시각의 접근이 제작진도 놀랄 정도의 관심을 이끌어낸 것이다. 방송에서 미처 다루지 못한 이야기를 지난 14일 김 박사를 만나 자세히 들어봤다.

사회자 ● 방송이 나간 후 시청자들의 반응이 대단한데요, 김 박사님 스스로도 이런 관심의 정도를 느끼고 계십니까?

김 박사 ● 저도 좀 놀라웠어요. 방송 후 병원에 하루 3,000통이 넘는 전

화문의로 업무가 마비될 정도였거든요. 하루에도 전국에서 수십 명의 환자들이 몰려오고 해외에서까지 방문치료와 진료 예약 문의가 계속되고 있다 보니 요즘 좀 정신이 없습니다. 방송의 엄청난 영향력을 실감하면서도 만족스런 치료를 받지 못하고 있는 난치병의 정신과 환자들이 얼마나 많은가를 느끼고 있어요. 이 같은 시청자들의 반응이 단순한 호기심 이상의 것이라는 데 의미가 있는 것 같아요.

사회자 ● 그동안 TV에서 보여진 최면치료라고 하면 대부분의 연예인들이 나와 단시간에 최면에 빠져들어 자신의 전생을 이야기하며 눈물을 흘리거나 최면으로 인해 매운 양파를 마치 사과처럼 씹어 먹는 자극적인 장면이 대부분이었기 때문이거든요. 사실 저 스스로도 최면이라고 하면 이런 장면부터 떠오를 정도로 최면효과를 과장한 게 아닌가 생각됩니다.

김 박사 ● 그런 것들이 최면을 널리 소개하는 긍정적인 측면도 있지만 사람들에게 과장되고 왜곡된 이미지를 심어줘 내 입장에선 좋게 보이지만은 않았습니다.

최면치료는 마술이 아닙니다. 최면치료는 암시를 되풀이하는 것이 아니라 환자의 심리와 주변 상황, 살아오면서 겪었던 많은 일들을 이해하고 분석해 나가는 정신치료의 원칙에 따라 이루어지는 것이에요. 그러니 유능한 정신과 의사라면 삶과 죽음의 모든 중요한 문제에 대해 깊이 논의할 수 있고, 삶 자체가 안고 있는 모순과 부조리, 좌절과 한계, 사랑과 죽음, 영혼과 내세, 이별과 불행 등에 대해 환자가 마음을 터놓고 이야기 할 수 있는 대상이 되어야 하는 거죠.

삶, 죽음에게 길을 묻다

사회자 ● 그렇다면 사람들이 최면치료에 대해 알기 위해선 고정관념부터 떨쳐버려야 할 텐데요. 최면이란 게 영혼을 다루는 문제이기 때문에 환자가 어떻게 믿느냐에 따라 치료효과도 달라질 것이라고 봅니다. 예를 들어 저처럼 종교가 없는 경우 특히 영혼의 존재에 대해 신뢰를 갖기 힘든데요. 최면으로 인한 치료와 효과는 마치 종교에서 신을 믿는 것과 다르지 않다고 여기기 때문입니다. 실체가 없는 것, 즉 과학적으로 증명되지 못한 것에 대한 막연한 믿음이 낳은 효과라고 보기 때문이죠. 여기에 대해선 어떻게 생각하시는지요?

김 박사 ● 최면의학의 특성상 환자나 치료자에게 가장 중요한 것은 '신뢰'입니다. 말씀하셨듯 영혼이 과학적으로 증명되지 않은 미지의 분야이기 때문입니다. 하지만 임상의학자의 가치와 정당성은 그의 치료 능력에 있고, 특정 치료 기법의 가치와 정당성 역시 그 기법이 가진 치료능력으로 평가되어야 합니다.

내가 최면치료를 선호하는 중요한 이유는 최면 상태에서의 변화된 의식이 가지는 자유로운 확장력과 뛰어난 정보처리 능력 때문입니다. 최면 중 활성화된 잠재의식은 일상적인 표면의식이 가진 고정관념과 저항을 뛰어넘어 평소와 비교할 수 없을 만큼 향상된 직관적 이해력과 정보처리 속도로 아주 짧은 시간동안 떠올린 단 한 장면의 이미지와 느낌 속에 수 백 개의 문장에도 담을 수 없는 함축적인 정보를 담아 즉각적으로 환자가 느끼고 깨달을 수 있게 만들거든요. 최면치료의 신비로운 힘은 아주 짧은 시간 동안 주관적 체험으로부터 평소에는 느낄 수 없었던 많은 것을 깨닫고 이해하게 만들어 고통스런 갈등과 감정을 처리하고 극복하는 것을 돕는 데 있지요.

사회자 ● 직접적인 경험 없이 박사님의 말씀으로만 이해하기에는 조금 어렵게 느껴지는데요. 그렇다면 박사님이 지금 말씀하신 최면의 힘이 꿈을 꿀 때 느끼는 것과 비슷한 것일까요? 우리가 꿈을 꾸는 일이 잠을 자는 동안 내내 겪는 것이라고 생각하는데 사실은 잠에서 깨기 직전 아주 짧은 시간동안 수 백 개의 장면을 한꺼번에 꾸는 것이라는 것을 TV에서 본 적이 있거든요. 그러니까 5분 동안 깜빡 졸았는데 일어나서 생각해보니 현실의 시간으로는 몇 시간을 겪을 듯한 꿈을 꾼 느낌인 거죠. 마치 4차원을 경험한 것처럼 말이에요.

김 박사 ● 최면을 통해 도달할 수 있는 영역은 방대하며 자기 성찰과 대화만으로는 그 원인을 찾을 수 없습니다. 최면은 환자의 무의식 깊숙이 숨어있는 중요한 정보와 부정적인 감정을 찾아 해결하는 데 다른 어떤 치료기법보다 탁월한 힘을 발휘할 뿐 아니라 짧은 기간에 가장 고차원적이고 심층적인 '인지'에 도달할 수 있습니다. 나는 인간을 여러 겹과 층의 구조로 이루어진 에너지 복합체라고 생각해요. 인간의 몸은 빠른 속도로 진동하고 있는 자동적 에너지가 뭉친 덩어리고 볼 수 있는 것이죠.

사회자 ● 박사님의 최면치료 사례들을 찾아보면 환자들은 대부분 하나이상의 인격을 가지고 있는 것 같습니다. 이것을 어떤 이들은 귀신이 들었다고 하고 어떤 이들은 다중인격장애로 볼 것입니다. 최면을 통해 인격이 전혀 다른 나, 심지어 성별, 나이, 말투까지 완전히 다른 나를 만나는 사람들은 평상시 스스로 몸이 아프거나 정신적으로 받는 고통에 대해 무의식적으로 끊임없이 불안해 해왔습니다. 그 불안이 모여 다른 인격을 만들어 낸 것이라고 생각할 수도 있을 것 같습니다. 그러니까 환자의 고통의 원인을 전생이나 다른 이의 영혼으로 여기기보다 무의식이 만들어낸 공포가 일시적으로 가상의 인물을 만들어 낸 것은 아닐까 하는 점입니다. 그렇다면 그들에겐 종교적 믿음이 더 통할지도 모르겠습니다. 영화 〈엑소시스트〉처럼 신부님이 하나님의 힘을 빌려 악령을 쫓아주실 테니까요.

김 박사 ● 일부의 종교인이나 무속인이 주장하는 것처럼 영적 능력을 갖춘 훌륭한 사람이 환자 내면의 악령을 불러내어 타이르면 "그동안 잘못했습니다" 하고 환자를 떠난다는 얘기는 낭만적인 착각에 불과합니다. 안수기도나 굿을 한 후 간혹 증상이 호전되었다는 사람들의 대부분이 한동안 나은 듯하다가 재발하는 원인이 바로 여기에 있을 것으로 나는 생각합니다.

최면치료자의 역할은 궁극적으로 환자를 강하고 지혜로워질 수 있도록 가르치고 도와줌으로써 내부와 외부의 병적 요인으로부터 스스로를 보호하고 이겨낼 능력을 갖추게 해주는 겁니다. 치료과정을 겪으면서 환자가 그렇게 발전하지 못한다면 치료사의 일방적인 어떤 노력도 일시적인 도움이 될 수밖에 없는 것이죠.

사회자 ● 개인적으로 며칠 전 친척 중 한 분이 갑작스런 사고로 돌아가시게 됐습니다. 같은 지역에 살았기 때문에 이번 휴가 때도 뵙게 될 것이라고 생각하고 있었는데 유독 가깝게 지냈던 분이 그렇게 되시고 나니 죽음이란 게 얼마나 허무한 것인가를 새삼 느끼게 됐습니다. 이번처럼 앞으로도 저는 가까운 사람들의 죽음을 계속 지켜보게 될 것입니다. 나의 죽음이 아닌 다른 사람의 죽음을 지켜봐야하는 입장이 되고보니 죽음에 대한 고민이 더 많아졌습니다. 죽은 이에게 나는 어떤 존재였나 반성하게 되는 것이지요. 갑자기 사랑하는 사람의 죽음을 맞게 된 사람들의 치료사례가 그래서 특히 더 와 닿았습니다. 전과 같았으면 그들이 만난 영혼의 실체가 진짜냐 가짜냐를 따졌을 텐데 이번엔 온전히 그들의 입장이 되어 마치 제가 치료받는 기분이 들었습니다. 아마도 이런 기분을 느낀다면 죽음이 곧 끝이 아님을 믿게 되는 데 큰 역할을 하겠지요?

김 박사 ● 세월이 아무리 가도 우리 마음속의 상처는 저절로 없어지지 않습니다. 표면적으로는 잊은 듯이 지내도 마음 깊은 곳에는 과거의 모든 것을 기억하고 있죠. 우리 마음속에서는 시간의 흐름이 별 의미가 없어요. 과거의 기억과 감정, 경험들은 드러나지 않은 잠재의식 속에 숨어서 언제나 현재의 영향을 미치기 때문에 과거가 곧 현재의 일부로 존재하고 있는 겁니다. 최면치료가 다른 치료보다 월등한 힘을 발휘할 수 있는 이유는 마음속 깊은 곳에 숨어 있는 그 같은 감정과 기억의 정보들을 직접 다루고 정리할 수 있기 때문입니다. 피할 수 없고 감당하기도 힘든 불행이나 슬픔을 이해하고 극복하기 위해서는 그 같은 수준의 의식으로 자신과 주변을 돌아볼 수 있어야 합니다.

사회자 ● 박사님의 말씀 중에 '과거가 곧 현재의 일부로 존재한다'는 말이 인상 깊습니다. 그렇다면 한 발 더 나아가 현재가 곧 미래의 일부로 존재할 텐데요. 미래의 한계를 살아있는 동안의 삶에 국한시킨다면 최후의 미래는 죽음이겠지요. 그렇다면 지금 자신의 모습이 죽음을 맞이했을 때의 모습

132

에 영향을 주겠네요. 더 나아가 미래의 한계는 우리가 모르는 세계의 바깥, 즉 영혼의 세계에 있다면 죽음의 순간이 영혼의 시간에 영향을 미칠테고요. 그렇다면 죽음을 앞둔 당사자에게 최면은 어떤 역할을 할 수 있을까요?

김 박사 ● 죽음을 앞두고 어떤 이는 분노와 두려움에 이성을 잃고 삶의 남은 나날을 연장시키기 위한 애처롭고 안타까운 집착에 매달릴 것이고, 다른 이는 담담하고 평안한 마음으로 자신이 살아온 모습을 돌아보며 다가오는 죽음을 피하지 않을 것입니다. 그러나 훨씬 더 많은 사람들이 이 두 가지 마음 사이를 혼란스럽게 오가며 천국과 지옥을 번갈아 경험합니다. 남은 시간이 얼마 없는 이들이 삶 전체를 돌아보고 그 의미를 깨닫는 데 최면보다 더 나은 방법은 없습니다. 최면치료 중 자신의 생명이 가진 본질과 영혼을 인식하고 느낌으로써 죽음에 대한 두려움과 거부감을 없애고 죽는다고 해서 모든 게 끝나는 것이 아니라는 사실을 마음 깊은 곳으로부터 깨닫고 받아들일 수 있기 때문이지요.

사회자 ● 처음 인터뷰를 시작할 때만해도 저는 최면치료에 대해 반신반의 했습니다. 인간은 누구나 불완전하기 마련인데 인간이 인간의 내면을 치료한다는 것 자체가 어불성설이라 여겼기 때문입니다. 하지만 내면의 고통은 결국 현실에서부터 생겨나는 것이기 때문에 삶에 대한 진지한 고민과 대화가 최면치료의 본질이라는 생각이 듭니다. 세상에는 논리와 과학으로는 해결할 수 없는 일들이 분명 존재하는군요.

김 박사 ● 아무리 생각하고 애써도 풀리지 않는 복잡한 문제들과 불투명한 미래에 대한 불안감, 살아야 하는 이유와 방향에 대한 고민과 혼란은 누

구나 겪는 일입니다. 나름대로의 노력과 방법으로 극복한다 해도 결국 피할
수 없는 삶의 궁극적 문제들은 논리적 사고력과 의지력만으로 해결할 수 없
을 겁니다. 모든 인간은 자신의 내면에 삶에서 마주치는 문제와 질병들을
이해하고 풀어나가는 데 필요한 충분한 정보와 역량을 갖추고 있다는 사실
을 나는 여러 종류의 환자들과 다양한 최면치료 경험을 통해 확신하게 되었
습니다. 앞으로도 어려운 일이 생기면 머리만 쓸 것이 아니라 스스로의 내
면에 숨어 있는 힘과 지혜를 쓸 줄 알아야 할 것입니다.

실제 인터뷰 질문 형식과는 차이가 많지만 질문, 답변으로 전개하기 위해
가상인터뷰로 썼다. 오진탁 교수님의 『마지막 선물』에서 국문학과 학생이
희곡형식으로 작성한 리포트를 흥미롭게 보았다. 책을 읽기 전 생겼던 최면
에 관한 의문점과 읽는 도중 발생하는 질문들을 작성해가면서 저자의 답변
을 듣는다는 기분으로 책을 읽었다. 박사님의 답변은 설득력 있게 다가온
부분을 『영혼의 최면치료』에서 간추린 것이다.

◉ 고민과 반성의 시간을 지나며

나에게 지난 3년은 마치 인생의 블랙홀에 빠져있는 듯한 시간이었다. 처
음엔 빠져나오려고 노력했지만 언제부턴가 모든 걸 포기하게 되었다. 지역
언론사 기자가 되겠다는 꿈은 귀찮아졌고, 부모님과 친구들이 짐처럼 느껴
졌다. 세상은 앞으로 가고 있는데 나만 혼자 세상과 세상이 아닌 곳 중간에

서 제자리걸음을 하고 있는 것처럼 여기게 됐다. 딱히 결정적인 이유를 꼽을 수도 없었다. 친구들이 "왜 그래, 무슨 일이야?"라고 수차례 물을 때마다 그렇게 곤욕스러울 수가 없었다. 특히나 교수님의 소개로 심리상담을 받을 땐 정말이지 숨이 막힐 정도의 부담감을 느꼈다. 원래 누구에게 내 이야기를 털어놓는 성격도 못되는데다 상담 후 꼭 변화해야 한다는 스스로의 강박관념 때문이었다.

처음엔 단지 조금 우울한 기분일 뿐이었다. 스스로 잘 준비해왔다는 미래에 대한 설계가 어긋난 것 같은 불안감 때문이었다. 친구들이 토익과 공무원 시험을 준비할 때 나는 실전에서 경험을 쌓으면 경쟁력을 갖출 것이라고 여겼다. 하지만 시간이 갈수록 불안감이 커졌고, 당시 처음으로 진지하게 사귀던 남자친구와 최악의 상황으로 헤어지게 됐다.

그땐 대화를 나눌 상대가 절실했다. 그나마 나의 모든 치부를 드러낼 수 있는 건 어머니라 여겨 "요즘 나 우울증에 빠진 것 같아."라고 넌지시 말을 꺼냈다. 내가 어머니께 얘기를 털어놓으려 했던 가장 큰 이유는 바로 어머니가 심한 우울증을 앓고 계시기 때문이었다. 하지만 같은 정신적 고통을 이해해줄 것이라는 내 예상은 완전히 빗나갔고, 어머니는 노발대발 하셨다.

어머니에게 나는 미래이고 탈출구였다. 어머니의 유일한 희망은 하루빨리 내가 취직을 해 아버지와 따로 사는 것이다. 가끔 안부전화를 할 때마다 죽지 못해 산다느니, 네가 곧 대학에 입학하는 동생을 챙겨주라느니 하는 푸념을 늘어놓으며 흐느끼신다. 그러니 나의 우울증 고백은 하늘이 무너지는 소리로 들렸던 것 같다. "내가 지금까지 너 대학 보낼려고 얼마나 참고 살았는데 네가 그런 소리를 하는 거야? 네가 나보다 더 힘들다는 거야?"라며 소리를 질러대는 어머니의 뜻하지 않은 반응에 나는 마음이 쿵하고 떨어지는 기분이었다. 형편이 좋지 않은 집안의 장녀로서 느껴왔던 부담감이 10배 아니 100배로 불려진 느낌이었다.

그때부터 나는 술을 마시기 시작했다. 그리고 그것은 늪으로 빠진 지름길이었다. 아침이고 밤이고 할 것 없이 눈을 뜨면 혼자 술을 마시기 시작했다. 당연히 학교생활은 정상적으로 할 수 없었고 졸업도 하지 못하게 되었다. 그 상황은 또 절망감에 빠지게 했고, 술로 얼룩진 일상은 계속되었다. 주위 사람들과의 연락도 끊고 그렇게 지내다보니 자연히 부모님과 친구들에게 거짓말을 할 수밖에 없었다. 졸업을 했다고 거짓말을 하고 대출을 받아 학기등록을 했다. 학교를 잘 다닐 수 있는 자신감은 조금도 없지만 왠지 학기등록을 안 하고 있으면 불안해서 살 수가 없을 것 같았다. 지난 3년간의 내 생활은 거짓말과 알콜중독과 무기력한 모습밖에 없었다.

이렇게 내 지난 시간을 제대로 정리한 것도 처음이다. 그동안 내게 문제가 있다는 것은 알았지만 되돌아보지 않았다. 다시 기억을 하는 건 나를 자책하고 우울하게 만드는 결과밖에 가져오지 못하기 때문이다. 이번 계절 학기를 등록한 것도 단지 불안함 때문이었다. 분명 학교를 다니지 않을 것을 뻔히 알지만 다시 등록한 것이다. 정규학기까지 합쳐 벌써 5번째 재등록이었다. 이번에도 '돈만 버리는구나'라고 생각했다. 내가 언제 학교를 제대로 다녔는지 기억도 안날 정도였으니까. 그런 의미에서 이 수업을 끝내는 감회가 남다르다. 비단 학교에 꼬박꼬박 나오게 됐다는 것만이 아니다.

136

수업을 정리하는 소감을 쓰면서 나는 슬프면서도 시원한 기분이다. 때마침 이 수업이 개강되기 며칠 전에 어머니가 자살을 시도하셨다. 이유는 나의 거짓말 때문이었다. 나 때문에 죽지 못해 살고 있다는 어머니가 나 때문에 죽으려고 했다는 이야기에 나는 엄청난 정신적 공황상태에 빠졌다. 어머니께 은근히 우울증 얘기를 꺼냈다가 야단을 맞고 춘천으로 올라온 뒤 나는 자살을 시도했다. 술을 마시면서 충동적으로 그동안 조금씩 사뒀던 수면제를 먹었다. 당시 취기가 있는 상태에서도 순간 무서운 기분이 들어 모두 뱉고 토하며 엉엉 울었던 기억이 여전히 생생하다. 그런데 전화로 어머니의 자살시도 소식을 듣고 나니 너무나 충격을 받았다.

그래서 교수님의 자살예방교육 수업을 포기하려고 했었다. 동생은 고3이었고, 아버지는 매일 출근하시는데 어머니를 보살필 사람이 없었다. 우울증은 무엇보다 혼자 두면 위험하다는 걸 알기 때문에 쉽게 춘천으로 올 수가 없었다. 다행히도 어머니 상태가 나아져 수업에 참석하게 됐고, 『마지막 선물』을 읽으면서 이 수업을 어떻게든 들어야겠다고 생각했다. 대신 수업이 없는 날은 집에 다녀왔기 때문에 심신이 모두 지친 상태였다. 수업의 진행 절차에 충실하지 못했음을 인정한다. 특히 인터넷 수업의 게시판에는 거의 글을 올리지도 못했다. 대신 오프라인수업과 리포트로 읽어야 하는 책읽기에는 집중했다. 가장 도움이 됐던 건 내가 직접 수업과 관련된 상황, 우울증과 자살충동에 처해있다는 점이었다.

아마 오프라인 수업시간보다 더 많은 시간을 이동하는 기차와 버스 안에서 보내면서 자살과 죽음에 대해 끊임없이 고민했다. 지난 대학생활의 위기를 다시 되돌아본 것도 그런 시간들 덕분이었다. 집에 도착해서 예전 일기장들을 꺼내 보니 내용의 95%는 '죽고 싶다'는 말이었다. 충격적인 건 초등학교 때부터 그런 일기를 써왔다는 것이다. 그러니까 난 죽고 싶고 힘들 때마다 새 일기장에 그 기분을 적으면서 위안을 받아왔던 것이다.

죽음, 또 자살을 나는 언제나 개인의 문제로만 여겨왔다. 그런데 나로 인해 쇠약해진 어머니를 보며, 가족들과의 관계를 조금씩 회복하기 위해 노력하는 나를 보며 변화를 느꼈다. 아직도 나는 내가 죽은 후를 상상하기가 쉽지 않고, 영혼의 존재에 대해서도 완벽하게 믿음을 갖는 것은 아니다. 다만 어머니의 자살기도 소식을 듣고 받았던 충격이 지금까지 내가 지녔던 죽음 이해, 삶의 인식을 바꾼 것은 틀림없다. 특히 끊임없이 스스로를 고민하게 만들고 질문을 던져준 교수님과 이 수업에 정말 감사한다.

웰빙과 웰다잉에 대한 공통점은 '행복'이다. 행복하게 사는 것과 행복하게 죽는 것을 고민하는 것이다. 그리고 또 하나 이것이 단지 개인의 문제가 아니라는 점도 같다. 내 삶과 죽음이 분명 내 주위사람들의 삶과 죽음에도 영향을 준다는 것이다. 처음엔 이 둘을 함께 놓고 본다는 것 자체가 조금 아이러니했다. 웰빙이란 것이 좋은 음식을 먹고 건강하게 오래오래 살자는 것 아닌가? 그렇다면 사람들이 조금이라도 더 오래 살기위한 욕심이 만들어낸 열풍일 텐데 이것이 행복하게 죽는 것과 관련이 있다는 것이 쉽게 이해되지 않았기 때문이다. 웰빙에 대한 고민과 집착이 심할수록 죽음을 두려워 할 것이라는 단순한 논리였다. 실제로 웰다잉을 맞은 사람들의 사례는 마치 현실에는 없을 것 같은 이야기들이다. 어떻게 죽음을 멋있는 자세로 혹은 온화한 자세로 받아들일 수 있다는 것일까. 결국 나의 숱한 의문점들은 웰다잉을 웰빙과 처음부터 별개로 여기고 고민했던 데서 온 오류들이다.

삶에 대한 준비가 철저한 사람은 죽음에 대한 준비 역시 철저할 수밖에 없다. 진정 웰빙이란 것은 돈을 많이 버는 것이 아니라 즐겁게 사는 것, 즉 육체를 넘어 영혼에 대한 관심이 이뤄낸 것이다. 웰빙을 할수록 세속적인 것에 대한 집착에서 벗어나게 되는 일이다. 그러니 죽음의 순간 많은 세속적인 것들과의 이별에 담담할 수 있는 거라고 생각한다. 아마도 이런 고민을 아주 어릴 적부터 해왔다면 어땠을까? 웰다잉을 위한 많은 자료들은 보지 않았다면 나는 여전히 죽음에 대해 오해하고 있었을 것이다. 아니 어쩌면 관심조차 두지 않았을 일인지도 모른다.

내가 가장 안타까운 것은 청소년에 대한 문제다. 특히 청소년의 경우 생명에 대한 진지함이 사라진 지 오래다. 얼마 전 미국에서 청소년들 사이에 임신붐이 일었다는 기사를 읽고 굉장히 놀랐다. 어린 여학생들이 함께 임신하고 함께 아이를 키우자고 약속해 임신했다는 기사였다. 그중에는 아이의 아버지 될 사람이 20대 노숙자인 경우도 있었다고 한다. 기사에서는 작년 아카데미 시상식에서 스포트라이트를 받았던 영화 〈주노〉의 영향력이 강했다고 해석하기도 했다. 기사를 읽으면서 임신을 마치 소꿉장난처럼 여기는 미국의 현실이 안타깝지 않을 수 없었다. 우리나라라고 해서 안심할 수는 없다. 이미 시사프로그램은 학교 교실 내에서 학생들이 포르노의 장면을 연습해본다는 충격적인 실태를 고발한 적도 있다. 이런 생명경시풍조가 결국 자신에게 대입되면 자살로 이어지는 것이라고 생각한다.

많은 원인들이 있겠지만 이렇게 생명에 대한 가벼운 인식은 삶, 죽음, 자신에 대한 진지한 철학적인 질문을 던질 기회가 없기 때문이라고 생각한다. 아마도 내가 웰빙과 웰다잉을 연관해 고민하기 시작한 것도 나 자신의 삶을 돌아보는 것에서부터 출발했다고 볼 수 있다.

마지막으로 이와 관련된 기사들과 자료를 읽으면서 삶과 죽음을 넘어 행복에 대해서 생각하게 됐다. 내가 지금까지 그토록 원해왔던 행복이 혹시 잘못된 편견으로부터 생긴 기준은 아니었는지에 대한 것들 말이다. 결국 어떻게 사느냐가 어떻게 죽을 것인지를 결정할 것이고 어떻게 사느냐는 얼마만큼 고민하고 노력하느냐에 달려있을 것이다.

기말시험에 "자살 예방 교육을 받은 이후 죽음과 자살에 대한 의식변화" 문제에 S양은 다음과 같은 답을 적었다.

교육을 받았던 많은 수강생들이 죽음이 끝이 아니라는 인식의 변화가 생기고 삶과 죽음이 별개의 것이 아니라는 데 대해, 또 죽음이 끝이 아니라는 것에 대해 긍정적으로 바뀌었다. 나 역시 짧은 시간이었지만 자살예방교육을 통해 여러 단계의 변화를 거치게 됐다. 처음 내가 가졌던 가장 큰 의문은 죽음 이후의 세계란 것이 존재하느냐 하는 것이었다. 사실 처음에는 이와 관련한 체험자들의 사례를 쉽게 받아들일 수 없었다. 하지만 시각을 넓혀 죽음의 문제를 삶을 통해 바라보면서 조금 이해할 수 있었다. 특히 삶과 죽음에 관한 고민 중 영혼에 존재에 대한 믿음이 생기면서 최면치료를 통해 전생이나 빙의를 바라보는 시각이 한층 유연해졌다. 하지만 무엇보다 중요한 것은 자살에 대한 의식변화다. 이전에는 죽음을 혹은 자살을 개인의 입장에서만 생각했다면 지금은 주위의 사람들을 신경 쓰게 됐다는 것이다. 그러다보니 고립됐다고 느끼던 마음에서 벗어나 이전의 나에 대해 되돌아보게 되었다. 아마도 이 수업이 가장 크게 나를 변화시킨 건 삶을 살아가는 방식, 행복이라고 여기던 기준을 바꿔놓았다는 것이다.

언론정보학부 교수들도 S양의 심각한 우울증을 잘 알고 있었다. 심리상담교수로부터 S양은 상담을 받기도 했지만, 본인의 말대로 "상담을 받을 땐 정말 숨이 막힐 정도로 부담감을 느꼈다"고 한다. S양은 원래 자기 이야기를 잘 털어놓지 않는 성격이었다. '고민과 반성의 시간을 지나며' 같은 글을 통해 지난 과거를 정리한 것도 처음이라고 한다.

며칠 전 서울 강남의 지역신문사에 근무하는 S양에게 직접 전화를 걸었더니, 매우 밝은 목소리로 전화를 받았다. 요즘 어떻게 지내냐고 묻자, "잘 지내고 있고, 동생도 대학에 잘 다닌다"고 답했다. 어머니 안부를 물었더니 "어머니는 그저 그렇다"고 하였다.

"나는 3번 자살을 시도했다"

| 사학과 J양 |

1. 이전에 혹시 자살충동을 느낀 적이 있었습니까? 또 자살시도를 한 적이 있습니까? 자살충동이나 자살시도한 일이 있다면 구체적인 이유는 무엇이었습니까?

- (첫시간) 2007년 집안의 금전문제, 대인관계, 남자친구와의 이별로 인한 심각한 우울증을 겪었고, 그로 인해 자살충동을 느낀 적이 있다.
- (마지막 시간) 이전에 자살충동을 느낀 적이 있었고 학기 초에 밝히지 않았지만 세 차례 자살을 시도한 적이 있었다. 2007년에 일산의 8차선 도로에 뛰어들었다. 휴학 중에 알바를 하다가 남친이 다른 여자친구를 사귀는 것을 알고 손목을 칼로 그었는데 주방에서 친구가 발견했다. 남자친구와의 결별 후 그동안 그 친구를 만났던 7년 동안이 허무하게 느껴졌고, 그 외에도 경제적, 사회적 문제로 인한 심각한 우울증과 만성무기력 때문에 자살을 시도했다. 하지만 이제는 자살이 어리석은 것이라는 걸 깨달았고 수업을 들은 후 더욱 구체적으로 자살하면 왜 안 되는지 알게 되었다.

2. 어려움에 봉착하면 마치 자살이 현실적 고통으로부터 벗어날 수 있는 듯이 충동적으로 자살하는 사례가 있습니다. 자살하면 어려움을 벗어날 수 있다는 의견에 동의합니까?

- (첫시간) 모르겠다.

삶, 죽음에게 길을 묻다

– (마지막 시간) 어려움으로부터 벗어날 수 없다. 자살은 자기 자신에게 그리고 남은 사람에게도 더 큰 고통을 안겨줄 뿐이다.

3. 자살하면 어떻게 될까, 죽으면 아무것도 없고 다 끝나는 것이라고 생각합니까?

– (첫시간) 모르겠다.

– (마지막 시간) 죽으면 끝이 아니다. 죽음 이후에 또 다른 세계가 있다.

4. 자기 생명이니까, 자기 판단에 따라 자살할 수 있다는 견해에 동의합니까?

– (첫시간) 동의하지 않는다.

– (마지막 시간) 주변에서 세 차례 자살이 있었지만 이제는 그들을 옹호하지 않는다. 이전에는 '얼마나 힘들었으면' 이라고 측은해하고 용기 있는 선택이라고 생각했다.

5. 자살예방교육을 수강 신청한 동기는 무엇입니까?

– 첫째로는 2시간이 사이버수업이라는 것이 가장 큰 이유였지만, 자살이라는 문제에 대해 심도 있게 다루는 수업이 어떤 내용을 어떻게 배우는지도 궁금했기 때문에 수강신청을 하게 되었다.

◉ 자살, 그 잘못된 판단

어제 리포트를 작성하다가 문득 켜놓은 TV에서 도박중독자들의 치료에 관한 내용이 방송되는 것을 보았다. 도박중독자들은 대부분 호기심에, 다른 사람들을 따라 갔다가 도박에 중독되는 경우가 많았다. 그러다가 빈도수가 잦아지고, 자꾸 판돈이 커지고, 잃는 돈이 많아지지만 한 번만 더 하면 잃은 돈보다 더 딸 수 있을 것 같은 생각에 결국은 가정경제를 파괴하고 가족들의 신뢰를 잃는다. 대부분 그들이 정신을 차리게 되는 것은 자신이 가지고 있던 어느 한부분이라도 잃게 될 때이지만 그때는 이미 너무 늦어서 스스로 자포자기하고 자해를 하거나 심하면 자살시도를 한다고 했다.

도박중독으로 인해 목숨을 끊는 사람들은 정신을 차리고 보니 자기 자신의 모습이 한없이 초라해보였고 세상을 산다는 것 자체가 괴로웠으며 아무런 희망이 없다고 생각해서 목숨을 끊고 싶었고 실제로 시도도 했다고 말했다. 도박중동을 전문적으로 치료하는 사람의 말에 따르면 도박중독자들은 도박을 끊는 것보다 자존감을 되찾는 것이 중요하다고 했다. 이는 그들이 도박중독으로 인해 잃은 신뢰를 되찾는 것이며 도박중독인 자기 스스로를 이겨내는 것이라고 했다. 그 방송을 보면서 도박중독자들에게도 지금 내가 듣고 있는 자살 예방에 관한 강의를 들려주는 것이 필요하다고 생각했다.

자살이란 말 그대로 스스로를 살해하는 행위이다. 일반적으로 찾아오는 죽음과 스스로의 목숨을 끊는 자살은 당사자뿐 아니라 주변 사람들에게도 다른 의미로 다가온다. 찾아오는 죽음에 대해서는 당사자는 그것을 겸허히 받아들이고 자신의 죽음을 준비하면 되고 주변사람들은 당사자의 죽음을 인정하고 편안한 마음으로 임종할 수 있게 도와주면 되지만 자살은 그렇지 않다. 임사체험자들과 자살미수자들의 경험을 비교해 보았을 때도 그렇다. 임사체험자들은 하나같이 평온하고 아름다운 세계를 보았고, 어떠한 고통도 고난도 없고 행복했다고 말하고 있지만, 자살미수자들은 죽기 전보다 더욱 심한 고통에 시달렸다고 말했다. 이는 죽는다고 끝나는 게 아니라는 사실을 보여주고 또한 자살한 것과 자연스럽게 죽음을 맞는 것은 엄청난 차이가 있음을 말해 주는 것이다.

자살을 선택하는 사람들은 살다가 어려움에 직면하면 '왜 나만 고통을 당하는가'라고 생각해 자살을 택하기도 하며 어려움을 참지 못해 자살을 택하고는 고통으로부터 영원히 벗어 날 수 있다고 착각하기도 한다. 또 경제 불황이나 사회적인 불평등, 사회구조적 모순으로 인해 고통을 받다가 급기야는 '왜 사람들은 나만 못살게 구는가', '사회가 나를 죽이는 것이나 다름없다'고 정당화하기도 하며 자살을 통해 '지긋지긋한 이 세상과 작별한다'고 삶과의 결별을 기대하는 사람도 있다. 또한 '자기 생명을 자기가 결정할 수 있는 자살권이 자신에게 있다'는 식으로 생각하는 사람도 있다. 하지만 수업을 들으면서 이 모든 생각은 그릇된 생각임을 알 수 있었다.

한마디로 정의하자면 자살은 나약하고 자기중심적인 사람이 내리는 가장 그릇되고 되돌릴 수 없는 어리석은 선택이다. 자살을 선택하는 사람들은 자기 스스로 자신의 희망을 없애 버린다. 자신보다 어렵고 고단한 삶을 살아가는 사람들도 많은데 마치 세상에서 자신이 가장 불행하고 못난 사람인 것처럼 생각하고 자신의 주위에 있는 희망마저 떨쳐버린다. 그리고는 '나 아무런 희망도 없고 힘들어서 못살겠으니 죽겠다'는 생각으로 자살하는 것이다. 이것은 남겨진 사람들을 눈곱만큼도 배려하지 않는 처사이다. 자살자들의 유서에 보면 가족이나 주변 친지들에게 미안하다고 남기는 경우가 대부분인데 나는 미안하다고 하고 죽는 것보다 미안하면 더 열심히 살아야 한다고 생각한다. 자신의 가족이나 친지가 자실한 이후, 남은 사람들은 죄책감과 공허함 등에 시달린다.

내 친구의 남자친구는 올해 초 오랫동안 복잡한 가정사 때문에 우울증에 시달렸던 배다른 누나가 자살한 이후 성격이 눈에 띄게 어두워지고 모든 일에 의욕을 잃었으며 언제나 내 친구에게 자신의 희망은 너밖에 없다고 이야기 한다고 했다. 배다른 누나지만 자신에게 가족은 병으로 입원중인 친모와 그 누나밖에 없다고 생각하고 살던 친구였고, 그 누나가 사회적으로도 꽤 성공한 삶을 살고 있던 사람이었기에 그녀의 자살이 더 큰 충격으로 다가왔던 것 같다. 내 친구의 남자친구는 "누나가 요즘 들어 밝아 보여서 우울증도 많이 나아진 줄 알았다"고 했다. 그리고 그 친구가 MT를 가던 날 모든 것을 준비하고 "MT 끝나고 시킬 일이 있으니 친구와 같이 오라"던 누나 말을 흘려들은 것을 매일매일 후회하고 있다고 했다.

이처럼 아끼던 사람의 자살은 남은 자들에게도 극심한 고통을 주고, 그들에게서 삶의 에너지를 빼앗기도 한다. 이것만 보아도 자살은 그 행위로도, 그 이후에도 부정적인 역할만 한다는 것을 알 수 있다. 그리고 이 남겨진 자의 고통을 생각하지 않는다는 점에서 극단적으로 자기중심적이라고 말하고 싶다. 또한 자살은 되돌릴 수 없다. 그것이 미수로 끝나고 목숨을 건지면 다행이지만 성공한다면 자살미수자의 증언처럼 살아 있을 때보다 더욱 심한 고통에 시달려도 그것은 돌이킬 수 없다.

죽음이 모든 것의 끝이 아님을 알고 또 그것이 해결책이 될 수 없다는 것

삶, 죽음에게 길을 묻다

을 알고 지금 살고 있는 시간에 자신에게 남겨진 희망을 가지고 하루하루 최선을 다해 살아가는 것이 자살을 예방하고 나아가 자신의 삶을 풍요롭게 만들고 찾아오는 자신의 죽음 또한 후회가 남지 않게 하는 방법이라고 생각한다. 그러기 위해서는 많은 사람들이 잘사는 법, 나아가 잘 죽는 법에 대해 배울 수 있는 이 같은 교육을 받을 기회를 늘려 삶과 죽음에 대한 인식 변화를 할 수 있게 도와야 할 것이다.

◉ 내 속의 또 다른 누군가

김영우 박사의 『영혼의 최면치료』는 지난 학기에 자살예방교육을 들을 때 한 번 읽은 적이 있었다. 그 당시 한 번 읽었을 뿐인데도 느끼는 바가 많았기에 다른 책을 읽는 대신 다시 한 번 이 책을 읽는 것을 선택했다. 처음 보았을 때는 신기하고 기이한 이야기들에 매료되어 술술 읽어 나갔었다. 하지만 두 번째 읽을 때는 이미 수업시간에 동영상 등으로 신기한 일들을 많이 봤기 때문인지 다른 느낌으로 읽게 되었다. 다 읽고 난 후 변한 것이 있다면 고질적인 우울증이 있는 내 자신이 저런 심리치료를 받아 봤으면 하는 것이었다.

나는 우울증이 있다. 처음에는 인정하지 않았지만 자살 예방교육 수업을 들으면서 인정하게 되었다. 내가 처음에 생각하던 우울증은 가만히 있어도 눈물이 떨어지고 이유도 없이 슬프고 의욕이 없고 하는, 우울증이라기보다는 일종의 사춘기 같은 것이었다. 물론 그러한 것도 우울증이라고 보지만 우울증이라는 것은 좀 더 포괄적인 의미이다. 나는 모든 일에 의욕이 없는 무기력증과 동시에 우울증을 앓고 있는 '환자'이며 그 증세는 호전되고 있다. 책에서 본 것과 같이 심리치료를 포함한 정신과 치료를 받을 수도 있겠지만 지난 학기 수업을 들으며 스스로를 위한 치료방법을 알게 되었기 때문에 이겨내려고 노력중이고 많이 나아졌다고 생각한다. 나는 만성 무기력증을 동반한 우울증을 가지고 있기 때문에 무슨 일을 하든지 의욕이 없고 그로 인한 피해도 많이 보는 편이다. 하지만 잘 생각해보면 처음부터 이러한 무기력증을 앓고 있진 않았다. 중·고등학교 때를 생각해보면 나서서 일처리를 하길 좋아했고 성격상 꼼꼼하게 마무리를 하지 않으면 안되었다. 하지만 지금은 일처리의 뒷마무리조차 꼼꼼하지 못하고 항상 계획과는 다르게 대충 마무리 짓거나 엉망이 되곤 한다. 이러한 나의 일처리 방식은 내게 우울증을 가중시켰다. 이렇게 우울증과 무기력증이 서로를 채찍질해서 사소한 이유로도 죽음에 대한 충동을 느꼈던 나는 지금은 그것을 여러 가지 방법으로 이겨내고 있다.

첫째로 무슨 일이든 참가하여 혼자 아무것도 안 하는 시간을 줄여가고 있다. 마음이 힘들면 몸도 힘들다. 이를 몰랐던 이전에는 몸이 피곤하다는 핑계로 학과 일 등에 참여를 하지 않았고 그럼으로 해서 혼자 있는 시간이 점차 더 많아지고 더 폐쇄적인 생활을 했었다. 하지만 열심히 행사에 참여하고 있는 지금은 눈코 뜰 새 없이 바쁘지만 예전보다 몸도 덜 피곤하고 마음도 덜 아프다. 이는 내 마음의 병이 호전됐기 때문일 것이다.

둘째로 나에게 시련이라고 생각되는 힘든 일이 닥쳤을 때 의연한 자세로 그것을 바라본다. 시간이 지나면 그러한 시련은 허탈한 웃음이 나올 정도로 아무 일도 아니고, 그저 '더 노력해야 할 일' 정도에 지나지 않음을 알았기 때문이다.

마지막으로 내가 가장 많이 힘들어하지만 그렇기 때문에 더 노력하고 있는 일은 무기력증을 이기는 일이다. 그 방법으로 채택한 것이 최대한 미루지 말고 약속을 꼭 지키려고 하는 것이다. 예전에는 어떤 일처리의 방법이 잘못되거나 일처리가 미루어지면 핑계를 많이 댔다. 예를 들어 사이버 강의를 못 듣고 넘어갔을 경우 그것이 내가 잘못한 것이 아니라 자취방에 인터넷이 안 되는 탓을 하곤 했다. 하지만 지금 생각해 보면 그것은 너무 우스운 핑계였다. 지금은 핑계거리를 생각하기보다는 일처리를 가능케 하는 수많은 방법, 즉 사이버 강의를 들을 수 있는 여러 가지 방법에 대해 먼저 생각하고 그것을 실행한다.

내가 이렇게 나의 우울증에 관한 이야기와 이겨낸 방법에 대해 장황하게 이야기를 늘어놓는 것은 『영혼의 최면치료』속에 등장하는 대부분의 사람들이 나와 같은 증상을 가지고 있으며 심리치료를 동반한 자신의 노력으로 그것을 이겨냈기 때문이다. 책 속의 사람들이 증언했던 검은 존재, 혹은 다른 영혼은 김영우 박사 자신이 이야기 했듯 실제로 그런 존재인지는 알 수 없다. 하지만 그것이 우울증을 앓고 있는 사람으로 하여금 어떠한 핑계거리였다고는 생각된다. 심리치료를 받으면서 사람들은 자신의 우울증이나 무기력증은 '그 존재'때문이라고 생각하고, 치료를 통해 '그 존재'가 사라지고 난 후에는 더 이상 우울증이나 무기력증을 앓을 이유를 상실하게 된다.

반대로 말하자면 '그 존재'는 환자의 우울증이나 무기력증의 핑계거리였던 것이다.

나는 직접적으로 치료를 받은 것이 아니지만 『영혼의 최면치료』를 읽으면서 나의 무기력증과 우울증이 어떠한 핑계에서 기인한 것이며, 따라서 스스로 치료할 수 있다는 결론을 내렸기 때문에 책에 관한 리포트의 긴 부분을 나의 경험을 써 내려가게 되었다. 물론 내 스스로 이겨내지 못하는 부분에 관해서는 이러한 치료를 받고 싶다는 생각을 해보지만 『영혼의 최면치료』는 그 자체로도 나에게 치료제였으며 나에게 우울증과 무기력증을 이겨낼 수 있다는 희망과 동시에 이겨낼 수 있게끔 하는 동력이 되었다.

◉ 잘못된 선택, 다행스러운 실패

2008년 1학기 '자살예방교육'이라는 과목을 들을 당시 학기 초에는 나의 자살시도에 대한 이야기를 함구하고 있었지만 실제로 자살을 세 번씩이나 시도했던 사람으로 자살예방교육이 많은 도움을 주었기에 2008년 2학기에 다시 오진탁 교수님의 '인간의 삶과 죽음' 수업을 듣고서 내 스스로가 얼마만큼 변했는지 당당히 이야기 할 수 있게 되었다. 수업을 듣기 전까지는 자살은 스스로가 선택하는 것이라고 생각했고 자살한 사람들에 대해서 동정하기도 하고 이해하기도 했다. 심지어 자살이라는 행동이 용기 있는 행동이라고까지 생각했었다. 하지만 수업을 듣고 나서는 나의 생각은 180도 변하게 되었다. 지금 듣고 있는 '인간의 삶과 죽음'이라는 수업은 자살에 대한 올바른 인식을 심어주었던 지난 학기 수업의 연장선에서, 내게 죽음 준비라는 것이 얼마나 필요한 것이고 필수적인 것인지 알려주었다. 자살을 시도했을 당시 나는 내 스스로가 자살로 인해 나를 괴롭게 했던 사람이나 현실에게 복수하는 것이라고 생각했다. 그리고 자살로 그러한 고통스러운 현실에서 벗어날 수 있다고 생각했다. 하지만 내 자살시도는 미수에 그치고 말았고 그 당시에는 마음대로 죽을 수도 없다는 것에 또 한번 고통을 느꼈다.

어쩌면 자살을 시도하는 대다수의 사람들이 현실에 대한 복수심이라던가, 절망감, 그리고 눈앞에 당면한 고통에 의해 어쩔 수 없이 자살을 선택하고 스스로를 벼랑 끝으로 밀어내고 있는지도 모른다. 실제로 나는 주변에서 3번의 자살을 보았고 그 사람들 또한 자살을 시도했던 그 당시의 나처럼 복수심 때문에, 혹은 우울증이 안겨준 절망감 때문에, 또는 시간이 지나고 나면 아무것도 아닐 그런 고통 때문에 자살을 선택했다. 자살에 대한 올바른 이해를 가지고 있는 지금, 그 사람들의 영혼이 자살 이후 얼마나 고통 받을지 생각한다면 한숨이 절로 나올 정도로 안타깝다.

다행히도 나는 자살에 대한 긍정적인 생각을 가지고 있었던 당시 우연한 기회에 자살예방교육 수업이 개설됨을 알았고, 호기심에 수강을 하게 되었다. 만약 그 수업을 듣지 못했다면 어쩌면 지금도 조금이라도 힘들다면 자살을 생각하고 또 다시 자살을 시도했을지도 모른다고 생각하면 소름이 끼친다. 하지만 자살에 관해 무지했기 때문에 시도했던 일이라 그것이 부끄럽다거나 숨겨야 했던 사실이라고는 생각하지 않았다. 오히려 나 같은 사람이 변하는 것으로 인해 자살충동을 느끼는 사람이나 혹은 자살미수자들에게 웰다잉 교육에 관한 것을 알린다면 높은 효과를 거둘 수 있다고 생각했고, 그래서 나의 세 번의 자살시도를 솔직하게 이야기 할 수 있었다. 자살이 유행처럼 번지고 있는 지금, 무엇보다도 자살과 죽음에 대한 오해들이 나 같은 사람으로 인해 해소되어 어리석고 잘못된 선택을 하는 사람들이 없어지길 바란다. 일 년 전 나의 다행스러운 실패는 이전까지 소극적으로 삶을 살았던 나에게 진정한 웰빙과 웰다잉의 의미를 일깨워줌으로써 내 삶을 적극적으로 살 수 있게 해주었다.

"죽으면 모든 고통으로부터 벗어날 줄 알았다"
| 사회대 윤양 |

『자살, 세상에서 가장 불행한 죽음』을 읽으면서 많은 눈물을 흘렸다. 책의 내용이 슬퍼서일까? 아니다. 물론 책에 소개된 자살한 사람들의 사연은 너무 안타까웠다. 하지만 눈물을 흘린 진짜 이유는 힘들어하던 나의 옛 모습이 떠올랐기 때문이다.

난 자살에 대해 자주 생각해왔고 자살을 시도하는 장면을 상상한 적이 많았다. 특히 내 편은 아무도 없다고 생각될 때, 아무도 날 이해해주지 않는다고 느낄 때 죽고 싶다는 생각을 했었다. 내가 자살에 대해 처음으로 심각하게 생각해본 때는 초등학교 3학년 때였다. 그 당시 난 베란다에서 창 밖을 내다보며 뛰어내리면 어떨까 생각하느라 한참을 서있기도 했다. 하지만 난 자살을 하기엔 겁이 많았고, 가족들이 받을 충격을 생각하면 이래선 안 된다는 생각이 들어 다시 맘을 다잡곤 했다.

두 번째로 죽고 싶다는 생각을 했을 때는 고등학교 1학년 때였다. 아버지가 보증을 섰던 것이 잘못되어 집안 꼴이 말이 아니었을 때였다. 이전까지는 힘이 들어도 부모님께 의지하며 그럭저럭 버텨나갈 수 있었는데 부모님이 무너지는 모습을 보니 난 살아갈 용기를 잃었다. 지금 와서 생각해보니 그때 상황이 조금만 더 심각했어도 우리 가족은 동반자살을 했을지도 모른다. 세 번째로 자살충동을 느낀 때는 작년 이맘때쯤이었다. 나는 재수를 했다. 그런데 수능시험의 결과가 고3 때보다도 훨씬 좋지 않게 나왔기에 많이 고통스러웠다. 그냥 이것은 시험일뿐이라고 마음을 다잡으려 했지만 쉽지 않았다. 마음고생으로 힘들게 보냈던 1년이 그냥 버려진 것만 같아 너무 아까워서 잠도 잘 수 없었고, 가족들은 날 위로해주기는커녕 한심하게 보아 큰 모욕을 느꼈다.

사실 그 당시 나는 패배의식에 심하게 젖어있었기 때문에 따스한 위로 한마디 해주지 않는 가족을 원망하면서도 반대로 나 자신은 위로를 받을 자격조차 없다고 생각했다. 나는 고3때보다도 잘 봐야 한다는 압박감이 너무 커서 시험을 못 봤다. 시험을 못 봤으니 단순히 삼수를 하느냐 마느냐의 문제가 아니었다. 나는 자신감을 잃고 앞으로 어떠한 일도 해낼 수 없다는 생각뿐이었다. 그래서 의욕이 없어지고 무언가를 한다는 것이 힘들게 느껴져서 아무것도 하지 않고 침대에 누워있는 채로 며칠을 보냈다. 그러다 너무 화가 치밀고 내 자신이 비참하게 느껴져서 자살을 하려 했다. 방법을 찾다가,

투신자살은 길 가던 많은 사람들이 망가진 내 시신을 보게 되는 것이 맘에 걸려 내키지 않았고, 손목을 긋는 등의 방법은 통증이 심할 것 같아 싫었다.

　그래서 생각하게 된 것이 목을 매는 것이었다. 벨트를 꺼내어 내 방에서 목을 매고 죽으려 했다. 지금 생각해보면 참 어리석은 행동이었다. 자살한다는 것은 어떤 방법이든지 다 고통스러운 일인데 그 중에서 덜 고통스럽고 더 고통스러운 것이 대체 어디 있단 말인가? 난 그때 죽지 않아서 참 다행이라고 생각한다. 갑자기 이렇게 죽어서는 안 된다는 생각이 번뜩 났기 때문에 목을 매려다 멈추었다. 나는 아직 젊고 하고 싶은 것도 참 많은데 이렇게 죽는 것은 너무 억울하다고 생각했다. 자살하려던 이유는 여러 가지 상황이 복합적으로 얽혀있었기 때문에 어떤 한 가지라고 말하기는 어렵지만 그 중에는 내가 이렇게 죽어버리면 날 힘들게 했던 사람들이 충격 받고 미안해할 것이란 생각 때문이기도 했던 것 같다.

　그런데 그 순간 내가 나를 버림으로써 남들이 나에 대해 미안함을 갖게 된다고 해서 과연 무엇이 달라질까 하는 생각이 들었다. 그냥 나만 죽는 것뿐이다. 이러한 생각이 미치자 난 자살시도를 멈추고 펑펑 울었다. 내 자신의 충동적인 행동에 대해서 많이 놀랐기 때문이다.

　쾌활하던 내가 이렇게까지 변했다는 것이 믿기지 않았다. 나는 그 뒤로 이렇게 아무 것도 안하고 방 안에 처박혀 있다가는 점점 나쁜 생각만 하게 되고 나 자신을 제어할 수 없게 될 것 같아 밖으로 나와 자살에 대한 생각을 떨쳐버리려고 애썼다. 혼자서 여기저기 돌아다니기도 하고, 보고 싶어했던 책을 사서 읽고, 노래방에 가서 고래고래 악을 쓰기도 했다. 또 별로 내키지 않았지만 일부러라도 친구들을 만나서 웃으려는 노력을 하고, 평소에 얘기하기 어려웠던 힘든 속내를 털어놓기도 하면서 극복했다.

책을 읽으니 그때가 생각나서 많이 슬펐고, 그때는 내가 죽음이라는 것에 대해 얼마나 잘못된 생각을 가지고 있었는가를 깨달았다. 그야말로 무지였다. 죽음에 대한 무지. 그때까지는 장 아메리와 비슷한 생각을 가지고 있었던 것 같다. 죽으면 모든 고통으로부터 자유로워질 것 같았다. 그동안 나는 죽으면 끝이라 생각해왔고 사후세계는 믿지 않았기 때문에 한 번뿐인 인생을 잘 살아야 한다고 다짐해왔다. 그러나 이것은 반대로 죽으면 끝이기 때문에 무언가 어긋나서 힘이 들거나 한 번뿐인 인생에 미련이 없다면 죽음으로써 모든 것을 마무리할 수 있다고 생각하게 만들었던 것 같다.

책에 소개된 한국자살예방협회 홈페이지 자유게시판에 올라왔다는 어떤 글은 마치 내가 올린 질문을 보는 듯했다. 질문자는 자살하면 안 되는 이유는 가족과 친구가 슬퍼하니까, 생명은 소중한 것이니까, 인생은 한 번뿐이니까, 나보다 훨씬 힘든 인생을 사는 사람도 열심히 살아가니까 하면 안 된다고 들었다고 했다. 나 역시 마찬가지였다.

나도 이렇게 알고 있었고 그래서 의문스러운 점이 많았다. 삶이 괴로워서 죽고 싶으면 자살해도 되는 것 아닐까? 행복도 고통도 다 싫증나고 귀찮아서 더 이상 삶에 미련이 없으면 자살해도 되는 것 아닐까? 한 번뿐인 인생에 더 이상 미련이 없는 사람은 자살해도 되지 않을까? 슬퍼하거나 울어줄 사람이 없다면 죽어도 되는 것 아닐까?

하지만 죽음이 끝이 아니라는 것을 생각하게 되자 자살을 왜 하면 안 되는 것인지 좀 더 명확하게 알게 되었다. 자살은 더 큰 고통을 가져올 뿐이니 괴로움에서 벗어나기 위한 해결책이 되지 않는다.

사실 난 이 책을 읽기 전에, 그리고 수업을 듣기 전에 이미 자살은 절대로 하지 않겠다고 내 자신과 약속을 했다. 지난 날 자살을 하려다가 마음을 고쳐먹은 뒤로 다시는 이러한 생각을 하지 말자고 굳게 다짐했던 것이다. 하지만 왜 자살을 해서는 안 되는지 마음에 확실히 와 닿지가 않아서 답답했다. 왜냐하면 그냥 막연하게 자살은 옳지 못한 것이니까 하지 말아야 된다고 하기에는 자살충동을 막는 데 별다른 효과가 없었기 때문이다. 내 자신에게나 누군가를 설득하기 위해서도 자살을 막기 위한 근거로 보기엔 항상 부족하다고 느꼈다.

정말 사람들은 죽음에 대해 제대로 알지 못하고 있다. 다들 단순히 생명은 소중한 것이니 함부로 삶을 포기해서는 안 된다는 식의 말로만 자살을 하지 말아야 한다는 이유로 알고 있으니 자살이 곳곳에 만연하는 것은 어쩌면 당연한 결과다. 또 죽음 이후의 세계를 생각한다는 것은 눈으로 볼 수도 쉽게 체험해 볼 수도 없는 것이며 종교의 유무에 따라서 입장이 많이 다르기 때문에 사람들의 잘못된 생각을 바꾸는 것은 보통 어려운 일이 아니다. 나역시 아직까지도 사후세계가 과연 있는 것인가 궁금하다. 나는 종교가 없기 때문에 천국과 지옥에 대해서도 믿지 않는다. 그러나 영혼은 있다고 믿는다. 그래서 육신을 떠난 영혼이 머무는 곳이 있을 것이라고 믿는다.

내가 영혼이 있음을 믿게 된 때는 중학교 1학년 때였다. 외할머니가 물에 빠지셔서 사고로 돌아가셨는데, 어느 날 외숙모의 꿈속에 외할머니가 나타

156

나셨다. 외할머니는 부엌의 찬장을 막 뒤지셨다는데 그 당시 외숙모는 돌아가신 시어머니가 꿈속에 나와 이상하긴 했지만 별로 대수롭지 않게 생각해서 그 일을 잊고 계셨다. 그러다 어느 날 우연히 부엌 찬장을 정리하다가 외할머니의 통장을 발견하였다. 그제서야 외숙모는 지난 꿈이 떠올랐다고 한다. 나는 외할머니가 통장이 있다는 사실을 알려주시려고 외숙모의 꿈속에 나타나셨다고 믿는다. 그래서 이러한 일을 계기로 영혼의 존재를 인정하게 되었다.

솔직히 나는 영혼의 존재도 믿고, 자살하지 않겠다는 다짐도 했지만 힘들 땐 여전히 죽고 싶다는 생각을 하기도 한다. 그럴 때마다 떠올리는 말이 있는데 그것은 소설 속의 짧은 대사 몇 줄이다.

공지영의 『우리들의 행복한 시간』이라는 소설에는 이런 내용이 있다.

우리는 죽고 싶다라는 말을 하면 안 된다고. 왜냐하면 '죽고 싶다'라는 말을 뒤집어 생각하면 '이렇게 살고 싶지 않다'라는 뜻이 되니까. 그리고 '이렇게 살고 싶지 않다'라는 말을 다시 한번 뒤집어 생각하면 '다시 잘 살고 싶다'라는 뜻이 되므로. 그래서 우리는 '죽고 싶다'라고 하지 말고 '다시 잘 살고 싶다'라고 해야 한다는 것이다.

나는 이 내용이 소설에서 한 페이지도 안 되는 부분을 차지하고 있지만 가장 많이 가슴에 와 닿았고 힘들 때마다 되새기게 된다. 힘들어하는 친구를 위로할 때도 종종 이 얘길 해주곤 했다. 이제는 이것뿐만 아니라 죽음이 끝이 아니며 자살은 고통을 더할 뿐이라는 것도 알게 되었으니, 더욱 진실한 말을 해줄 수 있어서 다행이다. 앞으로 나와 내가 사랑하는 사람들이 더욱 굳건해지고 성숙해져서 참된 삶과 죽음을 맞이할 수 있었으면 좋겠다.

"나는 자살을 시도한 일이 있다"

| 인문대 송양 |

나는 자살을 시도해본 적이 있다. 아직 양쪽 팔목엔 흐릿한 흉터가 남아있으며 자살을 시도하게 된 이유는 그 누구 때문에도 아니었고 단지 "죽고 싶어서"였다. 자칫 사람들이 날 이상하게 볼 수도 있어 정말 친한 사람 아닌 이상 이런 말을 잘 하지 않는 편이다. 사실 내 삶엔 아무것도 모자람이 없다. 행복한 가정에서 넉넉하게 살아왔고 누구에게 괴롭힘을 당한 적 없이 친구들과 사이도 좋았다. 그러나 나는 늘 "죽고 싶다"는 말을 버릇처럼 입에 달고 다니고, 조그마한 일에도 금방 좌절해 자해를 한다.

처음엔 내가 너무 자신감이 부족하고 나를 사랑하지 않는다고 생각해서 스스로 자신을 격려하고 칭찬하는 등의 여러 가지 노력을 한 적도 있었다. 긍정적인 마음을 가지려고 심리학 관련 책도 많이 읽어 보았으며 힘든 일이 있으면 늘 주위 어른들 혹은 선배들과 상담도 많이 나누었다.

그러나 내가 앓고 있는 이 마음의 병은 혼자서 극복해내기엔 어려운 차원인 것 같았다. 또 적절히 스트레스를 해소하지 못해 폭식증에 걸리고 컴퓨터 중독에 빠지는 등 스트레스를 해소하려고 한 일들이 보다 더 많은 스트레스로 떠밀려 오는 듯하였다. 사람들과 어울려 많이 웃고 대화해도 집으로 돌아오면 어느새 스트레스는 더 쌓여 있고, 사람들에게 상처받게 되면, '죽어서 복수하고 싶다'는 극단적인 생각을 하기도 했다. 또 미래나 진로에 대한 생각들은 생각하는 것만으로도 내 어깨를 짓누르고 눈앞이 깜깜해지는 일이었다. 그렇다. 누구든 세상을 살아가면서 이런 고민들이 없겠냐만 나에게 있어 삶은 그저 고통의 연속일 수밖에 없었다. 그러나 이런 내 생각과 마음이 나뿐만 아니라 이 세상을 살아가는 대학생, 직장인 등 대부분이 느끼고 있다는 것이다.

책을 읽으면서 몇몇 친구들과 토론을 하고 서로 고민을 털어놓기도 했지만 모두가 나와 같은 이유 혹은 비슷한 이유에서 자살시도를 해보았다고 고백했다. 나와 내 주위 사람들에게서도 확인해본 바와 같이 요즘 우리 사회는 '자살을 권장하는 사회'라고 해도 과언이 아닐 듯하다. 어린 시절 꿈 많고 동심으로 순수했던 나와 내 친구들은 지금은 모여서 세상을 한탄하고 앞날이 캄캄한 자신의 미래를 걱정하며 한숨을 쉬고 있다. 어려서부터 지금까지 줄곧 경쟁과 싸움만을 반복한 우리들은 이제 사회에 발도 들여놓기 전에 이미 패배자의 얼굴을 하고 있다. 이젠 유명연예인의 자살소식이 이 사회에선 그럴만하다는 생각이 들 지경이다. 이렇듯 자살이 유행처럼 번지는 오늘날 이 세상을 사는 인간을 구원해줄 대책이 시급하다.

과연 각자에 마음의 병을 치료해줄 약은 어디에도 없는 것인가? 내가 『자살, 세상에서 가장 불행한 죽음』, 이 한 권의 책이 우리 사회 속에서 상처받고 소외받는 많은 사람들을 구원해줄 수 있는 책이라고 하면 거짓말이라고 할 수도 있겠지만 나는 이 책에서 한줄기 빛을 찾았다.

사실 내가 이 글 첫머리부터 아무에게나 잘 말하지 않는 내 무서운 고백을 한 이유도 책에서 발견한 자신감에서라고 할 수 있다. 이 책을 읽고 난 후에 난 이 세상에게만 집착하고 안주하여 내 마음대로 죽음을 결정하려고 했던 점이 부끄럽고 반성된다. 친구랑 싸우다 오해가 풀리듯 내 고민은 책한 권으로 해결되었다고 해도 과언이 아니다. 우리 사회에 사람들의 자살은 급격히 늘어나는 데에 비해 이에 대한 해결책이나 대안은 미약한 게 사실이다. 이 책에서는 나의 고민과 마찬가지로 자살의 원인이 개인적인 차원뿐만 아니라 사회적인 차원에서도 문제가 있음을 지적한다. 이 이야기가 당연한 일인 듯하면서도 우리는 직감을 하지 못한다. 왜냐하면 우리는 죽음에 대한 지식이 거의 없기 때문이다.

　이렇듯 이 책은 나와 많은 이들이 했던 죽음에 대한 오해를 풀어주는 책이고 책 제목과 같이 자살이 죽음 중에서도 얼마나 불행한 죽음인지 확신하게 해주는 책이었다. 요즘 자살 문제가 사회적으로 확산됨에 따라 많은 사람들이 죽음에 대해 관심이 많아졌는지 우리 수업에 관해 물어보고 듣고 싶다는 학생들이 많다. 나는 그 학생들에게 꼭 수업을 들어보라고 권하고 있고 수업을 듣고 많이 변화할 수 있을 것이라는 확신을 주고 있다. 나는 앞으로 자살예방교육의 한 전도사로서 세상에서 가장 불행한 죽음을 택하는 이들에게 희망을 주고 그들의 생각이 얼마나 잘못되었는지 오해를 풀어줄 것이다!

"자살은 결코 해결책이 될 수 없다"

| 인터넷미디어 K양 |

| 자살과 죽음 : 의식조사(마지막 시간) |

∷ **질문 1.** 이전에 혹시 자살 충동을 느낀 적이 있었습니까? 또 자살시도를 한 적이 있습니까? 자살 충동이나 자살을 시도한 일이 있다면 구체적인 이유는 무엇이었습니까?

– 있다. 가정 문제. 아주 어린 시절 엄마에게 버림 받고 계모에게 키워지면서 항상 구박받고 사랑받지 못하며 살았다. 아빠가 있을 땐 전혀 안 그런 척하고 아빠가 회사에 가면 나는 딸이 아니라 식모나 다름없었다. 옷이나 용돈, 도시락 반찬 등 아주 사소한 것까지 오빠와 차별대우를 받았다. 친엄마는 왜 나를 버리고 떠났는지 원망스러웠으며 이렇게 살 바엔 죽는 게 낫겠다는 생각을 초등학교 때부터 해왔고 그때부터 시도도 했다. 줄넘기로 목을 칭칭 감아 조르기도 했으며 뛰어 내리려고 유서를 쓰고 창문 난간에 서기도 했다.

∷ **질문 2.** 어려움에 봉착하면 마치 자살이 현실적 고통으로부터 벗어날 수 있는 듯이 충동적으로 자살하는 사례가 있습니다. 자살하면 어려움을 벗어날 수 있다는 생각에 동의합니까?

– 동의하지 않는다.

∷ **질문 3.** 자살하면 어떻게 될까, 죽으면 아무것도 없고 다 끝나는 것이라고 생각합니까?

– 끝이 아니라 새로운 시작이다.

:: **질문 4.** 자기 생명이니까, 자기 판단에 따라 자살할 수 있다는 견해에 동의합니까?

– 동의하지 않는다.

◉ **"자살예방교육을 좀 더 빨리 받을 수 있었더라면"**

나는 자살에 대해서 누구나 충분히 그럴 수 있다는 긍정적인 견해를 갖고 있었다. 수업을 들으면서도 느꼈지만 이 책을 읽고 또 한 번의 큰 깨달음을 느낄 수 있었다. 책은 그 동안 들은 수업을 한 번 더 정리하는 듯한 느낌이었다. 처음에 몇 주 동안은 수업을 접하면서 괜히 우울해지고 불쾌한 생각도 들고 내가 왜 남들 죽은 얘기를 이렇게 듣고 있어야 되나 하는 생각도 들었고 또, 세상에는 별의별 이유로, 너무나 안타깝게 죽는 사람들이 많구나 하며 측은해지기도 하는 등 사이버 강의를 들은 날은 한숨도 많아지고 괜히 심각해지고 우울해 있기도 했다.

나는 죽으면 당연히 현실의 고통에서 벗어날 수 있으며 가장 극단적인 방법이지만 고통에서 벗어나는 방법 중의 하나로 충분히 해결책이 될 수 있다고 생각했다. 또 마음 한 구석에는 나는 자살을 선택해서 생을 마감할지도 모른다는 생각을 어린 시절부터 가지고 살아왔다. '죽음은 끝이 아니다'라는 주제의 수업을 듣고 또 『영혼의 최면치료』라는 책을 읽으면서 나는 정말 많이 놀라왔다. 저 깊은 곳의 영혼과 대화를 해서 치료받는 것도 보고, 자살로 인해 그 다음 세상에서 더 심한 고통을 받는 사람들의 사례를 보고 자살에 대한 긍정적인 생각들은 조금씩 변화되고 있었다.

나는 딱히 종교도 없고 영혼의 존재도 믿지 않았다. 하지만 이 수업을 들은 후부터 영혼의 존재와 사후의 세계에 대해 더 이상 부정적으로 생각하지 않게 되었다. 적어도 현실의 고통에서 벗어나기 위한 수단으로 자살은 더 이상 안 된다는 말은 어디에 가서도 확실하게 말할 수 있다. 왜냐하면 자살은 끝이 아니며 자신의 목숨을 자신이 좌지우지할 수 있는 권리란 없음을 이 책을 통해 이해했기 때문이다. 죽으면 모든 것이 끝이 아니라는 사실을 자연스럽게 받아들일 수 있는 계기가 되었다.

또한 우리에게는 자신의 목숨을 좌지우지할 권리가 있는 것이 아니라 인간다운 삶의 권리와 존엄한 죽음의 권리가 있고, 인간으로서 품위를 유지하면서 살다가 인간으로서 존엄하게 죽음을 맞이하는 것이 가장 우선되는 기본권이란 사실을 받아들이고 인정할 수 있게 되었다.

그리고 이 수업을 듣고 또 이 책을 읽기 전과 후에 의식변화의 확연한 차이를 느낄 수 있었다. 전에는 자살소식을 접했을 때 얼마나 힘들었으면 그런 선택을 했을까 하며 측은해하며 '이제 모든 것이 끝났으니 고통 없는 곳에서 편히 쉴 수 있다'고 생각했는데, 이제는 그렇지 않고 자살 소식을 접하게 되면 '죽는다 해서 끝이 아닐 텐데… 더 힘들고 크나큰 고통이 시작될 텐데' 하는 안타까움이 든다.

또 최근 매일 뉴스에 빠지지 않고 보도되며 더욱 극심하게 늘어만 가는 유명인의 자살을 보고 자살은 사랑하는 이들에게 크나큰 고통을 안긴다는 말에 전적으로 동감하였다. 얼마 전 노무현 전 대통령의 서거 소식에 대다수 국민이 한동안 슬픔에 잠겼다.

그리고 계속해서 끊이지 않았던 연예인의 자살이나 노대통령의 서거에 제일 걱정되는 한 가지는, 책에서 말한 '베르테르 효과'처럼 더 많은 사람들이 모방 자살을 할까봐 걱정이 된다. 사회적으로 영향력이 큰 인물이 자살을 하면 모방 자살이 퍼질 수 있다는 이야기를 들은 적은 있지만 책에서 언급된 연예인의 자살이 영향을 미쳐서 모방 자살을 한 통계치를 보고 정말 깜짝 놀랐다. 이렇게 심각한 영향을 줄 줄은 몰랐다.

전에 안재환이 자살을 시도해 죽은 이후로 차에서 가스중독으로 모방 자살한 건수가 몇 건 된다고 뉴스에서 언뜻 본 적이 있다. 배우들의 자살도 너무 많이 늘어난 데다가 전 대통령까지 이런 일이 있었으니 정말 심각한 일이 아닐 수 없다. 앞으로 점점 더 심각해질 텐데 대책 마련이 절실하게 필요한 시점인 것 같다.

어릴 때 자살에 대해 긍정적으로 생각했던 나의 짧은 생각은 이제 사라졌다. 자살은 고통에서 벗어날 수 있는 해결책이 아니며 남은 사람들에게 더 큰 고통을 안겨 주고 가는 일이라는 것을 확실하게 알게 됐다. 더 이상은 어리석고 짧은 생각으로 살아가지 않을 것 같다. 죽음이 두렵고 무섭기만 한 일이고 죽음에 대해 언급하는 일은 그다지 달갑지 않고 꺼려했던 것 같다. 또 강의를 들으면서 자꾸 누가 어떻게 죽고 누군 어떻게 죽고 이런 얘기만 나와서 처음엔 좀 짜증이 났다. 하지만 한 주 한 주 지나면서 뭔가 점점 깨달음이 생겼다.

삶, 죽음에게 길을 묻다

나는 아주 어린 시절이었던 12살 때 두 번 자살을 시도해본 경험이 있다. 이유는 특별한 이유 없이 날 미워하는 엄마 때문이었다. 매일 구박받고 오빠와 심한 차별대우를 받으며 방구석에 앉아서 엄마는 왜 나를 미워할까 하며 거의 매일을 울었다. 나는 엄마의 친딸이 아니었다. 그래서 그렇게 미움을 받으며 자란 것이었다. 아빠는 내가 구박 받는 것을 알면서도 내 편이 되어주지 못했고 그렇게 외롭고 슬픈 학창시절을 보내면서 나는 언제든지 내 의사로 인해 죽을 수 있다는 생각을 하며 살았고 이렇게 살다가는 정말 언젠가 죽을 것만 같았다.

그때는 내가 죽어야지 복수를 하는 것이라고 생각했고 그래서 엄마가 평생 미안한 마음을 가지고 살게 하고 싶었다. 점점 커가면서 자살시도는 멈췄으나 언제든지 나는 내 삶을 그만둘 수도 있다는 생각은 변함이 없었다. 만약 내가 그때 어리석은 행동을 했더라면 다른 누구보다 우리 아빠가 정말 힘들게 살아갔을 것이다. 온라인 강의를 마치고 나서 한참 되새기며 다시 고심해 보기도 하고 왜 나는 지극히 부정적인 생각을 그렇게 당연하게 생각하고 살았을까하며 어린 시절의 짧은 생각에 대해 많이 반성했다.

그리고 또 좀 더 빨리 이런 교육을 받았더라면 청소년기를 건강한 마음으로 보내지 않았을까하는 아쉬움도 느꼈다. 죽음은 끝이 아니며 더 큰 고통의 시작이라는 것을 이해하고 확신하게 되었고 또한 남은 가족들과 사랑하는 사람들에게 떠넘기는 짐이라는 것을 알게 되었다. 더 이상은 힘든 일이 있을 때마다 죽고 싶다는 말을 남발하지 않게 될 것이고 힘들다고 포기하거나 도망치려고 하지 않고 이겨내려고 노력할 수 있을 것 같다.

2장 가족이나 친구, 주위 사람의 자살

"자살해선 안 된다는 걸 친구가 가르쳐주었다"

| 생명공학과 신군 |

       '인간의 삶과 죽음'이라는 수업을 접하기 전까지, 『자살, 세상에서 가장 불행한 죽음』이라는 책을 읽기 전까지 나에게 있어 '자살'이라는 것은, 자신이 원한다면 할 수 있는 것이라고만 생각했고, 지금까지 살아오면서 자살을 하고 싶다는 충동만 8차례 이상이나 느꼈다. 하지만, 이제는 자살은 해서도 안 되고, 생각조차 해도 안 되는 비인간적인 선택이라는 생각으로 굳혀져 버렸다. 오진탁 교수님의 강의 '인간의 삶과 죽음', 교수님의 저서 『자살, 세상에서 가장 불행한 죽음』, 그리고 또 하나의 사건이 나를 이렇게 만들었다.

    11월 6일 새벽, 한밤중에 한 통의 전화가 걸려왔다. 나는 '알람이 잘못

울렸나'라고 생각하며 잠결에 핸드폰을 그냥 꺼버렸다. 그리고 그 사실을 까맣게 잊고 있었다. 그 다음날 11월 7일 연락이 뜸했던 고등학교 친구에게 전화가 왔다. '웬일로 전화를 다했지?'라는 생각과 함께 전화를 받고 난 후 나는 그만 멍해지고 말았다. 친구가 11월 6일 새벽 15층 높이의 아파트 옥상에서 떨어져 자살을 했다는 소식이었다. 불과 1주전에 단둘이 만나 술 한 잔 하면서 이런저런 이야기를 나누었는데… 그리고 다음에 만날 약속까지 잡아놨었는데… 멍한 상황에서 자취방으로 내려가자마자 옷을 갈아입고, 집인 원주로 향했다.

원주로 달리는 버스 안에서 친구와 있었던 지난날의 추억과 일주일 전에 만나 가졌던 술자리에서 했던 이야기와 그의 얼굴이 머릿속에서 계속해서 스쳐갔다. 그런 상황 속에서 문득 11월 6일 새벽에 알람이 울렸던 그 상황이 떠올라 통화목록을 조회해 보았다. 친구의 전화였다. 순간 두 눈에서 눈물이 주르르 흘렀다. 친구의 시신이 안치되어 있는 장례식장에 들어가 밝게 웃고 있는 영정사진과 망연자실하게 앉아계신 부모님의 얼굴을 보는 순간 감정이 복받쳐 올랐다. 천천히 영정 앞으로 다가가 발을 딛는 순간 눈물이 하염없이 쏟아져 내렸다. 친구에게 절을 하고 부모님께 위로의 말씀을 드릴 때 너무 슬퍼서 말이 나오질 않았다.

그런 친구의 부모님은 나를 끌어안으시며 하염없이 눈물을 흘리셨다. 나도 그 순간부터 흐느껴 울기 시작하였다. 그 이후 20~30분은 무슨 일이 있었는지 기억이 나질 않는다. 어느 정도 정신을 차리고, 구석자리에서 친구들과 소주를 마시며, 자살 경위를 듣게 되었다. 여러 가지 악재가 겹쳤다고 한다. 군대에서 전역한 후 사회와 학교에 대한 부적응, 3년간 사귀어왔던 여자친구의 변심, 그 때문에 술을 마시고 음주운전을 하다가 음주단속에 걸려 이틀을 경찰서 유치장 신세를 졌다고 한다. 경찰서에서 나온 그날 밤. 그는 집에서 불과 300미터 정도 떨어진 15층 높이의 아파트 옥상에 올라가서 소주 3병을 마신 뒤 친구들에게 전화를 하여 미안하다는 말, 자신처럼 살지 말라는 말, 부모님께 죄송하다고 전해달라는 말과 함께 부모님께 드리는 유서 한 통을 남긴 채 아파트 옥상에서 뛰어내렸다.

불과 일주일 전 만났던 그 당시 서로 주고받았던 대화에서 그 이틀 전 여자친구가 일방적으로 이별을 통보했다는 이야기는 있었지만, 자신이 잘못했으니 마음을 돌릴 때까지 용서를 빌어야 한다는 이야기, 군대에서 전역 후 두 달이 지났는데도 전공수업이 적성에 맞지 않아 힘들지만, 1년 반을 다녔기 때문에 여기서 포기할 수는 없다며, 어떻게 해서든 열심히 해 보아야겠다며 긍정적인 대처 방법을 모색했다. 1병 2병 빈 술병이 늘어가면서 이런 이야기는 더욱 진지해졌고, 어느 순간 그는 갑자기 어두운 표정을 짓더니 "아… 차라리 태어나지 말았으면 이런 고민 같은 건 안했을 텐데… 그렇지 않냐?"라는 자포자기식의 말을 내뱉었다. 진지한 이야기 속에서 그런 자포자기식의 말은 그때 당시 의아스러웠지만, 농담으로 넘기고는 그렇게 한 시간을 더 이야기하고는 헤어졌다.

그렇게 헤어진 지 이틀 후 음주운전을 하였고, 그 이튿날 그는 세상과의 이별을 선택했던 것이다. 발인을 할 때까지 자리를 뜨지 않고 계속 그 친구의 옆을 지키던 중에 하루에 한두 번씩은 경찰이 와서 부모님과 친구들에게

삶, 죽음에게 길을 묻다

자살의 경위를 밝히기 위해 조사를 하였고, 경찰이 올 때마다 부모님은 넋이 나간 듯한 표정만으로 침묵을 일관하시다가 흐느껴 울기 시작하셨다. 그 후에는 눈물까지 말라 우는 게 우는 게 아니었다. 이틀 후 발인을 하였고, 원주 외곽에 위치한 화장장으로 이동하였다. 화로 속에 들어가는 친구의 시신을 보면서, 삼베로 온몸을 감쌌다고는 하지만, 머리 부분이 푹 패어 피가 멱목에 스며든 친구의 시신을 보자 다시 한 번 눈물이 흘렀고, 부모님은 혼절하셨다.

그리고 정말 짧은 시간 만에 나온 그 친구의 유골을 본 순간 너무 슬퍼 정신을 차릴 수 없었다. 그렇게 그는 24년간의 삶을 마감하였다. 가족과 친구들에게 남긴 것은 크나큰 슬픔과 정신적인 스트레스뿐이었다. 나는 친구의 자살로 인해, 책에서 언급한 생사학의 관점에서 자살을 해서는 안 되는 이유를 뼈저리게 느끼고 완전히 공감하게 되었다. 남겨진 가족들과 친지들은 그의 자살로 인해 커다란 슬픔과 정신적인 스트레스를 받았다. 어머님은 현재 신경쇠약으로 병원에 입원중이시라고 하며, 아버지 역시 사업체를 돌보랴 어머님의 병수발하랴 집에도 못 들어 가시고 회사와 병원을 전전하신다고 한다. 더욱이 이러한 현실을 위로해 드리고 힘이 되어줄 다른 자식 또한 없다. 친구가 외아들인 까닭이다. 이로 인해 한 가정의 행복은 송두리째 날아갔다.

사귀는 과정을 보아도 남자가 여자에게 모든 정을 주는, 친구의 일방적인 사랑이었다. 고인이 된 친구에게는 미안한 말이지만 3년간을 사귀어 온 것이 신기할 뿐이었다. 또 전공과목이 적성에 맞지 않는다는 것도, 재수는 힘들다고 해도 자신이 조금 더 노력해서 적성에 맞는 과로 전과하거나 편입을 하는 방법을 선택할 수도 있었다. 자살을 선택하게 된 계기가 정확히 무엇인지 판단할 수 없지만, 내가 알고 있는 두 가지 경우를 가지고 보았을 때 자살은 문제를 해결해 주지 않는다는 것이다. 변심한 여자친구는 돌아오지 않고 적성에 맞지 않는 전공과목이 자살로 인해 적성에 맞아질 수는 없는 것이다. 또한 수만 가지 상황을 가지고 문제 해결을 위한 방법을 선택한다고 했을 때 자살로서 해결되는 것은 없다. 이렇기 때문에 자살은 문제의 끝이 아닌 것이다.

우리 사회에서 자살은 말 그대로 '각계각층'에서 '각양각색'의 동기로 벌어지고 있다. 이 자살의 공통점은 올바른 죽음관이 부재함으로써 자살이 일어나고 있다는 것이다. "왜 나만 고통을 당하는가", "자살을 하면 현재의 고통에서 단숨에 벗어날 수 있다", "이 세상과 사회가 나를 자살하게 만든다", "자살하면 세상과 완전히 결별할 수 있다"라는 등의 대표적인 4가지 오해가 있다고 한다. 살아가는 동안 우리는 크고 작은 고통과 고난의 순간을 겪지 않는 사람은 없다. 또한 죽음 이후의 삶에 대해 전혀 고려해본 적이 없어 극단적인 선택을 하는 경우도 있으며, 자신이 처한 어려운 상황들을 사회적 불평등이나 구조적 모순이 가져온 결과로 생각해 자신의 극단적인 선택을 정당화하려고 한다.

그리고 '내가 사회적 존재인 한 사회구조적 문제의 피해자일 수 있다'라는 생각에 극단적인 선택을 하는 사람들도 있다. 하지만 삶의 고난이야말로 우리의 인격과 영혼을 성장시키는 선물인지도 모른다. 또한 사회가 내 삶에 영향을 미칠 수는 있어도 사회가 대신 자신의 삶을 살아줄 수는 없으며 자기 죽음을 죽어줄 수도 없는 것이며, 더욱이 죽음의 문제는 궁극적으로는 자기 자신의 문제이기 때문이다. 자살에 대한 근본적인 해결책은 결국 분명하고도 단호한 어조로 '죽음이란 무엇을 의미하는지', '자살이 무엇을 의미하는지', '죽음을 알면 왜 자살할 수 없는지', '자살해서는 안 되는 이유' 등을 다양한 연령의 눈높이에 맞게 제시하는 교육에 있다.

"두 명의 친구가 자살하다"
| 일본학과 최 군 |

자살이라는 단어는 내가 초등학교나 중학교 다닐 때만 해도 별로 나오는 단어는 아닌 것 같았다. 하지만 2009년에 자살이라는 단어는 TV, 신문, 인터넷 각종 매체에서 가장 많이 다뤄지는 단어 중에 하나라고 생각한다. 나는 2009년에 나의 친구 두 명을 잃었다. 책의 내용처럼 세상에서 가장 불행한 방식으로 친구들은 떠나갔다. 한 명은 지금 내가 다니고 있는 한림대학교 친구였는데 그 친구는 러시아학과, 나는 일본학과에 다니고 있었다.

크게 친하지는 않았지만 인터넷, 메신저를 통해 간간히 연락을 하는 사이였다. 학생시절 때 그녀는 쾌활한 성격이었다. 친구들 말도 잘 들어주고, 술자리도 자주 참석해서 그녀 주위에는 항상 친구들이 많았다. 그러한 친구가 자살이라니… 솔직히 나는 그녀의 집안, 재정상태, 심리상태 등 그녀에 대해서는 자세히 몰랐지만 그녀의 성격을 알고 있었기에 자살 소식을 듣고 당황하지 않을 수 없었다. 미니홈피는 항상 웃고 있는 사진만 있었으며, 조금 우울해 보이는 글을 가끔 올렸을 뿐 그런 극단적인 선택을 하리라곤 상상할 수 없었다. 자살은 남의 이야기인 줄만 알았는데 막상 닥치니까 실감이 나질 않았다.

다른 한 명은 예전에 많이 친했던 나의 초등학교, 고등학교 동창 여자아이다. 그녀는 예쁜 외모로 고등학교에서 인기도 많았으며, 그녀를 좋아하는 친구들도 많이 있어서 초등학교를 같이 나와서 친한 나에게 그녀에 대해서 정보를 알려달라며 접근해오는 친구들도 많이 있었다. 쾌활하진 않아도 조용하고, 차분한 성격으로 여성다운 면모를 많이 보여줬던 친구였다. 고등학교 때는 남학생들에게 꽃도 많이 받고 큰 인기를 얻었던 아이였지만, 그녀는 어려서부터 몸이 좋지는 않았다. 체육시간에도 운동은 그다지 좋아하지 않는 것을 어렸을 때부터 알고 있었으며, 음악듣기, 글쓰기 같이 몸을 쓰지 않는 취미 활동을 좋아했던 게 기억난다. 그녀는 꽤 오래전부터 디스크를 앓고 있었다고 한다. 허리가 많이 아파서 일상생활을 제대로 할 수 없을 정도였으며 결국 그녀는 병원에서 수술을 하기로 결심하게 되었다고 한다. 문제는 이때부터 시작이었다. 그녀가 시술받은 수술이 제대로 되지 않아서 부작용에 시달렸으며, 수술 받기 전보다 더 아파서 하던 일도 할 수 없게 되고 집에서만 생활할 수밖에 없었다고 한다.

그래서 자연히 찾아온 우울증으로 고생하였다고 한다. 내가 집에서 짐만

되는 게 아닌가, 돈도 벌어야 하는데 몸이 아프니 그렇게 할 수도 없고, 마땅히 취업자리가 있는 것도 아니었기 때문에 괴로워했다고 한다. 결국 극단적인 선택을 한 것이다. 나의 학창시절 친구였기 때문에 장례식도 다녀왔으며, 벽제 화장터에서 화장하는 것까지 보고 왔는데 자살로 인한 파장은 그 자살을 시행한 그 다음이 훨씬 크다. 그의 자살로 인해 심리적, 경제적, 사회적으로 고통 받는 가족을 실제로 봤는데 너무도 힘들어 보였다. 결혼도 못한 딸을 먼저 보낸 부모님 마음은 어떠할까. 한창 연애하고, 결혼할 나이에 그렇게 되어버렸으니 얼마나 속이 타며 또 죽음의 이유가 자살이기 때문에 쉬쉬할 수밖에 없는 가족의 심정을 누가 헤아려 주나… 남은 가족들을 생각하면 그녀의 선택이 과연 옳았던 선택이었을까 의심이 든다. 또 그녀는 죽으면 다 끝나겠지라는 생각으로 자살을 감행했을 텐데… 그것은 아니라고 말해주고 싶다. 죽음이 끝이 아닌 새로운 시작이라고 교수님께서 항상 말씀하신 내용을 들려주고 싶을 따름이다.

결국 죽음에 대해서 잘 몰랐던 무지가 자살의 한 가지 원인이라면 원인일 수 있겠다. 왜 나만 이런 고통을 당하는가? 왜 나만 이렇게 괴로워야 하지? 라는 생각이 머릿속에 있다면 그때부터 자살에 노출되어 있다고 생각한다. 나의 친구들은 무지와 오해를 통해서 세상에서 가장 불행한 죽음을 택한 것이다.

"죽음을 안다면 자살할 수 없다"

| 언어병리학 2학년 S양 |

| 자살과 죽음 : 의식조사(마지막 시간) |

:: **질문 1.** 이전에 혹시 자살충동을 느낀 적이 있었습니까? 또 자살시도를 한 적이 있습니까? 자살충동이나 자살시도를 한 일이 있다면 구체적인 이유는 무엇이었습니까?

– 자살충동을 느껴봤습니다. 중학교 때 고등학교를 진학하는 데에 있어서 저희 지역은 고등학교가 성적에 의해 서열화 되어있었기 때문에 좋은 학교에 가고자 많이 노력하였고 성적이 잘 안 나올 때마다 괴로웠습니다. 결국 원하는 고등학교로 진학하였고, 중학교 때보다 학업에 대한 스트레스를 두 배나 받았습니다. 그래서 더 괴로웠는데 집안에서도 부모님의 잦은 다툼에 더 힘들었습니다. 첫째는 아니었지만 언니와 나이차이가 많이 났기 때문에 언니와 떨어져 살았고 남동생이 있어서 거의 첫째 역할을 해왔습니다. 그래서 집에 일이 생기면 더 예민해졌고 많이 힘들었습니다. 연속으로 며칠 동안 울기도 하였고, 그런 환경 때문에 지치고 지쳐서 이렇게 힘들게 사느니 죽어버리고 싶다라는 생각을 한 적이 있었습니다. 그렇지만 예전에 가까운 사람을 자살로 잃었을 때 많이 충격을 받은 적이 있었고, 또 다른 가까운 사람을 자살로 잃어버릴까봐 많은 불안함을 갖고 살아간 적이 있어서 참고 또 참았습니다.

:: **질문 2.** 어려움에 봉착하면 마치 자살이 현실적 고통으로부터 벗어

날 수 있는 듯이 충동적으로 자살하는 사례가 있습니다. 자살하면 어려움을 벗어날 수 있다는 생각에 동의합니까?

– 벗어나지 않는다고 생각합니다. 죽음은 끝이 아니기 때문에 자살을 한다면 나중에 더 큰 어려움이 찾아 올 수도 있다고 생각합니다. 그렇기 때문에 어려움을 부정하고 피하기 위해 자살을 하는 것보다 참고 잘 이겨내야 한다고 생각합니다.

∷ **질문 3.** 자살하면 어떻게 될까, 죽으면 아무것도 없고 다 끝나는 것이라고 생각합니까?

– 자살을 하는 것은 끝나는 것이 아니라 새로운 시작이라고 생각합니다. 강의를 통해 여러 증언들을 듣고 보았고 위에서 말했듯이 자살을 선택하면 더 괴로운 것을 맞이하게 될 것 같습니다. 이렇기 때문에 죽음을 잘 준비하여야 한다고도 생각합니다.

∷ **질문 4.** 자기 생명이니까, 자기 판단에 따라 자살할 수 있다는 견해에 동의합니까?

– 자기 생명이니까 자기 판단에 따라 자살한다는 의견에 동의하지 않습니다. 이것은 우선 내가 어떻게 태어났는가부터 생각해야 할 문제입니다. 자기생명이니까 뭐든지 다 해도 된다는 것은 매우 이기적인 생각인 것 같습니다. 그리고 자살 후에도 자기문제로만 끝나는 것이 아니라 가족들에게 자기가 당한 고통보다 더 큰 상처로 돌아가게 됩니다. 그리고 평생 지울 수 없는 상처로 더 고통 받게 될 것인데 자기가 힘들다고 자기만의 판단으로 죽음을 생각한다는 것은 아니라고 봅니다. 그것은 자기 생명을 우습게 여기는 것뿐

만 아니라 부모님이 주신 귀한 것을 무시하는 행동인 것 같습니다. 아무리 큰 어려움이 찾아온다고 하더라도 참고 이겨내서 부모님이 주신 값진 선물을 좀 더 성숙하게 만들어 빛나는 것으로 키워나가야 한다고 생각합니다.

:: **질문 5.** 자살예방교육을 수강 신청한 동기는 무엇입니까?

– 질문 1에 대답을 한 것처럼 나는 자살로 인해 가까운 사람을 잃어도 봤고 잃을 뻔한 적도 있었습니다. 그래서 늘 자살이란 단어는 나에게 불안한 존재였고 더불어 죽음이란 것도 무서운 것, 두려운 대상, 벗어나고 싶은 존재로 여겨졌었습니다. 언제까지 이렇게 자살이란 단어와 죽음이란 단어에 떨면서 살 수 없다고 생각을 했고 온라인이라는 장점 때문에 혼자 수강할 수 있어서 내 자신에 대해 솔직해지고 진지하게 임해봐야겠다는 동기로 이 강의를 수강 신청하게 되었습니다. 그러나 그런 자신 있는 동기로 임했으나, 솔직히 이 강의를 수강하는 초기에 즉, 설문조사를 하는 그때만 해도 없어졌다고 생각했던 불안함이 다시 살아난 것을 느꼈고, 뭐라고 썼는지조차 기억이 나지 않을 정도로 불안함과 여러 생각에 휩싸여 제대로 저의 마음과 생각을 표현하지 못한 것이 기억이 납니다. 그리고 그 당시에 과연 내가 이 강의를 잘 수강할 수 있을지 많이 걱정되었지만 지금 이렇게 잘 해내고 많은 변화를 보인 제 자신을 보니 많이 뿌듯하고 교수님께 감사함을 느낍니다. 어쩌면 죽음 준비와 자살예방 교육을 통해 어느 곳에서도 치료 받을 수 없는 한 개인의 깊이 박힌 내면의 상처를 치료하는 데도 중요한 역할을 하고 있지 않나 생각이 듭니다. 정말 지금까지, 그리고 앞으로도 결코 잊지 못할 강의가 될 것 같습니다.

◉ "자살예방교육을 통해 나는 너무 많이 바뀌었다"

과연 내가 변화할 수 있을까라는 의문을 가지고 강의를 듣기 시작한 지가 얼마 되지 않은 것 같은데 벌써 변화된 모습으로 마지막 리포트를 쓰고 있다니 너무나도 신기하고 놀랍습니다. 매번 과제로 나온 책을 읽을 때마다 정말 놀라움의 연속이었습니다. 그리고 내가 알지 못했던 부분에 대해서도 많이 알 수 있었습니다. 마지막 리포트로 읽게 된 책은 『자살, 세상에서 가장 불행한 죽음』입니다. 제일 먼저 겉표지 상위부분에 쓰여 있는 '죽음을 알면 자살하지 않는다'라는 노란색 글귀가 눈에 띄었고 이 책의 내용을 암시해주는 듯 했습니다. OECD 국가 중에 자살률이 1위인 우리나라를 봤을 때 자살하는 사람들이 죽음에 대해 알고 자살하는 사람이 몇이나 될까?라는 의문이 듭니다. 요번에 강의를 들으면서 느낀 것이지만 아마 죽음을 안다면 절대로 자살을 할 수 없을 것입니다. 이렇듯 우리나라가 자살률이 1위일 수밖에 없는 것은 바로 죽음 준비교육이 제대로 이루어지지 않기 때문에 즉, 죽음에 대해 무지해서라는 이유밖에 나올 수 없습니다. 그렇지만 우리나라의 실태를 보자면 죽음 준비교육은커녕 해결책도 찾지 못하는 것처럼 보입니다.

정말 강의를 수강하기 시작하면서 계속 이 부분에 대해서는 안타까움과 답답함이 듭니다. "한 아이가 시험을 보는 도중 옥상에서 자살을 했다고 합니다. 한 아버지가 교육비를 감당하지 못해 자살을 했다고 합니다. 등등" 저는 정말 이런 식의 보도를 접할 때마다 많이 답답합니다. 과연 저런 학교 공부 같은 것이 아이를 위한 것인지 지금의 교육방식에 대해 많은 생각을 합니다. 과연 저런 것들이 제대로 된 학교교육인 것인가? 제가 보기엔 요번 강의를 수강하면서 느낀 것이지만 죽음 준비교육보다 중요한 것은 없다고 생각합니다. 만약 지금 우리사회가 죽음 준비교육을 학교에서 실시하고 있다면 저런 기사가 봇물 터지듯 많이 나올 수 있을까? 하는 생각을 많이 합니다. 이 책을 보면 알 수 있듯이 죽음 준비교육 후 의식이 많이 변화한 학생들의 수치와 증언들을 눈으로도 확인할 수 있습니다. 이렇게 자살이 예방될 수 있음은 이 책을 통해 증명되고 있는데 죽음 준비교육을 여전히 우리 학교에서밖에 만날 수 없다는 점이 너무나도 안타깝다고 느껴졌습니다.

이 책을 읽으면서 여러 가지 자살을 하면 안 되는 이유에 대해서 알 수 있지만 그 중 자살하는 사람들이 제일 많이 착각하는, '죽으면 끝이 아니다, 자살은 더 큰 고통을 부른다'라는 것만 제대로 알아도 쉽게 자살을 할 수 없을 것 같다는 생각이 들었습니다. 제 주위를 살펴보기만 해도 "죽으면 끝이라고 생각하나?"라는 질문에 대부분 바로 "그렇다"고 대답을 하는 것을 볼 수 있습니다. 그리고 '죽으면 끝이 아니다'라고 말을 하고 설명을 해준다고 하더라도 대부분 오랜 기간 동안 잘못된 생각이 지배해왔기 때문에 아니라고 부정하는 것을 볼 수 있었습니다. 이렇듯 대부분의 우리나라 사람들이 이런 죽음에 대한 잘못된 사고방식을 가지고 있을 것입니다. 그리고 이러한 얘기뿐만 아니라 죽음 자체에 대해 부정적으로 생각하고 있고 무조건 슬픈 것은 생각하기 싫은 듯이 여깁니다.

이것부터가 우리들이 바로 잡아야 하는 문제인 것 같습니다. 욕심 같아선 웰다잉까지 준비하는 우리 사회를 기대하고 싶지만 빠른 기간 내에 많은 변화를 기대하기는 어렵기 때문에 사람들에게 죽음에 대한 제대로 된 의식이 빨리 심어졌으면 좋겠습니다.

사람들이 흔히 자살을 하는 사례들을 보면 어떤 이유에서든 고통을 감당할 수 없기 때문에 일어나는 것 같습니다. 책에서도 말했듯이 고통이란 누구에게나 예외 없이 찾아오는 것입니다. 그렇기 때문에 힘든 것은 당연한 일이고 참고 넘겨야 하는 것도 당연하다고 생각합니다. 교수님의 말씀대로 고통을 바라보는 시선이 제일 중요한 것 같습니다. 고통을 어떻게 하면 없앨 수 있을까보다 어떻게 하면 잘 이겨낼 수 있을까라고 조금만 바꿔 생각할 수 있었으면 좋겠습니다.

이번에 책을 읽으면서 자살에 대한 여러 가지 이야기를 접하였고, 유명 연예인의 자살 또는 보통사람들의 자살사례라든가 교수님의 수업을 통해 변화하는 학생들의 이야기를 많이 볼 수 있었습니다. 이렇게 책을 다 읽은 후에도 오로지 남는 것은 위에서도 말한 죽음 준비교육의 필요성이었습니다. 아무래도 죽음 준비교육을 통해 놀라운 변화를 경험을 해봤기 때문에 더 언급하고 싶은지도 모릅니다.

◉ 이웃집 아저씨의 자살

"아줌마! 아줌마! 우리 아빠 좀 살려주세요!" 어릴 때부터 같이 여행도 다니고 같이 울고 웃으며 한 가족처럼 지냈던 앞집 언니의 다급하며 간절한 목소리가 들려왔다. 그러나 동생과 단 둘이 있던 나는 많이 놀래서 영문도 모른 채 언니의 부탁대로 부모님께 전화를 걸어 빨리 와달라고 말을 하고 끊었고 조금 있다가 바로 앰블란스의 소리가 들려왔다. 놀래서 나가봤는데 평소에 인자하게 웃으시며 나를 예뻐해 주시던 아저씨가 괴로운 표정으로 실려 나오고 있었다. 순간 왠지 모를 두려움과 공포가 나에게 다가왔다. 부모님이 도착한 후 들은 얘기로는 아저씨가 자살을 하셨다는 것이었다.

그렇게 자살이라는 것이 나에게 직접적으로 다가오게 되었다. 아버지와 어릴 때부터 같이 커오셨고 어려움을 함께 했기에 아버지에겐 크게 의지할 수 있는 대상이었는데 한 순간에 사라진 것을 보니 공포감마저 엄습해 왔다. 그리곤 마지막으로 직접 보게 된 아저씨의 괴로워하시던 모습이 계속 반복적으로 떠올랐다. 또, 아저씨의 비극적인 죽음 이후에 힘들어 하시던 아버지를 볼 때마다 갑작스러운 죽음을 맞이하는 과정에서 아버지도 혹시나 잘못된 생각을 하실까봐 오랜 기간 동안 극도의 불안감과 함께 살아왔다. 이렇듯 자살과 죽음은 어렸을 때부터 좋지 않은 추억과 함께 늘 두렵고 불안한 존재로 내게 다가왔다.

그리고 더 힘들었던 것은 그렇게 무서워하고 두려워했던 자살이란 단어를 내가 떠올렸을 때이다. 서열화 되어있던 고등학교 진학 문제에 있어서 많이 힘들기도 하였지만 진학 후에 학업 스트레스는 더 배로 늘어났고 그렇게 힘들었던 가운데에 집에 가면 부모님의 잦은 다툼을 많이 볼 수 있었고 늘 울음으로 밤을 지새웠다. 언니가 있었지만 나이 차이가 많이 나서 내가 학창시절 때에는 언니와 떨어져 살았고 거의 첫째 역할을 맡아왔다. 그래서 집안 문제로 안 좋을 때마다 더 예민해져갔고 괴롭고 지쳐서 자살을 떠올린 적이 있었다. 그럴 때마다 힘들고 괴로웠던 시절을 이겨낸 아버지를 보고 많이 참았다. 그리고 만약 내가 죽으면 또 아빠가 예전에 아저씨의 죽음보다 배로 더 힘들어 할 생각에, 충동은 많이 느꼈지만 실행에 옮기지는 않았다.

이렇게 학창시절을 보낸 후에 내가 원하는 대학, 그리고 학과에 진학을 하게 되었고, 잠시 부정적인 것들과는 멀어지는 듯 했다. 그리고 죽음과 자살에 대한 불안함과 두려움들은 이겨냈다고 착각을 했다. 그러나 친하게 지내던 친구가 죽음문제자살를 자주 떠올렸고 나에게 말을 걸어 왔을 때 나는 다시 한 번 그때의 고통과 불안함이 밀려오는 것을 느꼈다. 그리고 선배와 대화를 하던 중 우리 학교에 죽음과 자살에 관련된 강의가 있다는 것을 알게 되었고 이번에 수강을 신청하여 듣게 되었다. 온라인이었기 때문에 혼자 신청을 하였고 무엇보다도 오프라인으로 수업을 듣는다면 여러 사람이 있어서 눈치를 보게 되어 내 자신에게 솔직해질 수 없겠지만 온라인이라면 무엇보다 내 자신에게 솔직해질 수 있다는 약속을 할 수 있었기에 더욱 더 자신 있게 수강을 신청할 수 있었다.

수강신청을 하는 데에 있어 전공보다도 이 강의를 1순위로 두고 신청을 하였기 때문에 비록 전공 수강신청은 실패하였지만 이 강의를 듣게 되는 데는 성공해서 정말 기분이 좋았다. 그 정도로 죽음과 자살문제는 그 당시의 상황에 있어 많이 중요하게 여기고 있었다. 그렇게 떨리는 첫 오리엔테이션 수업에 들어갔다. 교수님의 말씀을 잘 듣고 자살에 대한 의식조사를 하였다. 체크를 하는 동안 또 다시 지난날의 그 무서웠던 공포감과 불안함들이 나를 찾아와 괴롭히는 듯 했다. 그래서 솔직히 그때를 떠올리면 수많은 혼란 속에서 제대로 내 의견을 표현하지 못한 것 같아 많이 아쉬웠고 그럴 수 밖에 없었던 내 자신이 많이 안타까웠다.

첫 시간 후 강의실을 나오며 과연 내가 이 수업을 잘 수강할 수 있을까, 잘 견뎌내고 변화할 수 있을까 많은 걱정들이 나를 괴롭게 하였다. 그리고 강의 수강 전에 자신과 스스로 약속을 하며 다짐을 하던 내 자신이 그리워졌다. 그렇듯 그때까지만 해도 내 자신이 계속 죽음과 자살에 대해 부정을 하려 들었던 것 같다. 그렇지만 난 다른 것을 희생해 가며 힘들게 강의를 신청하였던 것만큼 계속 강의를 수강하기로 마음 먹었다. 그렇게 첫 주차 강의를 들었다.

아직도 마음과 머릿속에서는 자살 죽음을 부정하고, 오랫동안 나를 지배해오던 생각들이 있었기에 강의를 수강하는 것이 쉽지만은 않았다. 짜증이 나기도 하였으며 패닉상태가 되기도 하고 왠지 모를 답답함이 찾아오기도 하였다. 특히 강의를 수강하기도 힘들었지만 게시판에 나의 의견을 올리게 되어 있어서 더 힘들었다. 나를 모르는 많은 사람들이 내 글을 읽는다는 것과, 다른 사람과 부정하려 했던 죽음 자살에 대해 이야기를 하려고 하니 익숙하지가 않았다. 그래도 매번 올라오는 강의를 참고 수강을 하려고 노력하였고 긍정적으로 생각하려고 많이 노력하였다.

초기에는 그렇게 강의를 듣고 보고 수강하면서 수동적으로 받아들이는 것조차도 힘들었지만 자꾸 능동적인 자세로 게시판에 나의 의견을 올리려고 노력을 하고 필기를 하며 다시 한 번 생각을 떠올리는 기회를 가지고 하니 점점 모든 면에서 능동적으로 변화해 가는 내 모습을 발견할 수 있었다.

182

그리고 나를 제일 힘들게 하던, 부정하려고 하던 의지들이 점차 사라지는 것이 보였다.

솔직히 매주 올라오던 2개의 강의와 4개의 동영상들을 수강하는 것은 쉽지만은 않았다. 그렇지만 이것을 다 수강한 후에 매번 느끼는 뿌듯함과 변화해 가는 내 자신을 지켜보는 일은 정말 말로 표현할 수가 없을 정도로 너무 좋았다. 어쩌면 이렇게 많은 강의와 과제들이 없었으면 짧은 기간 내에 변화하기가 어려웠을지도 모른다.

그리고 교수님이 이렇게 하신 것에는 다 깊은 뜻이 있었구나라고, 강의를 듣는 동안 실감할 수 있었다. 그래서 매번 과제를 할 때마다 많이 힘들지 않느냐는 친구들의 말은 들리지도 않을 정도로 집중하며 하나하나 다 뜻이 있는 과제라고 이해하고 열심히 할 수 있었다. 강의 중반부에서 내 자신을 돌이켜 생각해 봤을 때 죽음에 대해 내가 얼마나 무지했는지, 잘못된 오해가 얼마나 많았는지 발견했을 때 많이 놀랐던 기억이 난다.

그 중 제일 크게 깨닫게 된 것은 '죽으면 모든 고통이 끝난다, 끝이다'라는 것이 잘못된 말이라는 사실이었다. 내가 비록 기독교라는 종교에 몸을 담고 있었지만 종교에 많이 소홀했던 만큼 나는 이 말이 잘못됐다는 생각을 한 적이 한번도 없었다. 그리고 아무런 의문도 가지지 않은 채 생각하고 있었는데 이게 죽음에 대한 잘못된 오해 중 하나라니 정말 많이 충격을 받았다. 그리고 친구들에게 물어 봤을 때 대부분 비슷한 생각을 가지고 있는 것을 보고, 대부분의 사람들이 죽음에 대해 많이 무지하구나라고 깨닫게 되었다.

그렇게 서서히 죽음에 대해 무지한 내 자신을 매주 죽음 준비교육을 통해 바꿔갔고 자연스럽게 죽음을 인정해 더 이상 부정할 수 없는 존재로 자리 잡아갔다. 그리고 강의를 통해 처음 듣게 된 웰다잉이라는 단어는 너무나도 생소했지만 강의를 통해 배운 후에는 웰빙이 지금 사람들에게 있어 절대적으로 중요한 것이 아님을 느끼고 웰다잉을 알지 못함에 많이 안타까웠다. 그리고 강의를 수강하는 내내 자살문제에 있어 어느 곳에 가든 그와 관련된 이야기나 보도를 접할 때 관심을 보이는 내 자신을 발견할 때마다 내가 지금 이 과목을 얼마나 진지하게 수강하고 있는가를 느낄 수 있어서 기분이 좋았다.

　특히 수강하는 도중 전 노무현대통령의 자살 소식에 많이 놀랐던 기억이 난다. 그리고 동시에 교수님이 수업 중에 이야기 해주신 것들이 관련되어 떠올라 자살에 대해 더 잘 이해를 했던 기억이 난다. 정말 우리나라가 자살률 1위에다 더불어 전직 대통령까지 자살을 하는 나라가 되었다니 그 심각성이 더해가는 것 같았다.

　강의를 수강하면 할수록 우리나라 사람들이 죽음에 대해 정말 무지하다는 느낌을 많이 받았다. 그리고 동시에 죽음 준비교육이 활성화되지 않은 것이 아이러니하게 느껴진다. 정말 지금 어떤 교육보다 필요한 것은 죽음 준비교육이라고 생각하는데 그것을 우리 사회가 알지 못하는 것 같아 이것을 어떻게 알려야 할지 답답함을 많이 느낀다.

　강의를 다 마쳐가는 지금 이렇게 소감문을 쓰고 있는 내 자신을 되돌아 봤을 때 강의 수강 전과 달리 죽음과 자살문제에 있어 정말 많이 변화하였

삶, 죽음에게 길을 묻다

고, 이 뿐만 아니라 생활을 할 때 다른 면에 있어서도 긍정적이고 능동적으로 변화한 내 자신을 발견할 수 있었다. 이번 죽음 준비교육을 받으면서 영혼이 많이 성숙되었음과 더불어 다른 면에서도 변화한 점을 보니 정말 다른 것을 희생하여 들을 수 있는 가치있는 강의라고 느껴졌다.

그리고 '만약 강의를 수강하지 못했더라면'이라는 가설을 하고 생각을 해보면 한마디로 끔찍하다. 나는 또 자살과 죽음이란 단어를 접하는 기회가 올 때마다 불안해하며 두려워하는 증상을 보이며 힘들어 할 것이고 죽음에 대한 수많은 오해들로 둘러싸여 지낼 것이다. 강의를 통해 내게 변화를 준 교수님께 감사하고 또 감사를 드릴 뿐이다.

이 강의는 정말 죽음 준비교육과 자살예방을 할 뿐만 아니라 내면에 있는 상처까지 치료해 주는 강의인 것 같다. 직접 수강하지 않으면 경험하지 못할 놀라운 힘을 지니고 있다고 생각한다. 누군가가 "이번 학기를 마무리함에 있어 제일 잘 한 것이 무엇이라고 생각하느냐?"라고 질문을 해 온다면 "나는 '죽음의 철학적 접근' 강의를 수강하며 죽음교육을 받고 크게 변화한 것"이라고 자신 있게 대답할 수 있어 기쁘다. 정말 강의를 들으면서 이렇게 몸으로 마음으로 느끼며 울고 웃던 강의는 처음인 것 같다. 그리고 그렇게 반성을 하고 힘든 시절을 떠올리게 되어 강의를 듣던 도중 울게 될 때마다 더욱 더 성숙해지는 것 같아 기분이 좋았다. 어쩌면 평생 치료할 수 없을 것 같았던 상처까지 치료 받고 가는 것 같아서 교수님께 정말 감사함을 느낀다. 이젠 죽음이나 자살이란 단어 앞에서 불안해하거나 두려워하지 않을 자신이 생겼다.

교수님, 지금까지 또는 앞으로 받을 수 없는 너무나도 큰 선물을 주셔서 정말 감사합니다. 앞으로 이 선물을 가지고 자살예방 도우미로서 남을 위해 베풀기도 하며 죽을 때까지 마음에 품고 살아가겠습니다.

3장 스트레스와 우울증, 그리고 자살충동

"삶은 과제의 연속, 자살은 영혼의 F학점"

| 컴퓨터공학과 이양 |

나는 한림대 컴퓨터공학을 전공하는 2학년 학생으로 교직과 정을 이수중이다. 초등학생 교육에 관해 배우고 있는데 담당교수님께서 말씀하셨다. "오늘 아침, 뉴스를 봤는데 상당히 충격적인 사건이 있었어요. 10살 초등학생이 자살을 했다네요. 그런데 더 놀라운 건 이 아이가 유서라고 한 문장을 적어 놨는데 그게 뭔지 알아요? '사는 게 너무 힘들어서 먼저 갑니다' 이 아이의 경우 무엇이 아이를 자살까지 하게끔 만든 것일까요?" 상당히 충격적이었다. 고작 10살밖에 되지 않은 아이가 사는 게 너무 힘들어서 먼저 간다는 말을 하다니… 그런데 실제로 요즈음 자살하는 연령대는 참으로 다양하다고 한다. 초등학생에서부터 60~70세가 넘은 노인들까지,

무엇이 그들을 자살하게끔 만든 것일까? 일단 사회적인 이유를 무시하지 못할 것이다. 꼬마아이가 자살했다는 말을 들었을 때 내 머릿속에는 딱 한 가지 생각으로 꽉 찼다. 아이가 공부 때문에 힘들었구나, 부모의 지나친 학업강요와 등쌀에 못이겨 결국 자살까지 택했구나.

역시나 그 아이는 맞벌이 부부의 자식이었는데 학교 갔다 집에 오면 태권도학원, 영어학원, 과외까지 마치고 나면 일과가 10시가 넘어야 끝이 났다고 했다. 고작 10살밖에 되지 않은 아이인데 하루 14시간이 넘는 빡빡한 일정에 로봇처럼 움직여야 했다. 얼마나 답답하고 힘들었을까. 부모는 아이에게 오직 공부만을 강요하고, 아이와 함께 이야기를 하기는커녕 하루에 얼굴 마주보는 시간이 1시간도 채 안되었다고 한다.

결국 우리의 현실이 아직 죽음이 무엇인지도 잘 모르는 아이를 자살로 몰아넣은 것이다. 이런 지나친 교육열은 중학교, 고등학교 때 더욱 커진다. 소위 'SKY'라고 말하는 서울에 있는 명문대 서울대, 고려대, 연세대에 들어가기 위해 청소년들은 끊임없는 스트레스를 받으면서 살아간다.

나는 강릉에서 고등학교를 나왔는데 강원도는 아직 비평준화라 고등학교 들어가는 것부터 경쟁이다. 나 또한 이런 입시증후군에 시달린 학생들 중 한 명이고 잘못된 생각을 갖는 사람들 중 한 명이었다. 강원도에서는 강릉고, 원주고, 춘천고, 강릉여고, 원주여고, 춘천여고가 소위 말하는 명문고등학교라 할 수 있는데 나는 강릉여고를 다녔다. 고등학교를 다닐 때만 해도 내 스스로가 잘났다고 생각을 했다. 어른들은 강릉여고라 하면 모두들 같은 말을 하였다. "공부를 열심히 하는구나, 잘 컸네, 부모님은 뭐하시니?

너 같은 딸 둬서 부모님 참 기쁘겠구나."

하지만 해도 오르지 않은 성적 때문에 공부에 흥미를 점점 잃게 되자 방황 아닌 방황을 하게 되었고, 다가오는 수능에 스트레스만 받고 있었다. 그런 스트레스에 억눌려 평소보다 60점이나 낮은 수능점수를 받게 되었고, TV뉴스에서만 볼 수 있는 상황이 나에게도 들이닥치고 있었다. 부모님 보기가 창피했고, 친구들 보기가 창피했고, 그래도 내가 살고 있는 동네에서는 내가 1등이었는데… 다들 날 부러워했고 나 스스로 당당했는데… 이런 점수를 받고 나니 후배들 보기도 창피하고, 선생님들 보기도 창피하고 그냥 점수를 알게 된 후부터 나에게 다가오는 시선이 두려워졌다.

혹시라도 나의 점수에 대해 물을까봐 조바심 났고, 좋은 대학을 가지 못하게 되었다는 현실에 비참했다. 왜 나만 이렇게 안 좋은 일이 있는 것인지 하느님을 원망했고 눈물이 마를 날이 없었다. 아무것도 안하고 가만히 앉아만 있었고 식욕도 없고 잠도 못자고 하늘만 바라보며 살았다. 정말 이대로 끝내야 되는 것인지까지 생각했다. 달리는 차를 보면 그냥 콱 부딪혀서 죽을까, 옥상에서 뛰어 내릴까, 이런 생각도 했다. 엄마 아빠가 아니었다면, 아마 나도 TV뉴스에 나오듯 성적 때문에 자살한 학생이 되었거나 폐인으로 살고 있을지도 모른다.

점수를 받고 의기소침에 있는 나에게 엄마는 이렇게 말씀하셨다. "최선을 다했으니까 괜찮아. 너 이제 19살인데 뭐. 꼭 좋은 대학만 가야 성공하는 건 아니잖아. 딸! 괜찮아, 힘내! 가고 싶은 대학은 못가더라도 니가 하고 싶은 거 하면서 사는 게 제일 행복한 거니까… 우리 이제 그만 실망하고 이게 끝이 아니니까 힘내고! 딸, 아자! 아자!"

아빠는 속상하셨는지 자주 술을 마시고 들어오셔서 말씀하시는데 나는 그때 정말 펑펑 울었다. "아빠는 우리 딸이 좋은 대학을 못가도 전혀 상관없어. 단지 좋은 곳에 가서 너의 앞길이 창창하게 펼쳐지길 바라서 그런 거야. 이번 일을 통해 아빠도 그렇고, 엄마도 그렇고, 너도 그렇고 너무 성적에만, 대학에만 신경을 썼다는 것을 느꼈어. 이제 니가 갈 수 있는 대학, 어디라도 아빠가 보내줄 테니까 그렇게 의기소침해 있지 말고. 아빠는 그래도 우리 딸이 최고야! 우리 딸이 제일 예뻐! 건강하게 바르게만 살면 돼! 아빠는 딸을 믿어!"

이날 밤에 계속 생각했다. 이대로 내 삶을 포기하는 것은 어리석은 짓이라고… 앞으로 갈 길이 얼마나 많은데 고작 시험 하나에 무너진다면 이건 내가 아니라고. 이후로 나는 발 빠르게 움직였다. 영어공부를 위해 회화학원도 다니고, 대학진학을 위해 내가 갈 수 있는 곳을 정하느라 하루에 10시간이고 컴퓨터 앞에 앉아있었다. 이때 내가 적어간 대학들을 보고 담임선생님께서 말씀하셨다. 용의 꼬리가 되는 것보다 뱀의 머리가 되는 것이 어떻겠느냐고… 그래서 오게 된 학교가 한림대이다.

올해 3월에 남자친구가 입대하게 되었다. 매일 하루에 300번 정도의 문자는 기본, 한 시간 이상의 전화통화, 매일 만나다시피 자주 만났던 사람이 갑자기 없어져서 한 달 반 정도 방황을 하였다. 밤마다 계속 울었고, 웃음이 나오질 않았고, 술에 의존했다. 정말 술 먹고 자고 술 먹고 자고를 반복했다. 그러다 병이 나서 아프면 학교도 안 가고 집에 계속 누워있었다. 하지만

삶, 죽음에게 길을 묻다

그때 갑자기 번뜩 이런 생각을 했다. 고작 몇 달 못 보는 건데, 나중에 영원히 못 보는 일이라도 생기면 지금의 나로서는 같이 죽겠다는 생각을 하겠구나. 이러지 않겠다고 했는데 또 바보 같은 행동을 하는 날 보면 후회했고, 지금 오교수님의 책을 읽고 나니 더 후회가 되었다. 하루아침에 죽음으로 평생 자식을 못 보는 부모들도 살아가는데 내가 어리석은 행동을 했다는 것이 창피했다.

그리고 느꼈다. 몇 달 못 보는 것 때문에 난 이렇게 힘든데 평생 볼 수 없는 자식을 가슴에 묻는 사람들의 고통은 오죽할까. 그렇기 때문에 자살은 더더욱 있어서는 안 되는 일이라고 생각했다. 남겨진 사람들에게 너무나 큰 고통을 주기 때문이다. 난 그것을 처음으로 목격했다. 내가 18살 때, 외삼촌께서 고혈압으로 갑자기 쓰러지셨다. 예상치 못했기에 가족들은 모두 안절부절 하면서 수술실 앞에서 기다렸다. 하지만 그때 의사가 나오더니 마음의 준비를 하라고 하였다. 그렇게 갑자기 외삼촌은 외숙모와 딸 셋을 둔 채 떠나셨다.

외숙모는 외삼촌의 장례식을 겨우 치르고 이모 댁에서 지내고 있었는데 고통이 너무나 컸는지 거실에서 싸늘한 시신으로 발견되었다. 자살이었다. 외숙모에게는 초등학교 3학년의 막내딸과 나보다 한 살 어린 딸, 그리고 24살인 딸이 있었다. 외숙모는 남편을 잃은 충격을 이기지 못하고 세 딸을 남겨 둔 채 외삼촌을 따라가셨다. 난 아빠의 장례를 치른 지 일주일 만에 엄마의 장례를 치르게 된 동생들이 너무나도 불쌍해서 같이 장례식장에 앉아 옆을 지켜주었다. 그런데 의젓하게도 나보다 한 살 어린 동생은 울지 않았다. 자기가 울면 자기 동생이 울기 때문에 울면 안 된다고. 내가 울면 여기 있는 사람들 다 따라 울기 때문에 울면 안 된다고. 너무나 안타까웠고 불쌍했다.

외숙모 조금만 더 참아주시지… 어린 자식들도 이렇게 겨우겨우 참고 있는데… 조금만 더 견뎌주시지… 하는 생각이 너무 컸다. 동생들이 얼마나 상처를 받을지… 충격을 받을지… 조금만 더 생각하고… 먼저 간 외삼촌이 얼마나 걱정하실지 생각해 보시지… 너무나도 안타까웠지만 외숙모의 명복을 빌어 줄 수밖에 없었다. 그리고 한편으로는 걱정되었다. 혹시라도 애들이 다른 마음을 먹지는 않을까 하고 말이다. 다행히 동생들은 바르게 잘 자랐고, 언니는 지금 좋은 사람만나 결혼하여 예쁜 딸을 낳았다. 나보다 한 살 어린 동생은 멋지게 여자축구 국가대표가 되었고, 막내는 학교생활을 열심히 잘 하고 있다.

자살은 더 큰 고통을 부른다. 수업시간에 사후세계를 경험한 사람들의 영상을 본 적이 있는데 그 후로 나는 사후세계를 믿게 되었다. 그런데 자살을 하는 사람들에게도 과연 빛이라는 것이 존재할까. 오진탁 교수님의 『자살, 세상에서 가장 불행한 죽음』 책에서도 볼 수 있다. 불구덩이 속에서 사람들이 살려달라고 외치고 있다고, 그것이 너무 고통스러워서 빨리 벗어나고 싶었다고. 자살이란 이렇게 더 큰 고통을 느끼게 하는 것이다.

그리고 그렇게 자살을 한다고 하여 자신이 해결하지 못한 문제가 풀린다고 생각하는 것도 오산이다. 삶에서 성실하게 살며 극복했어야 할 어려운 문제들을 자살로 마무리 지었다고 한다면 다음 생에 다시 태어나서 비슷한

192

문제, 또는 더 어려운 문제를 풀어야 한다. 즉 과거의 삶에서 소화하고 극복하지 못했던 과제가 연장된 탓이기 때문이다. 끝내지 못한 과제를 자살이라는 방법으로 허겁지겁 마무리 하려고 한다면, 그것은 바로 우리가 수강하는 강의에서 F학점을 받는 것과 같다고 생각한다. 어차피 재수강을 해야 하는 것이라면 그 문제는 다시 주어질 것이다. 현실에서 도피하려 하지 말고 그 문제를 그대로 즐겨야 한다고 생각한다.

퀴블러 로스 또한 우리가 마주치는 어려움은 우리 삶에 주어지는 일종의 과제로서 스스로 수용하고 극복해야 할 것들이라고 말했다. 그리고 사람에게 자살할 수 있는 권리가 없다는 교수님의 말씀에 나또한 동의한다. 오교수님의 책을 읽다보면 중간에 이런 말이 나온다. "장 아메리의 주장대로 인간에게 자살할 권리가 부여되어 있다면, 살인의 권리 역시 인정되어야 할 것이다. 왜냐하면 자살이든 살인이든 다만 대상이 다를 뿐, 생명을 훼손한다는 의미에서는 똑같은 행위로 볼 수 있기 때문이다." 나는 아! 하는 느낌을 받았다. 너무나 맞는 말이기 때문이다. 자살이든 살인이든 어쨌든 생명을 죽이는 것이고, 해서는 안 되는 일이기 때문이다. 살인을 저지른 사람은 혹독한 벌을 받는데 왜 자살은 인정해줘야 하는 것일까. 나도 이해할 수 없는 주장이다. 자살은 우리에게 주어진 존엄한 죽음의 권리를 파기시키는 행위이다. 그러므로 절대 받아들일 수 없는 행위이다. 자살하는 사람들은 자살하는 순간 그의 과거와 무관해진다고 생각하는데 그것 또한 절대 아니라고 생각한다. 칼로 무를 자르듯 오늘의 삶과 내일의 죽음이 갈라질 수 없다는 말에 동의한다. 자살하는 사람은 자기 삶의 이력으로부터 벗어나기를 바라겠지만 그럴 수 없다고 생각한다.

　요즘 유명 연예인의 자살이 큰 파장을 불러오고 있다. 유니, 정다빈, 이은주, 안재환 그리고 최진실 씨까지! 이은주의 자살은 당시 청춘남녀에게 음독자살과 투신자살을 부추기는 최악의 상황을 연출했다고 한다. 나도 그 당시 기사를 읽었던 기억이 난다. 연예인 한 명이 자살하면 일반인은 모방자살을 하게 되어 자살률이 갑자기 몇 배나 증가한다는 기사였던 것 같다. 그들이 자살하는 데는 또 그들만의 이유가 있을 것이다. 연예인들은 사람들의 관심과 인기를 먹고 살기 때문에 오르내림이 심할 것이다. 그 관심이 줄어들까봐 매일매일을 불안하게 살 것이고, 기대에 부응하기 위해 받는 스트레스 또한 엄청날 것이다. 그리고 연기자인 경우 작품의 캐릭터에서 빠져나오지 못해 심한 우울증을 앓는 경우가 많다고 한다. 이은주의 경우 '주홍글씨'라는 영화에서 심한 노출에 많이 힘들어 했다고 한다. 결국 그것이 자살의 결정적인 이유가 된 것 같다. 우울증은 가장 큰 몫을 차지하는 자살 동기라고 한다. 일종의 정신질환으로 우울증이 심하면 식욕, 성욕, 수면욕, 의욕 등이 사라지게 되고 심해지면 불면증, 소화불량 등이 생긴다고 한다.

　며칠 전에 군대에 있는 남자친구와의 전화통화에서 남자친구가 많이 힘들어했다. 훈련 갔다 오고 나서 우울증이 생긴 것 같다고. 잠도 못 자겠고 입맛도 없고 자꾸 이상한 생각만 하게 되고 여기서 빨리 벗어나고 싶어 미치겠다면서 군대에서 자살하는 애들 진짜 많다고 계속 얘기하였다. 밤에 경계근무 서다 선임이 자리 비운 사이 장전해서 총으로 자살한 군인도 있다고 했다. 그래서 겁이 난 나는 수업시간에 배운 내용을 천천히 말해주었다. "오빠, 그렇다고 해서 절대 자살하면 안 돼! 자살은 끝이 아니야. 음… 그러니까, 죽음은 끝이 아니야! 나중에 죽어서 더 고통 받는 것이 자살이야. 그럼 지금까지 오빠가 살아온 인생이 다 헛것이 되는 거야. 잘 죽을 수 있어야 가장 행복한 거래. 오빠! 절대 안 돼, 자살은 아니야! 알았지?"오빠가 웃으면서 대답했다. "하하하, 너 오진탁 교수님 강의 듣는다 그랬지? 나도 자살예방교육 들었거든? 나도 잘 알고 있어, 바보야! 걱정마. 절대 그럴 일 없어!" 나도 웃음이 나왔다. 이 강의를 나에게 추천해 준 것이 오빠였기 때문에 오빠도 누구보다 죽음을 잘 이해하려고 노력했을 텐데 내가 괜히 오버해서 말한 꼴이 되었기 때문이다. 하지만 강의의 효과가 제대로 발휘되는 순간이었고, 오빠도 수업을 열심히 들었구나 하는 생각이 들었다.

노인들의 자살도 급증한다고 한다. 자식들이 부양하지 않으려고 버려 살기 싫어지거나, 당신의 재산 때문에 싸우는 자식들을 보고 회의감을 느껴 자살하려는 노인 등 외로운 노인들의 자살이 많아지고 있다. 갑자기 할머니 생각이 났다. 할머니도 14년 전쯤 할아버지가 돌아가신 이후로 혼자 사셨다. 그러다가 친척동생들과 함께 사는데 난 할머니에게 잘 연락을 하지 않는다. 그러다 가끔 엄마의 부추김으로 할머니 집에 가면 할머니는 한없이 반가워하시고 쌈짓돈을 꺼내 내 손에 꼭 쥐어주셨다. 할머니도 많이 늙으셨던데 혹시라도 많이 외로워하시다가 이상한 생각을 하게 되면 어떡하나 갑자기 걱정이 되었다. 그래서 문득 핸드폰을 열고 전화를 하였다. 할머니는 웬일이냐고 너무나도 반가워 하셨다. 다음 주에 집에 내려가게 되면 할머니 집에 가서 하룻밤 자고 와야겠다.

또한 게임에 빠져 현실과 구분하지 못하고 자살을 하는 사례는 몇 년 전부터 계속하여 뉴스에 보도되었다. 심지어 자살사이트를 만들어 자살하고 싶은 사람들끼리 모여 동반자살을 하는 경우도 있어 큰 충격을 주었다. 지금은 그런 사이트를 금지하였지만 지금도 어디선가 은밀하게 그런 사람들끼리 자살 얘기를 하고 있을 것이라고 난 생각한다. 죽음이 어떤 것인지 정확히 모르기 때문에 자살을 택하는 사람들, 현실의 고통에서 벗어나고자 자살을 택하는 사람들, 사회를 탓하면서 자살을 하는 사람들, 세상에서 영원히 결별하기 위해 자살하는 사람들 등등 모두 딱 한번만 생각을 한다면, 아니 딱 한번만 죽음에 대해 얘기를 해주는 사람이 있었다면, 그들은 모두 지금 열심히 살고 있지 않을까. 영화 〈쿵푸 팬더〉에서는 이런 말이 나온다. "Yesterday is history. Tomorrow is a mystery. Today is a present." 어제는 과거이고, 내일은 알 수 없지만, 현재는 선물이다. 우리에게 주어진 선물을 버리려 하지 말고 기쁘게 받고 즐겼으면 좋겠다.

"내 인생의 터닝 포인트"
| 생명과학과 J양 |

| 마지막 시간 의식조사 |
∷ **질문 1.** 이전에 혹시 자살충동을 느낀 적이 있었습니까? 또 자살을 시도한 적이 있습니까? 자살충동이나 자살을 시도한 일이 있다면 구체적인

이유는 무엇이었습니까?

– 자살 충동을 느낀 적이 있었습니다. 자살 시도라고 하기까지는 뭐하지만 칼이나 가위 등을 손으로 꼭 쥐어 본 적은 있습니다. 구체적인 이유는 학업에 대한 불만과 가정불화, 개인적인 스트레스, 친구와의 다툼 등이 있었습니다. 그 중에서 자살 충동을 가장 심하게 느꼈던 적은 가정불화가 가장 심했었습니다. 부모님의 부부싸움이나 저와 부모님 간의 다툼 등이 저를 가장 힘들게 했었던 것 같습니다.

:: **질문 2.** 어려움에 봉착하면 마치 자살이 현실적 고통으로부터 벗어날 수 있는 듯이 충동적으로 자살하는 사례가 있습니다. 자살하면 어려움을 벗어날 수 있다는 생각에 동의합니까?

– 저는 벗어나지 않는다고 생각합니다. 자신이 현실적으로 힘든 부분은 자신이 자살을 함으로 인해서 사라지는 것이 아니라, 끝까지 남아서 살아남아 있는 다른 사람에게 더 큰 짐이 되는 것이라고 생각합니다. 또한, 죽음으로 인해 자신이 짊어졌던 그 짐을 내려놓을 수 있는 것이 아니고, 우리는 영혼이 존재하기 때문에 우리가 사랑하는 남은 사람들이 그 짐까지 지고 힘들어 하는 모습을 보고 우리의 영혼이 더욱더 큰 슬픔에 잠기게 될 것이라고 생각합니다. 우리의 마음이 더욱 힘들고 어려워졌으면 어려워졌지 가벼워지지는 않을 것이라고 생각합니다.

:: **질문 3.** 자살하면 어떻게 될까, 죽으면 아무것도 없고 다 끝나는 것이라고 생각합니까?

– 끝이 아니라 새로운 시작이라고 생각합니다. 죽음도 삶의 일부분이고

삶의 연장선에 있기 때문에 육체를 떠난 영혼이 시작하는 새로운, 또 하나의 삶이라고 생각합니다. 우리가 생각하는 죽음은 육신이 죽은 것일 뿐 우리의 영혼은 죽음 이후에도 존재하기 때문에 육신의 삶만 끝일 뿐 영혼의 삶은 죽음 이후에도 이어진다고 생각합니다. 자살이 아니라 일반적인 죽음에서는 무엇에도 얽매이지 않는 영혼의 평화로운 안식이 시작될 것이라고 생각합니다.

:: **질문 4.** 자기 생명이니까, 자기 판단에 따라 자살할 수 있다는 견해에 동의합니까?

- 동의하지 않습니다. 자신의 생명이라고는 하지만 태어날 때도 자신이 원해서 태어난 것이 아니고, 가장 근본적으로는 부모님이 낳아 주신 것이기 때문에 아무리 자신의 영혼이 존재하고 이제는 자신의 육신이라고 할지라도, 자신의 육신의 생명까지 함부로 할 수 있을 만큼 그 만큼의 권리는 없다고 생각합니다. 따라서 자기의 판단에 따라 자살할 수 있다는 견해에 동의할 수 없습니다.

:: **질문 5.** 자살예방교육을 수강 신청한 동기는 무엇입니까?

- 자살을 생각했던 저의 마음을 바꾸고 싶었습니다. 그러한 생각을 하고 있다는 자체가 더욱더 마음이 힘이 들었기 때문에 이 강의를 수강하면서 저의 생각을 바꿀 수 있기를 기대하였으며 자살예방교육을 받음으로써 저의 생각의 전환에 도움을 줄 것이라고 생각했습니다. 강의를 다 듣고 나서는 저의 자살에 대한 생각의 전환과 죽음에 대한 올바른 인식을 위해 이번 강의를 수강 신청하게 되었습니다.

◉ "지금 이 순간, 내 인생의 전환점"

　제목부터 심상치 않은 책을 손에 쥐고 마음을 가다듬었다. 한 학기 동안 배운 내용을 정리하는 것이며, 학기말 시험 대비도 될 것이라고 교수님이 공시에 적어두셨지만, 왠지 강의를 처음 들을 때처럼 약간의 긴장감과 기대감이 나를 상기시켰다. 그러나 한 번 읽어 내려가기 시작하자, 무엇엔가 홀린 사람처럼 정신없이 읽기 시작했다. 소설이 아닌 책을 내가 이렇게 열심히 읽었던 적이 있나 싶다. 처음 『마지막 선물』을 읽을 때와는 다른 느낌이었다. 그때는 솔직히 책의 내용의 이해가 쉽지 않았던 것이 사실이다. 그러나 강의를 마치고 다른 여러 책들을 읽고 나서 본 마지막 이 책은 나에게 충분히 흡수되었다고 생각한다. 스펀지가 물을 빨아들이듯이 나는 책의 내용을 마음으로 흡수한 것이다. 그러나 그런 마음 한편에는 페이지를 넘길 수 없도록 만드는 무언가가 있었다. 다시 마주하게 된 마음 아픈 사람들의 자살관련 기사, 이야기 등이 담겨져 있었기 때문이다.

　또한 책의 부록 부분을 보며 느낀 점이 있다. 지금까지 강의를 들었던 분들의 이야기를 보면서 공감하고, 감동하고, 죽음을 더 이해하게 되기도 했지만, 강의를 들었던 내 자신을 돌아보며 반성하는 시간도 되었다. 내 나름대로 나는 강의를 충실히 듣고, 생각 또한 많이 바뀌었다고 생각했지만, 그분들에 비하면 나는 아무것도 아니라는 생각이 들었다. 조금 더 느끼고 조금 더 깊이 생각하지 못했다는 생각이 들어서였다.

　학습의 힘에 대해서도 다시금 놀라게 되었다. 육체의 죽음이 끝이고, 죽으면 무미, 무취, 무감각, 무통해진다는 죽음을 제대로 알지 못하는 간호사의 모습은 순간 백의의 천사가 아니라 기계처럼 느껴졌다. 나의 눈에 그들은 그저 시키는 대로 일하고 배운 대로 행하는 기계처럼 느껴졌다. 우리 사회는 아직 자살이라는 어리석고 불행한 죽음에 쉽게 노출되어 있다. 깊어가는 생명경시풍조와 이기적인 행동들, 우리는 언제쯤 이것을 변화시킬 수 있을까? 우리 아이들이 죽음을 일찍 접하고 삶과 죽음은 하나라는 것을 알게 되고, 자살이 얼마나 어리석은 행동인지 배운다면, 전 국민의 의식과 행동이 높은 수준으로 높아질 것이라고 생각한다. 육체라는 옷을 입고 지내는 동안 부끄럽지 않은 사람이 되려고 할테니 말이다. 웰빙보다 웰다잉을 위해 삶을 살아가는 사람들이 많아지는 세상이 오리라고 생각한다. 그러므로 한시라도 빨리 전 국민에게 죽음과 자살예방교육을 실시하는 것이 시급한 문제라고 생각한다.

5장 자살, 네 가지 오해 부분에서는 나의 친한 동생이 생각났다. 그 친구는 그 부분에 나오는 생각을 신기하게도 모두 하고 있었기 때문이다. 왜 자기만 그런 고통을 당하는지, 자살하면 고통에서 벗어날 수 있고, 세상과 주위 환경이 자신을 그렇게 만들고, 자살을 하면 세상과 완전히 단절이라는, 모두 끝난다는 생각을 하고 있었다. 그것이 아님을 아는 나는 요즘 그 친구를 위해 상담을 해주고 있다. 때로는 답답함에 윽박지르기도 하고, 혹여 더 삐뚤어질까 조곤조곤 이야기하기도 하고, 나의 경험도 이야기 해가면서 말이다. 나의 노력 때문인지는 몰라도 그 친구에게 심경의 변화가 일어나고 있는 듯하다. 과제를 제출하고 난 뒤에 그 친구를 만나 내가 읽었던 책들을

200

모두 빌려줄 생각이다. 특히 『자살, 세상에서 가장 불행한 죽음』은 그 친구에게 가장 추천해주고 싶은 책이다. 강의를 듣지 않아도 죽음에 대해, 자살에 대해 많이 알 수 있게 될 것이라고 생각하기 때문이다. 비록 강의는 들을 수 없지만, 이 책만으로도 강의를 들은 것과 같은 효과가 있을 것이라고 생각한다.

책을 읽으며 감사한 마음이 들었다. 나의 자살을 예방하고 아름다운 죽음을 맞을 수 있게 되었고, 나의 주위의 사람들의 자살에 대한 생각도 바꿔줄 수 있게 되었고, 미래의 나의 배우자와 나의 아이들에게도 죽음을 올바르게 알려주고, 혹시 일어날지 모르는 그들의 자살도 예방할 수 있을 것이라는 생각이 들었기 때문이다.

이번 마지막 리포트는 책보다는 나의 생각에 중점을 두고 작성을 했다. 그만큼 나의 생각에 변화를 더해준 책이라는 것이다. 이렇게 나의 인생에 고마운 책이 생겼고, 다른 사람에게 도움을 줄 수 있는 기회가 생겼고, 나의 삶을 바르게 이끌어 나갈 수 있는 밑받침이 생겼다. 자살을 올바로 직시하고, 죽음을 온전히 이해하고 있는 지금 이 순간이 내 인생의 첫 번째 터닝포인트가 되고 있다고 생각한다. 앞으로 이 터닝포인트에서 내가 얼마나 많은 것들을 끌어올릴 수 있을지 기대가 된다. 앞으로 나는 내 주변 어디엔가 있을 또 다른 '예전의 나' 같은 사람을 위해 도와야겠다는 생각이 나를 뜨겁게 만들고 있다.

◉ "이젠, 건강한 마음과 정신으로 살 수 있을 것 같다"

처음에 '죽음의 철학적 접근'이라는 과목을 수강 신청하면서 사실은 걱정 반, 기대 반으로 임했었습니다. 저는 죽음에 관해서는 부정적인 인식을 가지고 있었고, 따로 믿는 종교가 없어 죽음 이후의 삶은 생각지도 않았으며, 사후 세계에 대해 종교인들의 이야기를 들을 때면 그저 코웃음을 치곤 했었습니다. 또한, 〈자살에 관한 의식조사서〉에 쓴 것처럼, 저는 언제나 자살에 대하여 생각하고 어느 정도는 막연한 동경을 하고 있었습니다. 그러한 삶을 살다가 어느 순간 저는 저의 의식에 변화가 일어났으면 좋겠다는 생각을 하게 되었고, 단지 그 바람 하나로 '죽음의 철학', '생사학'을 접하게 된 것입니다. '철학'은 무조건 어렵게만 생각했던 저는 과연 제가 이 과목을 잘 이해하고 강의를 잘 따라갈 수 있을지 의문이었습니다. 수업계획서에 과제가 많다는 부분을 보고도 어쩌면 기대보다는 걱정이 앞선 것이 사실이었습니다. 그러나 첫 오리엔테이션 때 〈자살에 관한 의식조사서〉를 작성하면서부터 생각은 조금씩 바뀌기 시작했습니다. 제 삶에서 검은 혹처럼 달려있던 자살에 대한 생각을 바꿀 수 있겠다는 기대감이 들기 시작한 것입니다.

예전의 저는 자살을 막연히 동경했고, 죽음은 두렵지만 이 현실의 고통을 벗어나기 위해서는 자살이란, 저에겐 마지막 기회가 될 것이라고 생각하기도 했었습니다. 하지만 그 생각의 이면에는 그런 생각에서 벗어나고 싶다는 생각이 더 크게 자리하고 있었습니다. 어느 날은 문득, '자살'이라는 단어를 떠올리고 있는 저의 모습이 섬뜩하고 혐오스럽게 느껴지기도 했습니다.

왜 이런 생각을 하고 있는지, 왜 이런 생각밖에 들지 않는지, 나에겐 왜 이런 더러운 생각만이 자리 잡게 되었는지… 그런 생각에 울었던 날도 많았습니다.

행복하게 살고 싶은데, 난 왜 죽으려고 하고 있는지 의문이 들었고, 그럴 때면 속상한 마음을 감출 길이 없었습니다. 그런데 기대보다는 걱정 속에서 신청했던 강의가 첫 순간부터 저를 움직이고 있었습니다. 그 날, 첫 오리엔테이션이 끝나고, 저는 자신감과 기대감에 부풀었습니다. 그렇게 강의를 듣기 시작했습니다. 솔직히 말씀드리자면, 과제가 너무 많아서 힘들기도 했습니다. 과제를 하기 위해 책을 사면서 '내가 이렇게 하면서 이 강의에서 과연 무엇을 얻을 수 있을까?'라고 생각하기도 했습니다.

그러나 돌아서서 책을 읽고 독후감을 쓰며 저도 모르게 변해가는 제 모습을 발견할 수 있었습니다. 강의를 듣고 자유게시판에 글을 올리는 저의 모습이 변해있었습니다. 뉴스를 보며 생각하는 점도, 다른 사람과 죽음에 관한 이야기를 나눌 때에도, 저는 인식하지 못하는 사이에 변해가고 있었습니다. 글을 쓰는 내 모습이, 내용에서 느껴지는 내 생각이 전과는 너무 달라 어색하게 느껴지기도 했습니다. 마치 다른 사람이 내 안에 들어와 글을 쓰고 있는 듯 했습니다.

그렇게 '죽음의 철학적 접근'이라는 강의는 저를 결국 변화시켜 주었습니다. 아직도 부족한 부분이 많을 것입니다. 그러나 근본적인 저의 마음이, 죽음에 대한 인식이, 자살이라는 행동에 대한 생각이 바뀌었습니다. 정말 행복하게 살고 싶어졌고, 이제는 그럴 수 있겠다는 자신감이 더욱 커졌습니다. 어느 날 제가 죽는다고 해도 이젠 두렵지 않습니다. 여전히 종교는 믿지 않지만 저의 영혼의 존재를 믿게 되었습니다. 남겨질 사람들에 대한 걱정은 있지만 두렵고 무섭지는 않습니다.

그렇다고 해서 예전처럼 자살을 생각하고 죽음을 쉽게 생각하지는 않습니다. 동경하지도 않습니다. 저에겐 죽음의 시기를 택할 권리가 없다는 것을 알았기 때문입니다. 지금도 저는 삶이 많이 힘들고 지칩니다. 아직은 썩 그렇게 행복하지는 않습니다. 하지만 자살로 죽고 싶지 않습니다. 아직도 자살을 마지막 기회라고 생각할 만큼 어리석지 않습니다. 이겨낼 것입니다. 지금 전 죽도록 힘든 일들이 눈앞에 있습니다. 예전처럼 생각하자면, 죽어서라도 현실을 회피하고 싶습니다. 그러나 지금은 예전처럼 말하고 생각하지 않습니다. 힘들어도 내 일이고 내가 이겨낼 수 있을 것이라고, 그렇기에 나에게 생긴 일이라고. 내가 죽어도 나의 힘든 현실은 그대로 남아 다른 사람을 몇 배로 힘들게 할 것이라고, 죽는다고 그 일들을 회피할 수 없다고. 예전 같으면 생각지도 못할 일입니다.

이렇게 생활에서 하는 일반적인 생각부터 바꿔다보니 이제는 바보처럼 '자살'하려는 생각을 하지도 않고 너무 힘들 때는 과제 때문에 접하게 되었던 책의 내용을 생각하게 됩니다. 내용이 어려워 힘들게 읽었던 그 책들을 말입니다. 자신의 의견을 솔직히 쓰라고 하셨기에 수업을 들으면서, 또 듣고 나서의 저의 생각과 변화한 모습을 많이 적었습니다. 그것이 수업을 듣고 난 저의 진정한 생각과 의견이라고 생각했기 때문입니다.

한 학기 동안 정말 감사했습니다. 매주의 강의, 강의 중간 중간에 제시된

삶,죽음에게 길을 묻다

동영상, 과제로 부과된 책들이 저에겐 너무나 흥미로운 부분으로 다가왔습니다. 다른 교양과목보다 저에게 남겨준 것들이 많았던 강의였습니다. 잊을 수 없을 것 같습니다. 그리고 교수님의 강의 덕분에 제가 지금도, 그리고 앞으로도 건강한 정신과 건강한 마음으로 살 수 있을 것 같아서 정말 감사합니다. 훗날 제가 육신의 죽음을 맞이하는 순간이 오면 가장 마지막에 떠올리는 사람이 아마도 교수님이 될 것 같습니다.

"잘못된 편견을 바꾸다"
| 러시아학과 조양 |

조양은 엄마, 아빠, 외삼촌이 자살을 시도한 적이 있고, 본인도 자살충동을 많이 느낀 학생이었는데, 교육을 받은 이후 가족들에게 자살예방과 웰다잉을 자주 전하고 있다.

| 자살과 죽음 : 의식 조사(첫 시간) |

:: **질문 1.** 이전에 혹시 자살충동을 느낀 적이 있었습니까? 또 자살시도를 한 적이 있습니까? 자살충동이나 자살을 시도한 일이 있다면 구체적인 이유는 무엇입니까?

－ (첫 시간) '아 정말, 죽어버리고 싶다' 라는 생각은 한 적이 있지만 시도는 해본 적은 없다. 가족관계의 문제도 내 힘으로 나의 문제를 해결할 수 없고 정신적으로 고통이 심한 상황에 삶의 끈을 놓아버리고 싶다고 생각한 적이 있었다.

– (마지막 시간) 자살충동을 느낀 적이 있다. 어렸을 적 가정불화로 많이 힘들었기 때문이다. 이것은 중·고등학생 때도 마찬가지였다. '확, 죽어버릴까' 하는 생각을 많이 했다. 그렇지만 이제는 다르다. 최근 나에게 나타난 두드러진 변화는 '~해 죽겠다'라는 말을 입에 담지 않는 것이다. 가족 중에 자살을 시도한 사람도 있지만 이젠 주위 사람들에게 자살하면 안 된다라는 말을 입에 달고 산다. 나는 물론이거니와 내 주위 사람들의 자살까지 예방하는 사람이 되었다. 난 앞으로 아무리 힘들어도 죽어버릴까라는 생각을 안 할 것이다.

:: **질문 2.** 어려움에 봉착하면 마치 자살이 현실적 고통으로부터 벗어날 수 있는 듯이 충동적으로 자살하는 사례가 있습니다. 자살하면 어려움을 벗어날 수 있다는 생각에 동의합니까?

– (첫 시간) 벗어난다.

– (마지막 시간) 벗어나지 않는다. 불구덩이에 빠져 고통 받고 새로운 삶을 받더라도 고통 받을 것이다.

:: **질문 3.** 자살하면 어떻게 될까. 죽으면 아무것도 없고 다 끝나는 것이라고 생각합니까?

– (첫 시간) 끝이 아니라 새로운 시작이다.

– (마지막 시간) 끝이 아니다. 죽는 것은 육신뿐이다. 우리는 영혼을 가지고 육신이라는 옷을 갈아입는다. 그러므로 끝이 아니다.

:: **질문 4.** 자기 생명이니까, 자기 판단에 따라 자살할 수 있다는 견해에 동의합니까?

삶, 죽음에게 길을 묻다

- (첫 시간) 동의하지 않는다.

- (마지막 시간) 안 된다. 자살하면 주위사람도 헤어날 수 없는 고통에 시달린다.

:: **질문 5.** 자살예방교육을 수강 신청한 동기는 무엇입니까?

- (첫 시간) 처음에는 과목이름을 보고, "아! 한림대학교에 이런 과목이 개설되어 있구나" 하고 놀라워했다. 사실, 강의 계획서를 보고는 수강을 망설였으나 내가 대학생활을 하면서 어쩌면 전공보다 더 깊은 무엇인가를 얻을 수도 있다는 확신을 받았다. 열심히 수강할 자신을 가졌기 때문에 수강을 신청했다.

◉ 한림대, '좋은 강의 추천하기, 에세이 쓰기 대회' 수상작

나는 지금까지 20년을 살았다. 그리고 20년 동안 나는 내 나름대로 인생에 대해서 생각해왔고, 지금까지의 나의 삶에 대한 평가는 항상 마이너스였다. 하지만 내 인생에 대한 평가기준도, 지금까지 살아오며 스스로 정의내렸던 내 가치관도 모두 바꾸어준 한 강의가 있다. 그것은 바로 우연한 기회에 나에게 다가온 오진탁 교수님의 '인간의 삶과 죽음'이라는 강의다. 철학과 전공과목을 수강하도록 결정한 것은 철학과 아무 관련이 없는, 또 철학과 관련된 학문을 한번도 접한 적이 없는 러시아학과 학생인 나에겐, 조금은 용기가 필요한 결정이었다.

'인간의 삶과 죽음'이라는 과목이름 자체가 굉장히 무겁게 다가왔으며

'죽음'이라고 불리는 단어는 평소 대화의 소재로는 잘 올리지 않는 단어였기 때문이다. 하지만 호기심으로 시작된 나의 이 어려운 결정이 내 자신을 사랑하게 될 수 있는 결정적인 계기가 되었다. 사람은 누구든지 언젠가 죽음을 맞이하게 된다. 그러므로 죽음은 모두가 준비해야 한다. 하지만 죽음의 과정을 이해하지 못했고, 죽음이라는 단어를 입에 올리는 것을 금기시하고 있었던 우리들은 자신이 죽을 때에, 또한 소중한 사람을 떠나보내야 할 때에 아무런 준비도 없이 예정되지 않은 이별을 경험하곤 한다.

이별의 과정에 있어서 우리는 죽음에 대해 그저 슬퍼하기만 하거나 잘못된 방법으로 죽음을 맞이하는 경우도 벌어지곤 한다. 이러한 '죽음'에 대한 무지나 잘못된 이해는 우리의 삶을 제대로 보지 못하게 하며 이것이 곧 '자살'로 이어지곤 한다. 따라서 죽음을 바르게 이해시켜 삶을 보다 성숙된 방식으로 영위하게 하는 것은 너무나도 중요한 일임에 틀림없다. 우리에게 중요한 '죽음'에 대해 올바른 이해를 돕는 과목이 바로 '인간의 삶과 죽음'이다.

이 강의는 철학과 전공과목으로 Online으로만 진행되는 강의이다. 온라인 강의라는 개념자체가 너무나 생소했던 나에게는, 너무 신기한 시스템이었다. 이러한 온라인 강의라는 이점을 최대한 이용하여 효율적으로 수업이 진행된다. 이 강의를 수강하면서 단순히 학점을 받는 것만이 아니라 가치관을 변화시키는 일이 중요하기 때문에, 강의는 전공과목보다도 더 타이트하게 진행된다. 매주 네 가지 동영상 자료와 두 가지 강의 자료가 있는 인터넷 강의를 수강한 후 느낀 점을 매주 한 번씩 게시판에 올린다.

같이 수강하는 학우들의 글을 읽고 코멘트를 붙이는 등 토론도 활발하게

삶, 죽음에게 길을 묻다

벌인다. 80명이 수강하는 이 강좌에는 자유게시판에 8천개가 넘는 글이 올라온다. 또한 동영상강의는 보면서 느낀 점을 직접 필기해서 학기말에 제출하며, 죽음에 대한 이해를 돕는 책을 읽고 A4로 3장 정도 분량의 리포트를 총 4회에 걸쳐 제출해야 한다. 이렇게 많은 과제가 있고, 수강 신청에 성공하기도 힘들고, 다른 과목들보다 몇 배나 힘든 과목을 자신 있게 추천할 수 있는 데에는 그만큼 특별한 이유가 있다.

첫 번째로 "한림대에서만 수강할 수 있는 특별한 강의"라는 것이다. 이 강의를 진행하시는 철학과 오진탁 교수님은 국내유일의 생사학 전문가이시다. 사람들이 Well-being 웰빙을 외치며 건강에 좋은 음식을 찾고 몸에 좋은 잠자리를 찾을 때, 교수님은 Well-dying 웰다잉 즉 어떻게 하면 '잘 죽을 수 있을까' 죽음을 깊이 있게 교육시켜 자살을 예방하려고 많은 노력을 해오셨다.

그러한 교수님의 노력 때문에 이 강의를 듣는 수강생의 99.9%가 죽음에 대한 의식이 바뀌었으며 다시는 자살을 생각하지 않게 되었고, 죽음은 육체라는 껍데기를 벗는 것이지 영혼은 죽지 않는다고 생각하게 되었다고 답한다. 이렇게 자살예방효과를 가지고 있는 오진탁 교수님의 죽음 준비교육은 우리 학교의 학생들뿐만 아니라 곧 육군부대에도 보급된다고 하니 그 효과는 입증되었다고 보아도 무방하다. 이렇듯 특별한 이 강의를 학교에서 직접 들을 수 있으며, 학점까지 취득할 수 있으며 무엇보다 죽음에 대해 이해하고 자신을 소중하게 생각할 수 있는 강의는 어디서도 찾아볼 수 없을 것이다.

두 번째는 "이 수업을 수강하면, 누구나 자살 예방도우미가 될 수 있다" 는 것이다. 최근 유명연예인 자살로 많은 사람들이 충격을 받았다. 탤런트 최진실의 자살, 안재환의 자살이 그것이다. 이제는 고인이 되어버린 그들은 사람들에게 충격을 안겨주고 떠나갔지만, 더 경악하게 했던 것은 그들을 따라하는 이른바 모방 자살이 일어나고 있다는 사실이었다. 사람들이 죽음에 대해 올바르게 이해하지 못하고 죽으면 끝이라고 잘못 이해하고 있는데 그 것이 얼마나 어리석은 일인지, 왜 자신의 생명을 죽여서는 안 되는지에 대 해 이 강의는 너무나도 자세하게 우리를 설득시킨다.

우리나라는 OECD 가입국 중 자살률 1위라는 치욕을 안고 있으며, 청소 년 10명 가운데 6명 정도가 자살하고 싶다는 생각을 해보았다고 응답하고 있다. 이러한 응답을 하는 사람들은 내 친구가 될 수도 있고 내 가족이 될 수 있으며 내 소중한 사람일 수도 있다. 나 또한 자살에 대해선 매우 민감하 기 때문에 우리 사회에서 금기된 단어로 인식된 죽음이라는 단어를 자주 입 에 올리며 소중한 사람들이 절대로 그러한 선택을 할 생각을 하지 않도록 이 야기해주곤 한다. 자신의 소중한 사람을 설득할 수 있는 힘을 가지게 되는 능력을 이 강의를 통해 얻게 되었다.

세 번째 "단기간에 나의 삶을 소중하게 생각할 수 있다" 죽음을 아는 것 은 실로 놀라운 일이 아닐 수 없다고 생각한다. 사람의 가치관을 바꾸어 놓 는다는 것은 정말 어려운 일이다. 하지만 이 죽음에 대해 이해하고 공부하 는 한 학기의 과정에서 20년 간을 유지하고 있던 나의 가치관은 혁신적으로 바뀌게 되었으며 더불어 나의 자신감이 완전히는 않지만 조금은 높아졌다.

이것이 대단한 게 아니라고 느껴질 수 있겠지만, 사실 이것은 나에게 있어 정말 대단한 일이었다. 예전의 나는 사람의 눈을 자신감 있게 제대로 쳐다보고 이야기 할 수 없을 정도였다. 이런 내가 요즘은 죽음에 대한 이해와 영혼의 존재의 확신하고 나를 사랑하며 삶을 좀 더 가치 있게 생각하게 되었다. 세상에 이런 교육이 또 어디에 있을까?

나의 지난 20년 동안의 사고방식을, 한 학기 3~4개월 정도 되는 짧은 시간에 확 바꾸어놓았다. 자신의 삶을 한 단계 업그레이드 시키는 인간의 삶과 죽음 강좌는 죽음을 이해하는 것으로 끝나는 것이 아니라 영혼의 존재를 이해하고 영혼을 성숙시키고 자기 자신의 존재와 삶을 한층 소중하게 여기게 만든다. 자신을 소중하게 여길 수 있다면, 자연스레 자신이 해야 할 일을 찾을 수 있을 것이고 꿈도 찾을 수 있을 것이며, 또 새로운 목표도 찾을 수 있을 것이다. 자신에 대해서 한번쯤 돌아보고 자신을 생각해 볼 수 있게끔 하는 것, 그것이 바로 세 번째 이유이다.

네 번째는 "지금의 시련과 나중에 다가올 시련을 이겨낼 수 있다는 믿음" 이 생긴다는 것이다. 강의를 들으며, 교수님이 소개해주신 한 이론이 있다. 바로 '초과회복의 메커니즘'이라는 이론이다. 이 초과회복의 메커니즘이란 사람의 몸에는 '업그레이드' 기능이 있는데, 한계치에 이르는 훈련을 한 다음 일정 기간 휴식하면 체력 수준이 한동안 운동하기 전보다 높아진다는 이론이다. '인간의 삶과 죽음'에서 어떻게 이런 이야기가 나올 수 있지? 라고 난 의아해했었지만 곧 그 뜻을 알고 고개를 끄덕일 수밖에 없었다.

그 초과회복이 바로 우리들의 심리, 즉 영혼에도 작용이 된다는 것이었다. 그러나 우리 마음의 경우, 이러한 초과회복은 스스로 노력하지 않으면 결코 업그레이드는 되지 않는다. 힘든 상황에서 좌절하지 않고 그것을 극복하면 다음에 닥쳐올 시련을 좀 더 쉽게 극복해낼 수 있다는 것이다. 삶 속에서 부딪히게 되는 어려움을, 영혼을 성숙시키기 위한 과정으로 이해하면서 시련을 이겨내고, 다음에 만나는 어떤 곤란도 극복할 수 있다는 확고한 믿음, 그리고 자신에 대한 믿음. 이 강의에는 누구에게서도 배울 수 없는 그런 '믿음'을 배울 수 있었다.

이와 같은 이유로 나는 이 강의를 적극 추천한다. 내가 밝힌 몇 가지 이유보다도 더 많은 이유가 있지만, 이 강의를 직접 수강하면서 직접 느꼈으면 좋겠다. 이 강의는 나에게 너무나도 소중한 강의다. 난 처음으로 용기를 내어 이 수업에 나의 아픈 이야기를 담아냈고, 교수님께선 수업시간에 처음으로 내 이름을 기억해주시며 상처를 보듬어주셨으며, 난 처음으로 나에 대한 믿음이 생길 수 있었다. 이렇듯 나에게 '처음'이라는 단어를 가르쳐준 이 강의를 추천하며 마지막으로 내가 알고 있는 소중한 사람들이 좋은 강의를 듣고 자신의 삶을 더 이상 마이너스가 아닌 플러스로 보게 되었으면 좋겠다는 작은 바람을 마음속으로부터, 진심을 담아 이 글을 마친다.

삶, 죽음에게 길을 묻다

4장 자살예방과 웰다잉 도우미 활동

"친구야, 어떡해, 나 죽고 싶어. 너무 힘들다"

| 언론정보학부 S양 |

         친구에게 전화가 왔습니다. 친구는 울고 있었습니다. 알아듣지 못할 말을 중얼거렸습니다. 자던 도중 받은 터라, 친구가 얼마나 심각한 상황에 놓여 있는지 그때는 알지 못했습니다. 아니 알고 싶지 않았다는 게 더 정확한 표현일지도 모르겠습니다. 그 당시에는 그 상황이 귀찮게만 느껴졌습니다. "대체 무슨 일이야, 울지 말고 내일 다시 이야기하자."

    그 중얼거림 속에서 정확히 알아들은 말, '죽고 싶어' 라는 말을 듣고도 저는 대수롭지 않게 대답했습니다. 아침이 되어서야 그날 새벽, 친구가 자살을 시도했다는 사실을 알았습니다. 다행히도 그 친구는 빨리 발견되어 살아났지만, 나는 죄책감에 고개를 들 수 없었습니다. 그 날 밤, 집에 돌아가지 않고 친구 곁에서 밤을 지새웠습니다. 나중에야 알았습니다. 친구의 자살기도 이유가 부모님의 이혼이라는 사실을. 속내를 잘 드러내는 친구가 아니라 혼자서만 속앓이를 해왔던 것 같습니다. 그래서 내 친구가 그렇게 힘든지 몰랐습니다. 그럼에도 무슨 말을 해야 할지 몰랐고, 어린 나로서는 어떤 위로가 좋을지 전혀 감당이 되지 않았습니다. 그저 친구를 위해 기도밖에 할 수 없어서 미안했습니다.

그리고 오늘 새벽, 그 친구에게 전화가 왔습니다. 그 날 새벽처럼, 친구는 또 울고 있었습니다. 몇 년 전의 일이 떠올라, 자초지종을 물었습니다. 역시나 친구는 힘들어했습니다. 정확히 힘든 이유는 말하지 않았지만, 나는 그저 묵묵히 친구의 말을 들어줬습니다. 그리고 너무 늦었으니, 내일 낮에 꼭 만나자고 약속을 정했습니다. 나쁜 생각은 절대로 하지말라는 말도 덧붙이면서. 오늘 낮, 친구를 만나고 왔습니다. 눈이 퉁퉁 부은 친구를 보자마자 꽉 안아주었습니다. "나, 너무 힘들다. 엄마 아빠 문제도 그렇고, 어린 동생도 그렇고, 내 미래도 그렇고. 그냥 이것저것 너무 힘들어. 속상해, 살고 싶지 않아."

"사람들에게는 누구나 살면서 고통은 꼭 찾아오기 마련이래. 하지만, 많은 사람들이 그 고통이 자신에게만 오는 것인 줄 알고 힘들어하고, 하나의 도피처로 자살을 택하고 있대. 나는 솔직히 새벽에 무서웠어. 네가 또 다시 그때처럼 자살을 택할까봐. 나는 내 친구가 고통을 묵묵히 참고 견뎌내는 강한 사람이었으면 좋겠어."

"나만 힘든 것 같아. 세상 사람들 모두 다 행복해 보여. 그래서 너무 힘들어."

"아니야. 너보다 더 힘들지만, 꿋꿋이 견뎌내면서 살아가는 사람들이 얼마나 많은데… 나 이번 학기에 '죽음의 철학적 접근'이라는 교양 과목을 듣고 있어. 15주까지 수업을 들었는데 교수님이 그랬어. 고통은 삶의 한 부분이래. 현재 삶에서 어려움에 부딪친다 하더라도 자살한다고 해서 그 문제가 해결되기는커녕 더 큰 고통에 시달리게 된다는 것을 명심하라고 하셨어. 처음에는 긴가민가했지만 이제는 알 수 있어. 자살을 시도했다가 다시 살아난 사람들의 동영상도 봤는데, 정말이지 자살뿐만 아니라 죽음에 대해서 많은 것을 다시 한 번 생각하게 됐어."

"자살을 시도했다가 다시 살아난 사람들?"

"응. 자살 시도 뒤 후유증을 앓고 있는 사람들에 대한 동영상이었는데, 거기에 나오는 자살시도자는 사람에게 상처받은 것을 자살이 아니라 사람을 통해 치유 받아야 한다고 하더라. 우리에게 필요한 것은 돈과 명예가 아니라 사랑받을 수 있는 사람이래. 그러니까 너도 혼자라는 생각은 하지 마. 네 옆에는 나도 있고 떨어져 지내지만 부모님도 있고, 동생도 있어. 너는 절대 혼자가 아니야."

"조금만 더 자세히 얘기해줘."

"나 요즘 『자살, 세상에서 가장 불행한 죽음』이라는 책을 읽고 있어. 우리 사회의 바람직한 죽음 문화의 형성과 웰다잉의 정착을 위한 책이랄까? 음, 좀 더 자세히 이야기하자면 자살은 가장 바람직하지 못한 죽음 방식이며, 왜 자살을 해서는 안 되는지 자살예방대책을 명확히 제시하고 있어."

"왜? 꼭 자살을 나쁘게만 보는 이유가 있을까?"

"자살해서는 안 되는 이유는 첫째, 자살은 더 큰 고통을 부른대. '인생은 고통의 바다'라는 말 들어본 적 있어? 누구나 고통을 받기 마련이니, 어려움으로부터 벗어나고자 자살하는 것은 어리석은 행동이야. 두 번째, 자살은 문제를 해결해 주지 않는대. 사람들은 세속적인 이유로 자살하는 경우가 많은데 세속적인 성공은 죽음과 무관하다는 사실을 알아야해. 셋째, 자살은 끝이 아니래. 사람들은 죽음에 대해서 너무나도 무지하다는 거지. 죽음은 우리의 적이 아니라 자연스러운 삶의 과정이라는 점을 명시해야해. 넷째, 우리에게는 자살할 수 있는 권리가 없대. 사실 이 점은 아직 나도 정확히 이해가 안 돼. 하지만 태어난 것도 내가 원해서 태어날 수 없듯이, 죽는 것도 비슷하다고 봐. 우리는 자살권을 가지고 있다기보다는 인간답게 죽을 권리를 가지고 있어. 다섯째, 자살은 사랑하는 이들에게 크나큰 고통을 남긴대. 수업 중에 자살자 가족들의 고통에 관한 동영상을 본 적 있어. 가족과 주위 사람들의 고통을 생각한다면 생각만 해도 끔찍해. 여섯째, 삶은 영혼의 정화의 과정이야. 전에 『영혼의 최면치료』라는 책을 읽었어. 죽음이라는 건 또 다른 시작, 우리는 영혼을 정화하기 위해서 태어났다더라. 이건 책을 읽는 게 이해가 더 빠를 거야."

"네 말을 들으니 조금 그럴 듯하긴 하다. 그래도 죽으면 끝이라는 생각은 변하질 않아."

"그게 바로 죽음에 대한 무지야. 죽음에 대해 모르니까 그렇게 생각하는 거지. 웰다잉이라는 말 들어봤니? 나도 이번에 처음 들어본 말이야. 웰빙은 알지? 웰빙은 웰다잉에 의해서 완성돼. 어떻게 사느냐도 중요하지만, 어떻게 죽었느냐도 중요해. 우리 현대 사람들은 현재의 삶을 전부로 여기는 경향이 있어서 죽음은 그저 무섭고 두려운 것으로만 생각하는 것 같아. 건강하게 살다가 건강하게 죽는 것, 바로 삶의 질과 죽음의 질을 함께 높여야 한다는 사실을 알아야해."

"조금 이해가 갈 듯해. 지금 아무리 힘들더라도 현재의 삶에 충실하라는 말이지?"

"맞아! 하지만 그것만으로는 조금 부족해. 현재의 삶에 충실하되 죽음에 대해서도 긍정적으로 생각하라는 말이지. 죽음은 전혀 무서운 것이 아니거든. 웰다잉이 바탕이 된 웰빙은 인간뿐 아니라 사회 전체를 성숙하게 만들어줄 거야. 준비된 죽음이야말로 영광스러운 성취의 순간이랬어. 현재의 삶과 삶 이후의 삶을 동시에 생각해야해."

"고마워. 완전히는 아니지만 조금 마음이 개운해졌어."

"수업과 책 덕분에 너에게 조금이나마 도움을 주게 돼서 나도 기뻐. 하지만, 내 설명으로는 조금 부족한 듯하니 책 한번 읽어봐. 마음이 편해질 거야."

오늘 『마지막 선물』과 『영혼의 최면치료』, 그리고 『자살, 세상에서 가장 불행한 죽음』 세 권을 친구에게 빌려주었습니다. 몇 년 전에는 그저 기도밖에 할 수 없었지만 오늘은 달랐습니다. 힘든 친구에게 내가 배운 웰다잉에 대해서 설명해줄 수 있어서 기쁩니다. 하지만, 내 친구와 마찬가지로 힘들어하는 사람들이 여전히 자살을 하나의 도피구로 생각하고 있다는 사실이 안타깝습니다. 그리고 웰다잉 교육에 의해 어렵지 않게 바뀔 수 있음에도 불구하고 내 친구처럼 죽음에 무지한 사람들이 많다는 것이 답답합니다. 우리 학교처럼 자살예방과 웰다잉 교육이 더 많은 곳에서 실시됨으로써 성숙한 죽음 문화가 정착되었으면 좋겠습니다.

◉ S양이 오교수에게 보낸 메일

저는 이번에 친구의 추천으로 교수님의 수업을 듣게 되었습니다. 그저 4학년이라는 이유만으로 취업에 대한 스트레스를 혼자 견뎌내며 마음을 안정시키고자 선택한 수업이었습니다. 처음 오리엔테이션 수업에서, 저는 거짓말을 했습니다. 자살을 생각해본 적 있느냐는 설문지 질문에 '아니오'라는 답을 당당히 썼거든요. 부끄러웠습니다. 우리가 살고 있는 세상에서는 죽음을 금기시하고, 자살을 생각해봤다는 이유 하나만으로 색안경을 끼고 보니 저도 모르게 감춰야 한다고 생각했던 것 같아요.

첫 주 강의는 흥미로웠습니다. 12가지의 사회 병리 현상을 하나하나 들으면서, 그저 막연하게만 생각했었던 자살이 이처럼 다양한지 처음 알았거든요. 그리고 즐거웠습니다. 다양한 시각자료를 접하면서도 나와는 동떨어진 이야기라는 생각에 흥미 위주의 관심만을 보였습니다. 하지만 강의가 거듭될수록, 저는 제 자신과 제가 살아온 삶을 돌아보게 되었습니다. 아마도 '자살 시도 뒤 새로운 삶을 사는 사람들'에 관한 동영상을 봤을 때부터였을 겁니다. 우리에게 필요한 것은 돈과 명예가 아니라 사랑받을 수 있는 사람이라는 말이 가슴에 와 닿았습니다. 나는 지금껏 사람을 위하며 살아왔는지, 아니면 돈과 명예만을 쫓아 왔는지 다시 한 번 생각해볼 수 있었습니다.

『마지막 선물』과 『우리들의 행복한 시간』을 읽을 때는 저도 모르게 눈물을 흘렸습니다. 그때 처음 '자살을 생각해봤었던 어린 나'가 떠올랐기 때문입니다. 리포트에도 썼었듯이, 그때의 어린 저는 성숙하지 못한 죽음 지식으로 잘못된 생각을 했었습니다. 하지만, 지금 제가 대견합니다. 그때의 죽음에 대한 무지를 반성하고 이제야 건강한 삶과 건강한 죽음이 얼마나 중요한지를 깨달았기 때문입니다. 그리고 최근 며칠간 읽은 『자살, 세상에서 가장 불행한 죽음』을 읽을 때는 뿌듯했습니다. 처음으로 친구에게 힘이 되는 몇마디를 할 수 있었습니다. 자살기도를 했던 내 친구에게 어깨에 힘주고 웰다잉에 대해서 자랑스레 설명해주었습니다. 그리고 친구에게 내가 읽은 세 권의 책을 추천해주었습니다. 방금 전에 전화를 했더니, 읽는 중이라며 방해하지 말라더군요. 교수님의 가르침으로 저와 제 친구, 조금이나마 웰다잉으로 가는 징검다리를 건넜습니다.

교수님, 저는 행복해지고 싶습니다. 돈과 명예의 풍족함이 아닌, 내 마음의 풍족함으로 행복해지고 싶습니다. 이번 강의를 통해 그 행복을 찾는 방법을 조금이나마 알게 된 것 같습니다. 알지 못했던 죽음에 대해서 스스로 생각해볼 수 있는 시간을 가질 수 있었고, 덕분에 내 삶의 질도 재평가해 볼 수 있었습니다. 힘들고 고통스럽더라도 이겨내는 것이 가장 대견스러운 행동이라는 것, 삶과 죽음을 긍정적으로 바라보아야 한다는 것, 이제 조금이나마 알 것 같습니다. 섣불리 자살을 생각했던 어린 나를 반성하고 건강한 죽음을 위해 건강한 삶을 살 수 있는 사람이 되겠습니다. 감사합니다. 취업 스트레스로 한껏 곤두서있던 신경이 부드러워지는 느낌입니다. 교수님의 웰다잉 수업, 평생 잊지 못할 것입니다. 힘든 일이 있을 때, 웰다잉을 떠올리면서 힘내겠습니다. 저와 같은 학생들을 위해서 앞으로도 좋은 강의 계속 부탁드립니다.

"누구든 자살하기 전에 저를 찾아주세요"
| 경영대 이군 |

얼마 전 오랜만에 고등학교 동창한테서 연락이 왔다. 오랜만에 얼굴이나 보자고 해서 그 친구를 만나게 되었다. 그 친구와 대화를 하다가 그 친구가 조심스럽게 자살 이야기를 꺼냈는데 자살 이야기를 하면서 불안해하는 것을 보았다. 나는 왠지 느낌이 좋지 않아서 내가 수업시간에 들은 바를 차근차근 설명해 주었다. 처음에는 믿는 둥 마는 둥 하던 친구는 내가 사례를 이야기 해주자 귀를 기울이기 시작했다. 하지만 내 이야기가 끝나고도 불안한 얼굴이 계속 되길래 라이터로 그 친구 팔에 살짝 댔더니 깜짝 놀라는 것이다. 그래서 나는 자살을 시도했던 사람들이 말하기를 온몸이 불에 타는 듯한 고통이 왔었다고 하면서 이 작은 불도 견디지 못하면서 어떻게 자살을 하려고 하냐고 말했다.

다음날 나는 그 친구에게 오진탁 교수님의 『자살, 세상에서 가장 불행한 죽음』을 선물했다. 그리고 일주일 정도 지난 후 그 친구에게 연락이 왔다. 진심으로 고맙다고. 그 친구는 집안이 어렵고 학교도 못 다닐 상황에서 빚에 시달리고 있었는데 자살을 하려고 준비를 하던 중 나의 미니홈피에 내가 올려놓은 글 때문에 연락을 했다고 한다. 이 수업을 들으면서 내 미니홈피에 '누구든 자살하시기 전에 저를 찾아주세요. 진심으로 도와드리겠습니다'라고 글을 올려놓은 적이 있었다. 그런데 그 친구가 그 글을 보고 지푸라기라도 잡는 심정으로 나에게 연락을 한 것이고, 나는 그 친구에게 그냥 내가 알고 있는 이야기들을 해줬을 뿐이다. 그리고 이 책이 그 친구를 자살로부터 벗어나 웰다잉을 생각하게 만들어 주었던 것 같다.

◉ "자살충동자, 내가 도와주겠다"

'죽음의 철학적 접근' 수업의 이름을 듣고 나는 주저하지 않았다. 이 수업은 내가 졸업하기 전에 꼭 들어야한다고 생각을 했다. 하지만 수강신청을 할 때마다 마감이 빨리 되어 못하고 있다가 드디어 이번 학기에 수강을 할 수가 있었다. 나는 죽음에 대해서 한번 배워보고 싶었다. 사람에게 죽음이란 누구에게나 겪어야 하는 것이며 배우기 힘든 분야이다. 하지만 수업을 통해서 조금은 접근할 수 있겠다싶어서 설레는 마음으로 수업을 듣기 시작했다. 처음에는 솔직히 많이 혼돈스러웠다. 내가 알던 죽음과는 완전히 다르게 정의가 되는 것이다. 그리고 논리가 약간 아리송한 부분들도 많이 있었다. 사례들도 왠지 끼워 맞추기 같았고 이해가 되지 않는 부분들이 많이 있었다. 하지만 강의를 하나둘씩 들어가면서 필기하고, 책을 읽고 리포트를 쓰면서 어느 순간 수업의 내용을 이해하고 마음으로 받아들이게 되었다.

이 수업을 들으면서 나에게 온 가장 큰 변화는 내 마음속에 죽음이라는 단어가 굉장히 친숙하고 편안한 단어로 변하게 되었다는 것이다. 죽음이라는 단어를 생각하면 무섭고 남의 일 같다는 생각을 했는데 이제는 기쁘게 받아들일 수 있는 자세를 갖게 되었다. 이 수업을 들으면서 주위에서 정말 많은 죽음과 자살이 일어났다. 물론 내가 죽음과 자살에 대해서 관심을 갖기 시작해서 예전보다 더 귀를 기울이고 있어서 많아 보였을 수도 있다. 하지만 실제로 주위에 자살한 사람들과 병으로 돌아가신 분들을 많이 볼 수 있었다. 그분들을 보면서 나는 많은 생각을 하게 되었다.

특히 자살한 사람들에게는 주위에서의 관심이 필요했을 텐데 그 관심을 주지 못했기 때문에, 그들이 방치된 상태에서 자살을 결심하고 실행에 옮겼다는 사실에 마음이 아팠다. 요즘 내가 주위 사람들에게 항상 하는 이야기가 있다. 자살을 하려는 충동이 생기면 나를 찾으라고, 내가 도움이 될 수 있다고. 나는 정말 내가 자살을 하려는 사람들에게 도움을 줄 수 있다고 생각한다. 그 정도로 이 수업은 나에게 있어서 만점짜리 수업이었다고 생각한다.

이 수업은 내 인생을 통째로 변화시키게 되었다. 그동안 내가 꿈꾸던 것들은 물질적인 것들뿐이었다. 하지만 이제는 아니다. 나에게 하나의 목표가 생겼다. 내가 죽을 때 밝게 웃으며 죽음을 받아들이며 행복한 죽음, 바로 웰다잉을 실천하면서 죽는 것이다. 이런 생각만으로도 나의 삶은 행복하게 된다. 앞으로의 나의 삶에는 웰빙과 웰다잉이 존재하는 기쁜 삶을 살 수 있다고 자신한다.

"이제 죽음치유 전도사가 되어야 할 때"

| 사회복지학과 오양(현재 사회복지 담당 공무원) |

유행처럼 번지는 자살, 자살해서는 안 되는 이유, 연예인 자살, 자살하는 이유, 자살에 대한 오해, 자살예방교육의 사례 등 많은 부분이 수업을 통해 배웠던 내용들이었고 책을 읽으면서 한 학기동안 수강한 강의내용들을 체계적으로 정리할 수 있었다. 이러한 이유 때문에 교수님께서 마지막 과제로 이 책을 제시하신 것이라고 생각한다. 앞으로 친구나 지인들의 생일 등으로 선물할 일이 생길 땐 과제로 읽었던 책들을 선물해야겠다는 생각을 해보면서 자살과 죽음에 대한 생각들을 적어보겠다.

정말이지 이제 우리 사회는 자살이라는 죽음방식이 아무렇지도 않게 자연스러운 사회현상이 되어버린 듯하다. 거의 매달 유명인사의 자살소식이 뉴스를 통해 전해지고 있고, 그 뉴스를 접하는 사람들은 자살이라는 잘못된 선택을 안타까워하기보다는 자살방법이나 이유 등의 사건 자체에만 관심을 둔다. 그리고 이러한 관심은 결국 모방자살이라는 불행으로 이어지게 된다.

이렇게 자살이 사회의 보편적 죽음방식으로 자리 잡게 된 큰 이유 중 하나는 미디어의 영향이라고 생각한다. 현대사회에서 사회구성원의 의식형성에 큰 영향력을 행사하고 있는 언론매체에서는 아직도 자살사건의 내용에 대해서만 상세히 보도할 뿐, 자살을 왜 해서는 안 되는지, 죽음이라는 것이 어떠한 것인지 사람들에게 제대로 알려주지 못하고 있다. 오히려 선정적인 보도로 모방자살을 증가시키는 역할을 할 뿐이다.

또 한 가지 이유는 자살에 관대한 사회분위기라고 생각한다. 자살하면 관대해지는 사회분위기는 삶의 고통을 겪고 있는 사람들에게 자살을 선택하게 만든다. 오히려 "자살하면 해결될 텐데… 또는 용서가 될 텐데… 왜 자살을 안 하는 거지?"라고 생각하게 만들 정도로 한 사람이 자살하면 사회분위기는 반전된다. 예를 들어 사람들로부터 미움을 받을만큼 큰 죄를 지은 사람이 자살하고 나면 사람들은 어느새 "오죽했으면… 얼마나 힘들었으면…"하고 동정하는 분위기로 바뀌는 것이다. "괴로워도 살아야 하고 싸워야 한다. 괴로움이든 싸움이든 용감하게 인내함으로써 우리는 한 사람의 인간이 된다. -로맹 롤랑" 책의 앞부분에 쓰여 있는 말이다. 우리가 이 세상에 태어났다는 사실만으로 완전한 인간이 되는 것은 아니다. 우리가 태어난 이유는 영혼의 성숙을 위해 태어났고, 살아가면서 겪게 되는 고통과 시련들은 바로 영혼을 한 단계 성숙시키기 위한 디딤돌임을 알아야 한다.

이 디딤돌을 슬기롭게 딛고 올라서는 사람만이 죽음의 과정 또한 성숙하고 존엄하게 맞이할 수 있는 것이다. 반면 디딤돌을 딛는 것이 힘들다는 이유로 자살이라는 방법을 선택하는 사람은 결국 디딤돌 아래로 추락하고 마는 것이다. 현재 우리가 살아가고 있는 세속주의, 물질만능주의가 팽배한 사회에서는 카드빚, 외로움, 외모지상주의, 게임중독, 학업스트레스 등 여러 가지 사회병리현상들이 우리의 삶에 크고 작은 어려움을 안겨 주게 마련이다. 세속적인 성공에 얽매여 살아가다 보면 정말 소중한 것과 그렇지 않은 것들을 구별할 수 있는 능력을 잃어버리게 되는 것이 보통사람들이며, 많은 사람들이 이러한 삶의 고통에서 벗어나려는 수단으로 자살을 선택하게 된다.

자살을 선택한 사람은 그 순간 고통에서 벗어난다고 생각했겠지만, 진실은 자살하는 것이 더 큰 고통의 시작임을 알지 못한 것이기에 안타까울 뿐이다. 고통의 해결방법으로 자살을 선택하게 되는 것은 죽으면 끝이고, 고통에서 벗어날 수 있다는 죽음에 대한 오해 때문이다. 자살에 대한 오해, 죽음에 대한 오해가 여러 가지 이유로 삶의 막다른 골목에 서있던 그들에게 자살을 선택하게 만드는 것이다. 그렇다면 우리가 죽음에 대해 오해하게 된 이유는 무엇인가? 그것은 죽음에 대해 아무도 가르쳐주지 않았기 때문이다. 죽음은 삶의 자연스런 과정이며 연령과 직업, 성별을 구분하지 않고 누구에게나 언제든지 찾아오는 것이다. 그렇기에 우리는 더욱더 죽음에 대해 알아야 하고 이해해야 하는 것이다.

우리 사회에서는 어떤 삶을 살아야 하는지 어떻게 살아야 하는지에 대해서는 아주 어린나이부터 배우고 가르치고 있지만 비록 세속적인 것에 치우친 교육일지라도…, 어떻게 죽어야 하며 죽는다는 것이 어떤 것인지에 대해서는 왜 배우지 않는가? 왜 가르쳐주지 않는가? 대부분의 사람들은 나이가 들어 노인이 되면 뒤늦게 죽음에 대해 조금씩 생각하기 시작한다. 하지만, 우리는 언제 죽음을 맞이하게 될지 아무도 알지 못하며, 죽음의 시기는 정해져 있지 않기 때문에 죽음에 대한 교육은 아동기부터 노인에 이르기까지 전 세대에 필요한 것이다. 세상에 태어나면서 사람은 권리와 의무를 동시에 지니게 되는 것이라고 생각한다. 죽을 권리는 본인 자신에게 있다는 논리로 자살을 선택하는 사람들이 있지만, 제대로 된 삶을 살아야 할 의무도 있는 것이다. 그 의무는 무시한 채 죽을 권리만 주장하여 자살을 선택한다면 그것은 분명 잘못된 것이다. 우리들은 태어날 때 본인의 의지로 태어나지 않았다. 때문에 죽는 것 또한 본인의 의지로 선택할 수 없다.

이와 같이 죽음에 대한 큰 오해로 자살을 선택하는 사람이 늘어가는 사회 분위기와 의식 상태는 반드시 죽음 준비교육으로 치유해야만 한다. "죽음은 삶의 거울"이라는 말은 삶과 죽음이 둘이 아니라 결국 하나라는 것을 가장 잘 표현해주는 말이라고 생각한다. 세속적인 성공을 이룬 사람일지라도 죽음의 방식이 편안하지 못했다면 그 사람은 성공한 것이 아니듯이, 웰빙은 웰다잉에 의해 완성되는 것임을 알아야 할 것이다. 교육을 통해 죽음에 대하여 바로 이해한다면 우리의 삶은 더욱 건강해질 수 있으며, 나아가 우리 사회는 건강한 사회가 될 것이고, 우리에게 삶의 고통을 가져다주는 사회병리현상도 자연히 치유될 것이라고 생각한다. 이와 더불어 주위 사람들을 사랑하고 따뜻한 시선으로 보듬어 주는 사회적 분위기도 필요하다. 가정해체 등으로 인해 너무나도 개인적인 삶을 외롭게 살아가고 있는 우리들은 모두 우울증이라는 조용한 살인자를 마음 한켠에 키우고 있을지 모른다.

우울증은 주위의 따뜻한 관심과 진심어린 한마디로도 치유될 수 있다고 생각하는데, 이러한 따뜻한 관심과 진심어린 한마디는 죽음에 대한 올바른

삶, 죽음에게 길을 묻다

이해로부터 출발할 수 있을 거라고 생각된다. 죽겠다는 말은 자주하면서, 죽음이라는 단어는 입에 올리길 꺼려하는지… 이것이 우리의 현실이다. 죽음에 대한 무지와 오해는 반드시 바꿔야 하고 그러기 위한 교육이 필요하다. 빠른 시일 내에 전 국민적인 죽음 준비교육이 실시되어 우리나라의 자살률이 감소했다는 뉴스를 접할 수 있었으면 하는 생각을 해본다.

몇 년 전 친구가 전화를 걸어 "이제 그만하고 싶어."라는 말을 남기고 전화를 끊은 적이 있었다. 여러 가지 힘든 상황으로 인해 고통을 받고 있던 친구는 술에 취한 상태였고, 밤 12시가 넘은 시간에 어렵게 친구를 찾아 달랜 후 집으로 보낸 적이 있다. 그날 밤 몇 시간이 몇 달로 느껴질 정도로 심리적 부담감은 컸다. 왜냐하면 그 상황에서 친구를 위로해 줄 사람은 나밖에 없었기에 어떻게 해서든지 안정시켜주어야 했고, 나의 위로의 말이 오히려 친구에게는 독이 될 수도 있다는 생각에 더욱 조심스럽고 두렵기도 했기 때문이다. 이와 같은 친구의 사례뿐만 아니라 직업의 특성상 삶의 어려움을 겪고 있는 사람들을 자주 접하게 된다. 질병과 고령으로 소득이 없고, 모아놓은 재산도 없고, 가족들로부터는 도움을 받지 못하는, 바로 생계의 어려움에 직면해 있는 사람들… 이 사람들은 평소 "죽고 싶다. 이렇게 살아서 뭐하나." 등의 이야기를 자주 하는 편이다.

평소 자살은 잘못된 선택이라고 생각해왔었지만, 그것이 왜 잘못된 선택이며, 왜 자살을 하면 안 되는지 차근차근 설명할 지식이 없었다. 그냥 무조건 "자살은 잘못된 것이다. 죽을힘으로 살다보면 분명 좋은 일이 있을 것이다"라는 이야기만 반복할 뿐이었다. 또한 우울증 환자를 TV 등을 통해 접하게 되면 "본인의 의지만 있다면 이겨낼 수 있지 않을까?"라는 생각을 가지고 있었다. 하지만 최근 가까운 곳에서 우울증 치료를 위해 입원치료를 받는 사람들을 여러 명 보게 되면서 '의지만으로는 안 되는구나'라는 생각과 함께 '생각보다 많은 사람들이 우울증 치료를 받고 있고, 이 사람들 중 심각한 경우 자신도 모르게 자살이라는 극단적인 선택을 할 수도 있겠구나'라는 생각만을 할 뿐 그들에게 힘이 될 수 있는 따뜻한 위로의 말을 전하지는 못했었다.

하지만, 마지막 강의수강을 마치는 순간 나는 죽음치유 전도사가 된 느낌이 들만큼 보람을 느꼈다. 그동안 강의를 수강했던 많은 학생들이 대부분 의식에 변화가 있었듯이 나 또한 의식에 변화가 있었기 때문이다. 이번 학기 동안 게시판에 올렸던 글들을 하나씩 다시 읽어보았는데, 죽음에 대한 나의 오해가 조금씩 변화하고 있는 것을 알 수 있었다. 물론, 학기 초에는 죽음이 끝이 아니라는 것이 이해가 되지 않았고, 죽음이 끝이 아니라는 본질적인 문제를 벗어나 종교나 초자연적인 현상에 대한 의문으로 생각의 방향이 흐를 때가 가끔 있었다. 그러나 강의를 들으면서 점점 죽음이 끝이 아님을 알게 되었고, 영혼의 성숙을 위해 아름다운 삶을 영위하다가 죽음이 찾아오면 여유 있게 여행을 떠나기 위해 노력하는 것이 올바른 삶과 죽음의 자세라는 것을 깨달았다.

앞으로는 이렇게 한 학기동안 수업에서 배운 내용을 다른 사람들에게 잘 전달하고, 의식을 변화시킬 수 있도록 노력하는 것이 남아 있다. 자살을 예고하는 사람들은 현재의 삶에 고통이 있기 때문이며, 그 고통을 누군가에게 이야기하고 위로받고 싶은 마음에 주위 사람들에게 표현하는 것인데, 바로 그때 주위 사람들이 어떻게 반응하고 위로해주는가에 따라 자살을 막을 수도 있고 방치할 수도 있다. 이제는 내가 수업을 통해 배운 내용들을 차근차근 설명하면서 그들을 위로할 수 있게 되었다. 앞으로 살아가면서 죽음에 대해 다시 오해하지 않도록 앞으로도 웰다잉 관련 자료들을 계속 찾아보고 공부하는 것을 게을리 하지 말아야겠다고 다짐해본다.

한국학술진흥재단의 시민인문강좌로 '웰다잉, 아름다운 마침표'를 2009년 1월 16일부터 3월 26일까지 진행했다. 강원도 노인보호전문기관과 춘천 노인복지회관에서 봉사활동을 하고 계신 60세 이상 어르신 30여 분을 대상으로 매주 수요일 오전 10시부터 12시까지 10회에 걸쳐 1기 교육을 마쳤다. 어르신들의 적극적인 수업참여로 예상 이상의 교육효과를 거두었다. 강원도 노인대학장 협의회 이종수 회장의 수강소감과 『마지막선물』 독후감을 소개한다.

나는 35년 동안 공직에 몸담고 있다가 1999년 6월 30일에 강원도청에서 명예퇴임을 하였다. 퇴임 후 2000년도부터 지금까지 대한노인회 춘천지회부설 노인대학에서 강의를 해오고 있으며 2005년도부터는 학장으로 봉사하고 있다. 그리고 2007년에 강원도 노인대학장 협의회 회장직을 맡아서 열심히 봉사하고 있다. 우리

노인대학생들에게 유익한 이런 강좌가 있는 것을 알지 못하다가 우연히 친지의 소개로 늦게 수강을 하게 되었는데, 교수님께서 주신 『마지막 선물』을 읽고 강의를 들으니 쉽게 이해가 되며, 앞으로 노인대학이 개강을 하면 열심히 전달 교육을 할 계획이다. 교수님께서 『마지막 선물』 책을 읽어 보고 독후감을 써 오라고 하셨는데 독후감과 수강소감을 동시에 적는다. 우리 부부는 존엄한 죽음을 위한 선언서를 필히 작성하여 보관하였다가 그대로 이행해 달라고 유서에 추가할 계획이다.

나는 2000년도부터 대한노인회 춘천지회부설 노인대학은 물론 춘천시내 여러 곳의 노인대학과 춘천 인근의 시군에서 강의요청이 오면 다양한 주제로 강의를 해왔다. 그러다보니 자연스럽게 죽음에 대해 이야기를 많이 했었는데, 이번 강좌를 통해서 앞으로는 죽음에 대해 체계적으로 쉽게 설명하며 강의할 수 있게 되어 감사드리며, 강원도 내 노인대학장들에게 교육을 시켜서 많은 사람들에게 전파되도록 노력하겠으며, 노인대학은 물론 다른 기관단체에서 특강요청이 오면 이 내용을 열심히 소개하겠다.

책을 읽으면서 마음에 와 닿는 내용에 밑줄을 쳐 놓았는데 그 내용부터 먼저 적어 보겠다. 교수님께서는 서문에서 죽어가는 할아버지께서 마지막 가시는 길이 전혀 편해 보이지 않아 옆에서 지켜보기가 힘들다고 하는 학생의 이야기를 쓰셨는데, 어린 학생뿐 아니라 모든 이에게 마지막 죽음은 괴로운 것은 사실이라고 생각한다. 그리고 여유 있게 웃으면서 마지막 작별인사를 나누고 다른 세상으로 편안하게 여행을 떠나는 분을 주변에서 보기란 참 어려운 일이라는 것, 죽음에도 건강과 행복이 있다는 데 대해 전적으로 공감을 하면서 글을 읽었다.

삶, 죽음에게 길을 묻다

불행한 삶, 회한이 가득한 삶을 살아온 사람은 고통스럽고 찌푸린 얼굴로 삶을 마감하게 마련이고 행복한 삶, 가치가 충만한 삶을 살아온 사람은 평화롭고 만족스런 얼굴로 죽음을 맞이한다. 그리고 사람들은 삶에 대해서는 수시로 질문을 던지지만 죽음에 대해서는 묻지 않는다는 대목에 대해서도, 또 어떻게 죽을 것인지는 전혀 묻지 않고 죽음이란 삶만큼이나 중요한 인생의 단계임에도 왜 우리는 죽음의 방식을 묻지 않느냐고 물으시는데도 감명 깊게 읽어 보았다. 죽어가는 사람이 편안하게 떠날 수 있도록 임종실을 갖춘 곳이나 그들을 보살펴 주는 공간이나 임종의 문화를 우리 사회에서는 찾아 볼 수 없다는 데 대해서도 공감을 하며 안타까운 심정이다. 살다가 어려움에 부딪치면 죽음으로 모든 것이 해결될 수 있다는 착각이 만연되어 있다는 것, 자살현상에 대한 근본대책은 죽음이해와 죽음방식에 대한 철학적 성찰에 있는 것에 공감한다.

육체의 기능이 쇠약해져 간다고 해서 마음마저 함께 늙어갈 이유는 없다는 말을 하면서 죽음은 성숙의 마지막 단계라 규정하고 죽음을 준비해 밝은 모습으로 여유 있게 죽음을 맞이하는 것이야말로 우리가 이 세상에서 할 수 있는 가장 값진 행위라고 하셨는데 이 내용을 많은 사람들이 듣고 이해를 하였으면 좋겠다. 환자가 평화롭고 여유 있는 상태에서 죽음의 순간을 맞도록 하는 것이 얼마나 중요한가에 대해서 이젠 우리사회도 진지한 고민을 할 때가 되었다고 지적을 하셨는데, 그동안 우리사회에서는 복지국가를 지향하면서 이런 것을 논의조차 안 했다는 데 대해 한심한 생각이 든다.

지금까지 우리는 살기에 바빠서 죽음에 대해 교육을 받으려고도 안 했고 받을 수도 없었다. 사회분위기상 죽음은 부정적이고 입에 담기조차 껄끄러운 이야기로 치부해 버렸다.

죽음은 나이순으로 찾아오는 것이 아니라 나이에 관계없이 누구에게나 언제든지 찾아 올 수 있다는 것, 죽음이 노인이나 불치병 환자에게만 해당되는 일이 아니라 살아있는 모든 사람에게 관계되는 일이라는 것을 우리가 빨리 인식해야겠다. 우리는 어떻게 죽는가라는 내용을 읽으면서 죽음은 만인에게 평등하다는 원리를 터득하였고 누구나 죽는다는 것, 언제나 죽을 수 있다는 것, 어디서나 죽을 수 있다는 것, 누가 언제 어디서 어떻게 죽을지는 아무도 모른다는 것에도 동의하게 되었다.

'자살이라는 이름의 유혹'에서는 우리나라가 1997년 말 IMF 외환위기 이후 자살자가 처음으로 교통사고 사망자 수를 넘어서 교통사고 사망자수보다 1.5배가 많다는 사실, 자살은 사회의 심각한 정신병리 현상을 낳는 일종의 사회적 정신병이라 볼 수 있어 자살이 오늘날의 심각한 사회문제로 대두되고 있다는 사실에 놀라지 않을 수 없다. 일본사람들은 세계에서 자살을 제일 잘 하는 나라로 알고 있었는데 우리가 일본보다 더 자살률이 높다는 데 놀라지 않을 수 없으며 하필이면 자살률이 세계에서 1등이라는 것에 실망하지 않을 수 없다. OECD회원국의 통계자료를 모아 국내 통계청 자료와 비교 분석한 결과 한국의 노인자살률이 30개 회원국 중 가장 높았고 한국노인은 자녀가 부양하는 시대에서 국가가 부양하는 시대로 옮겨가는 과정에 무방비 상태로 놓여있음을 알게 되었다.

장수하는 노인 가운데 남성 75% 여성 72%가 친구나 이웃 혹은 친척들을 아무런 대가 없이 도와주고 있다는 사실에 놀랐으며 다른 사람에게 베푸는 사람이 더 건강한 삶을 누리는 것은 주로 정신적인 이유 때문이라는 데 대해 감명을 받았다. 우리 모두 이웃을 사랑하고 서로 돕고 살아갈 때 장수국가가 될 수 있

삶, 죽음에게 길을 묻다

는 지름길이라는 것을 배우게 되었다.

존엄한 죽음을 위하여 나는 지금까지 주위에서 식물인간 취급을 받으면서 의료기기의 도움으로 막대한 의료비를 부담하면서도 생명을 연장하는 것에 대해 반대를 하면서 안락사를 합법화해 주기를 바랐던 사람인데, 이번 교육을 통해 법적으로 상충되는 것이 있어서 쉽게 결정할 문제가 아니라는 것을 알게 되었다. 리빙 윌에 의한 존엄사는 소극적 안락사와는 구분할 필요가 있는데, 그 이유는 존엄사는 더 이상 치료 가능성이 없을 때 자연스럽게 죽음을 맞이하는 자연사이므로, 인위적인 안락사와는 크게 다르기 때문이라는 것을 알게 되었다. 우리 부부는 존엄한 죽음을 위한 선언서와 사전의료 지시서를 대환영하며 필히 이를 작성하여 그대로 이행해 달라고 유서로 남기려고 한다.

우리 부부는 이 책과 웰다잉 교육을 통해 많은 것을 배웠고 주위 사람들과 자연스럽게 죽음에 대해 의견을 나누며 죽음 준비를 철저히 하도록 노력하겠다.

제3부

웰다잉과 자살예방 관련자료

아름답고 의미있는 삶, 웰다잉

| 2009. 5. 29. KBS1라디오 집중인터뷰 오후 2시30분-3시 방송 |

　　　안녕하십니까? 아나운서 유애리입니다! 최근 대법원이 '무의미한 연명치료는 환자의 인간으로서의 존엄을 해칠 수 있다'며 식물인간 상태인 70대 여성의 인공호흡기를 제거하도록 판결을 내렸습니다. 이렇게 존엄사 확정 판결이 이뤄지자 요즘 품위 있게 인생을 마무리하는 '웰다잉'에 대한 관심이 높아지고 있는데요. 일부에서는 죽음을 미리 준비하는 '이별학교'도 열리고 있습니다. 오늘 집중인터뷰에서는 한림대 생사학연구소 오진탁 교수와 함께 죽음에 대한 올바른 의미, 좀 더 아름답고 의미 있게 삶을 정리할 수 있는 웰다잉에 대해서 얘기 나눠봅니다. 오늘 유애리가 주목한 이 사람은 한림대 생사학연구소 오진탁 소장입니다. 오진탁 소장은 고려대에서 철학 박사학위를 받았습니다. 현재 한림대 철학과 교수와 생사학연구소 소장을 맡고 있습니다. 저서로는 『죽음, 삶이 존재하는 방

식』, 『마지막 선물』, 『자살, 세상에서 가장 불행한 죽음』 등이 있고, 번역
서로는 『죽음을 어떻게 맞이할 것인가』, 『티베트의 지혜』 등이 있습니다.
오진탁 소장님은 지금 춘천 방송총국에 나와 있습니다. 안녕하십니까?

MC유애리 ● 한림대 생사학연구소는 어떤 곳입니까?

오진탁 ● 죽음과 관련된 다양한 현상, 존엄사, 웰다잉, 자살, 낙
태, 임사체험, 사형 이런 다양한 현상을 체계적 심층적으로 연구하는 곳입
니다.

MC유애리 ● 최근 대법원이 무의미한 연명치료는 인간의 존엄성을 해
칠 수 있다는 이유를 들어서 존엄사를 인정하는 판결을 내렸습니다. 이번
판결에 대해서는 어떻게 보셨는지요?

오진탁 ● 찬성하는 사람도 있고 반대하는 종교인도 있는데 저는
이런 찬반을 쉽게 이야기하기보다 우리 사회의 죽음의 질이 어떤지 한 사람
한 사람에게 묻고 싶습니다. 죽음문화의 성숙 여부, 개인적인 죽음 준비 정
도, 혹은 죽음을 어떻게 이해하고 있는지, 그런 질문을 국민 한 사람 한 사
람이 자기 자신에게 물었으면 좋겠습니다.

MC유애리 ● 그러나 살아있는 현재만 우리가 중시하고 있죠?

오진탁 ● 우리 삶에서 죽음은 빠져있다고 할 수 있습니다. 삶에서
가장 비중 있는 것이 죽음이고 죽음과 삶은 둘이 아닌데 의도적 혹은 무의식
적으로 죽음을 외면하고 있는 거죠. 그게 우리 사회의 죽음 문화의 현주소
라고 할 수 있고 이런 상태에서 존엄사 법제화를 이야기한다는 건 조금 시기

상조, 일의 순서가 뒤바뀐 거라고 얘기할 수 있습니다.

MC유애리 ● 또 이 죽음에 대해서도 존엄사, 안락사, 이렇게 나뉘고 있던데 그 차이는 어떤 건지요?

오진탁 ● 전문가마다 다양하게 구분할 수 있지만 저는 이렇게 말씀드리고 싶습니다. 죽음 준비 여부를 가지고 나누는 것도 가능하지 않을까 생각합니다. 예를 들면 안락사 문제에 부딪치는 사람은 죽음 준비나 죽음이 뭘 의미하는지 평소에 생각하지 않다가 갑자기 닥치는 경우라고 한다면, 존엄사를 생각하고 준비하는 사람은 평소에 죽음을 준비했고 치료 가능성이 없을 때 연명치료를 하고 싶은지 아닌지를 평소 심사숙고한 결과 존엄사에 동의한 것이 아닌가, 이렇게 얘기할 수 있겠지요

MC유애리 ● 그래서 잘 마무리하는 것, 임종을 맞는 것, 웰다잉은 잘 사는 웰빙의 연장이라는 말씀들 하시나봐요?

오진탁 ● 웰빙은 너무 세속적으로 치우쳐서 이해하고 있죠. 물질적 경제적 측면에서만 강조되고 있는데, 그런 의미에선 웰빙의 부족한 점을 웰다잉으로 보완하고 승화시키고자 하는 의도가 있는 거라고 할 수 있습니다. 그런 의미에서 웰다잉은 웰빙의 완성이다라고 간단하게 말씀드릴 수 있겠지요.

MC유애리 ● 특히 갑작스럽게 시한부 삶을 판정받은 분들께는 어떤 식의 도움이 필요할까요?

오진탁 ● 평소 죽음을 생각하거나 죽음의 가능성에 대비하지 않은 분들에게 그런 상태에서 갑작스럽게 말기 암 판정을 받은 분들은 죽음을 받

아들이기 쉽지 않죠. 저한테 이런 일이 있었어요.

어느 학생이 자기 아버지가 말기 암 판정을 받아서 살날이 얼마 안 남았는데, 아버지는 의식적으로 임종 가능성을 부인하니까 부자 사이에 아버지의 죽음을 주제로 얘기하지 않게 되고 굉장히 어색하고 대화도 잘 진행이 안된다, 이렇게 고민을 털어놓은 학생이 있었어요. 그래서 아버지 당신의 죽음이 아니라 다른 사람의 죽음, 일반적인 사람의 죽음, 혹은 수업시간, 죽음준비교육 시간에 배운 이런저런 이야기를 통해 죽음을 주제로 얘기하라고했죠. 그럴 때마다 아버지는 자꾸 대화를 피했다고 해요.

그래서 몇 차례 거듭하다가 마침내 아버지는 자기의 죽음 가능성을 인정하고 아들과 아버지 사이에 허심탄회한 마지막 대화가 진지하게 몇 주 동안걸쳐서 진행됐다는 이야기를 학생이 제게 한 적이 있습니다. 만약 끝까지아버지의 죽음을 주제로 부자간에 대화를 할 수 없었다면 편안하게 떠나실수도 없을 거고, 서로 마음속 깊은 이야기를 나눌 기회를 상실하게 됐겠죠.

MC유애리 ● 이렇게 인생을 잘 마무리하는 웰다잉을 하신 사례를 말씀해 주셨는데, 우리나라는 어떻습니까? 웰다잉이라는 기준으로 볼 때 다른 나라와 비교하면 어떤 차이가 있는지요?

오진탁 ● 죽음의 질이라는 면에서 여러 가지 문제를 지적할 수 있습니다. 먼저 자살 문제의 경우 자살대국 일본을 넘어서서 우리는 더 심각한 상태에 있다고 할 수 있고, 청소년의 경우도 누가 자살충동을 느끼고 누가 자살시도를 했는지 부모나 선생님이나 친구들도 모른다는 겁니다.

제게 교육받은 학생 이야기를 한 가지 말씀드리면, 서울 사는 학생인데 초등학교 4학년 때부터 건물 옥상에 올라갔어요. 대학교 3학년 때까지 주로 성적 때문에 그랬죠. 법학부 학생이었는데 고시에 실패하니까 아파트 옥상에 올라갔다 마음을 돌려서 내려왔고, 그 해 3월부터 저한테 자살예방 교육을 받았어요. 그러니까 10여 년 이상 그런 시도를 몇 차례 했던 거죠. 그 자살시도 얘기를 아무한테도 하지 않았습니다. 저는 수업 첫 시간에 학생들에게 솔직하게 자기의 사실충동, 시도 경험을 얘기해 달라고 하면서 물론 프라이버시는 100% 보장한다, 학생과 나만 아는 이야기다, 이렇게 간곡하게 얘기해도 이 학생을 얘기를 안 하다가 한 학기 동안 열심히 공부했고 마지막 시간에 수업 소감을 적어 내라고 했더니 거기에 모든 걸 다 털어놓았더라고요. 그래서 시험 끝나고 연구실로 오라고 해서 이야기를 했습니다. 그래서 아픈 이야기, 아무한테도 하지 않은 이야기를 다 털어놔 줘서 고마웠습니다. 이 학생이 여학생이었는데 가장 가까운 사람이 누구냐 했더니 외동딸이니까 어머니라고 하더라고요. 그럼 나한테 했던 이야기를 가장 가까운 어머니한테 얘기하는 것이 아마 상처를 치료하는 데 도움이 될 거라고 얘기하면서, 내 이야기를 무조건 따르지 말고 며칠 생각해서 학생한테 도움이 될 거라고 생각되면 그대로 실천하는 게 좋겠다고 이야기하고 헤어졌습니다. 몇 달 뒤에 다시 연구실에 찾아와서 만났더니 어머니에게 얘기했고, 어머니는 전혀 예상 못한 일이었으므로 모녀 간에 울음바다가 됐다고 하더라고요. 그러면서 학생의 아픔과 부담감을 어머니가 이해하게 됐고, 마침내 그 학생은 치료가 다 됐고, 몸이나 얼굴이나 이런 것들이 굉장히 밝아지고 예뻐지고 그런 모습으로 찾아와서 굉장히 보람을 느꼈던 일이 있습니다.

MC유애리 ● 소장님 말씀 들어보니 참 우리 학생들에게 청소년기부터 죽음의 의미를 교육하는 것이 없구나 하는 생각이 들었어요. 전통사회에서는 대가족제도라서 가족이 지켜보는 가운데 임종을 맞는 경우가 있었지만 죽음이 요즘은 사실 언론을 통해서만 비춰지고 있거든요.

오진탁 ● 한림대학교에선 죽음 준비교육에 근거한 자살예방교육을 전국에서 유일하게 실시하고 있는데 학생들에게 인기과목으로 자리잡았습니다. 누구나 다 듣고 싶어하지만 제가 가르칠 수 있는 학생은 제한돼 있고. 특히 젊은 세대, 10대 20대 젊은 미래의 주역들에게 죽음에 대한 바른 이해, 자살해선 안 되는 이유를 심층적 체계적으로 교육하는 노력을 교육당국에서 고민해야 될 거라고 봅니다.

MC유애리 ● 보통 우리가 죽음 준비는 연세가 드셔서 노인만 하는 거라고 생각하기 쉬운데 사실 그렇지 않군요.

오진탁 ● 누구나 해야 됩니다. 누구나 죽을 수 있으니까, 죽음은 예고 없이 찾아오는 거니까. 특히 교육효과 측면에서 보면 60세 이상 어르신들보다도 10대, 20대에게 교육효과가 훨씬 좋습니다. 왜냐하면 10대 20대들은 육체적 정신적으로 유연하고, 공부할 준비가 돼 있지 않습니까. 그렇기 때문에 물론 노인들도 교육을 받아야겠지만 젊은이들에게도 더 많은 비중을 가지고 초등학생부터 중고등학생, 대학생들에게 눈높이교육을 실시해야 한다고 생각합니다.

MC유애리 ● 그렇게 하면 죽음이 멀지 않다, 그래서 오히려 삶을 더 풍요롭게, 가치 있게 살 수 있는 자세를 심어주게 되는 건가요?

242

오진탁 ● 죽음 준비교육은 바로 삶의 준비교육입니다. 왜냐하면 죽음 준비라는 말을 간단히 설명드리면, 삶의 차원에서는 삶의 시간이 제한 돼 있다는 걸 가르쳐주는 것이죠. 죽음 차원에서는 죽음이 언제든지 갑자기 찾아올 수 있다는 거니까 죽음 준비는 한마디로 삶을 보다 의미 있게 영위함 으로써 죽음을 보다 편안하고 여유 있게 죽을 수 있도록 준비하는 것입니다. 그러니까 죽음 준비교육은 바로 삶의 준비교육이고, 따라서 죽음을 준비하 지 않고 산다는 건 삶의 준비 없이, 삶을 허비한다고 이야기해도 되는 거죠.

MC유애리 ● 웰다잉을 위해서 요즘에 이별학교를 운영하신다고 들었 습니다. 생사학 연구소에서 진행하고 있죠? 이별학교, 어떤 프로그램으로 진행하는지요?

오진탁 ● 제가 춘천이라는 지역에 있으니까 일반인 대상으로 춘천 에서 프로그램을 열면 참석할 사람들이 많지 않고, 그래서 사이버로 개발해 서 인터넷강좌로 웰다잉 자살예방 전문과정을 1년 28주 코스로 교육하고 있습니다. 그 수업에는 60대 어르신도 있고 20대, 30대 젊은 계층도 있고 다양한 직업, 또 전국 곳곳에서 많은 분들이 수강하고 있습니다.

MC유애리 ● 계속 신청하시는 분들이 늘고 있습니까?

오진탁 ● 3월 16일부터 개강해서 10주 정도 지난 것 같은데 사이 버의 특징상 지난 강의도 접속기간을 열어두면 수강할 수 있으니까, 지금 원 하시는 분도 수강할 수 있고, 포털사이트에서 '생사학연구소'만 치시면 저 희 연구소 홈페이지가 접속되고 거기 공지사항에 다양한 이야기가 수록돼 있고, 또 열린 정보와 자료실에 약 300개의 자료를 오픈해 놓았습니다. 누구나 원하시는 분들은 자료를 가져갈 수 있도록 제가 공개해두고 있습니다.

MC유애리 ● 접속자 수가 대략 어느 정도 되는 걸로 보시는지요?

오진탁 ● 어떤 자료는 1000회가 넘은 것도 있어요.

MC유애리 ● 그럼 사이버상으로 운영하시고, 오프라인에서 만나보신 경우도 있습니까?

오진탁 ● 그렇죠. 오프라인에서 제가 2006년, 2008년에 웰다잉체험교실을 서울에서 운영했고, 춘천에서도 60세 이상 어르신 대상으로 웰다잉 체험교실을 운영했습니다. 춘천에서는 제가 학술진흥재단의 지원을 받아서 2008년의 어르신들을 교육했는데, 일반 어르신들이 아니고 국가예산을 지원받아서 하는 거고 또 교육효과를 감안해서 춘천지역에서 봉사활동을 하는 어르신들을 대상으로 10회 20시간 교육을 했습니다. 다른 전문가들의 도움을 받아서 했고, 그렇게 했을 때 교육효과가 20대 대학생과 비슷하게 나왔습니다.

한두 번 정도 교육을 하니까 한 70대 중반 된 어르신이 그런 말씀을 하시더라고요. 왜 이런 교육을 우리들만 받아야 되느냐, 보다 많은 어르신들에게 교육시켜 달라는 말을 하더라고요. 제가 또 한 가지 제안하고 싶은 것은 대한노인회 같은 조직이 있는데 거기에 300여 개의 전국 노인대학이 있는 것으로 알고 있어요. 노인대학 학장 분들을 모셔다가 워크샵이나 다양한 방식으로 집중적으로 교육하고, 그분들이 전국의 노인대학에 가서 어르신들을 교육한다면 최저의 예산으로 웰다잉과 자살예방효과를 최대로 거둘 수 있지 않을까, 그런 생각도 해본 적이 있습니다.

MC유애리　　● 프로그램 내용도 간략히 소개해 주시겠습니까?

오진탁　　● 웰다잉과 자살예방을 저는 연결해서 합니다. 바람직하지 못한 죽음이 바로 자살현상이고 웰다잉으로 그것을 예방할 수 있다는 것을 연구와 교육효과를 통해서 경험했으니까. 교육내용은 존엄한 죽음을 위한 준비를 위해서 해야 될 것, 혹은 자살해선 안 되는 이유, 철학적 생사학적 관점에서 왜 안 되는지, 또 하나는 자살하면 사람들이 보통 고통의 끝이라고 생각하는데 왜 자살은 고통의 끝이 아닌지. 그것을 철학적, 생사학적 깊이 있는 교육과 함께 다양한 시청각 자료를 통한 체험교육을 하고 있습니다. 그래서 전 세계에서 죽음과 자살과 관련된 다양한 자료를 준비했고 그것을 5분, 10분 정도로 끊어서 사이버 전문과정에서는 매주 네 가지 정도의 동영상 자료를 제공해서 이론교육과 함께 체험교육을 함께하니까 교육효과가 많이 나고 있습니다.

MC유애리　　● 체험 중에는 유언장 쓰기도 있다면서요? 유언장을 쓰면서 눈물 흘리시는 분도 많다고요.

오진탁　　● 그렇죠. 유언장을 쓰면 아무래도 죽음을 가정하고 쓰는 거니까 이런저런 감정을 표출하는 분들이 많지요. 그런데 제가 대학생들에게도 이런 유언장을 쓰게 해봤는데, 문제는 그냥 유언장을 쓰는 것이 아니라 죽음에 대한 체계적인 교육을 한 다음에 유언장을 써야 한다는 겁니다. 죽음에 대한 교육을 받아본 적이 없고 죽음이 무엇을 의미하는지 정확하게 이해하는 사람들이 거의 없죠. 그런 교육을 하지 않은 상태에서 유언장을 쓴다든가 임종 체험을 위해서 입관 연습을 한다든가 하는 것은 교육효과가 조금 좋지 않게 날 수 있고 역효과가 날 수 있으니까 체계적이고 심층적인 웰다잉교육을 전제로 하는 것이 반드시 필요하다고 저는 강조하고 싶습니다.

MC유애리　● 소장님, 미국이나 일본 등 선진국에서는 죽음에 대한 교육, 이별학교 운영이 활발히 이뤄지고 있습니까?

오진탁　● 그렇죠. 미국에서는 퀴블러 로스가 생사학을 창시한 게 1960년으로 보는데 40여 년간 교육을 실시하고 있고, 일본에서는 1975년 알폰스 데켄 교수가 동경의 조치대학에서 '죽음의 철학'을 개설한 이래 전국의 다양한 학교와 평생교육시설에서 이런 모임이 30여 년간 이뤄지고 있습니다. 우리는 지금 초기단계라고 할 수 있고, 저는 1997년부터 한림대학교에서 죽음준비과목을 개설해서 운영한 지 10년쯤 됐습니다.

MC유애리　● 우리나라에서 웰다잉과 관련된 일이라면 저는 호스피스제도가 생각납니다. 삶과 죽음의 질을 향상시킬 수 있는 대안 중 하나로 이미 운영되고 있는데 지금 어느 정도 정착되고 있다고 보시는지요?

오진탁　● 우리나라 호스피스 이용률이 약 6%밖에 안 된다고 해요. 죽음에 대한 거부감이 많듯이 호스피스도 역시 죽으러 가는 거 아니냐, 내가 왜 죽냐, 말기암이나 죽음에 임박한 사람이라 할지라도 이런 생각을 하는 사람이 많아서 호스피스가 활성화돼 있지 못하죠. 싱가포르 같은 나라는 한 80% 이상이 호스피스시설에서 죽어가고 있으니까 우리도 호스피스를 보다 활성화할 수 있도록 사회적 제도, 또 경제적 뒷받침을 국가적 차원에서 하는 걸 생각해야 되지 않을까 생각합니다.

MC유애리　● 오진탁 소장님 개인적으로 죽음에 대한 준비가 남다르실

듯 싶습니다.

오진탁　　　● 네. 저는 죽음 준비교육이나 이런 걸 연구하고 교육하면서 말 한마디 잘못하면 큰일 납니다. 특히 제가 대학생 대상으로도 교육을 하니까 그런 불상사가 일어난 적은 없지만, 다른 데서 그런 일이 있었다는 이야기를 들은 적이 있고, 그래서 저는 교육하기 전에 자신한테 이렇게 물어봅니다. 제가 충분히 알고 있는지, 아직도 모르는 게 많은 거 아닌가. 더 공부해야 되고 더 신중하고 사려 깊게 교육해야 된다, 또 공부를 더 해야 된다고 생각하고 있습니다. 저의 죽음 준비는 죽는 마지막 순간까지 계속될 것입니다.

MC유애리　　● 요즘 젊은이들 자살률이 높아서 걱정입니다. 그 이유는 어디 있다고 보시는지요?

오진탁　　　● 자살을 저는 세 가지로 간단히 정리할 수 있다고 봐요. 첫째는 개인적 동기, 다양하겠죠. 둘째는 사회적 원인, 경기침체의 장기화 혹은 취직 문제, 구조조정 문제 등 이런 것들이 원인이라고 할 수 있는데, 문제는 개인적 동기나 사회적 원인이 자살원인이 되는 경우 그것을 국가나 사회 혹은 다른 사람이 해결해주기 어렵다는 겁니다. 다시 말해서 개인적 동기나 사회적 문제 해결을 통한 자살 예방은 사실상 불가능합니다. 그러니까 자살의 또 다른 원인으로는 저는 죽음과 자살에 대한 오해를 말씀드리고 싶어요. 제가 하는 일이 바로 이것이죠. 자살하면 현실의 고통으로부터 벗어난다, 모든 게 끝난다, 그러니까 고통도 끝난다는 생각 때문에 자살이 많이 일어나는데, 자살과 죽음에 대한 오해를 웰다잉 교육에 의해서 바로잡아준다고 한다면 자살률은 획기적으로 낮출 수 있죠. 이 같은 웰다잉 교육에 의한 자살예방은 다른 자살예방사업에 비해서 예산이 거의 들지 않습니다.

요즘 들어 자살예방은 우리 사회에 굉장히 큰 이슈가 됐는데 예산이 들지 않고 효과도 많이 보는 방법은 바로 웰다잉 교육에 있다고 저는 분명히 말씀 드릴 수 있습니다. 또 저는 대학에서 지금까지 천여 명을 교육시켰고, 그 가운데 약 10%가 자살시도를 했거나 우울증에 걸렸거나, 혹은 자살충동이 심각한 수준에 있는 학생이었지만 100% 자살예방을 했다고 분명히 말씀드릴 수 있고 통계자료도 다 갖고 있습니다.

MC유애리 ● 자살예방교육은 결국 죽음을 제대로 이해하는 데 있다는 것이지요?

오진탁 ● 그렇죠. 거꾸로 우리 사회에 많이 일어나는 건 죽음을 가르치고 있지 않기 때문이라고 말씀드릴 수 있는 겁니다. 죽음을 제대로 가르치기만 한다면, 자살예방은 어렵지 않게 할 수가 있습니다.

MC유애리 ● 그래서 끝으로 아름다운 죽음을 맞이하거나 준비하고 싶은 분들에게 어떤 말씀을 해주고 싶으십니까?

오진탁 ● 죽음을 일상대화의 주제로 올리자는 겁니다. 부부, 부모와 자녀 사이에 죽음을 주제로 대화하고, 죽음에 대한 타부를 끊고, 죽음의 준비를 생활 속으로 끌어들여야 되죠. 또 한 가지 중요한 건 과연 죽음이 무엇을 의미하는지, 인간이 육체만의 존재인지, 죽으면 다 끝나는 건지, 죽음을 제대로 공부하자는 겁니다. 죽음에 대한 바른 이해가 죽음 준비의 핵심입니다만, 우리 사회의 웰다잉 교육을 사회복지시설이나 종교단체 등 다양

248

한 시설에서 실시하고 있지만 이 얘기가 빠진 상태에서 교육하고 있더라고요. 그건 핵심이 빠진 교육이니까 그 효과에 대해서 저는 의문을 갖고 있습니다.

또 한 가지 말씀드리고 싶은 건 왜 자기는 죽음을 제대로 이해하지 못하고 있는가, 왜 죽음이 보이지 않는가, 이와 같은 질문은 자기가 삶을 어떻게 이해하느냐, 혹은 자기가 자기 존재를 어떻게 이해하느냐 하는 문제와 같은 질문이라는 거죠. 그러니까 인간이 육체만의 존재인가 아닌가, 인간에게는 영혼이 있는가 없는가, 이런 문제가 곧 죽음과 밀접하게 관련됩니다. 결국 죽음이 문제가 아니라는 것, 자기가 죽음을 보는 시선이 문제라는 것. 자기가 자기 자신의 존재를 어떻게 이해하고 자기가 어떻게 삶을 영위하는가 하는 것이 결국 자기의 죽음 이해를 결정한다는 걸 저는 분명히 말씀드리고 싶습니다.

MC유애리 ● 네, 오늘 말씀 감사합니다.

오진탁 ● 감사합니다.

MC유애리 ● 집중인터뷰, 오늘은 한림대 철학과 오진탁 교수와 함께 죽음에 대한 올바른 의미와 좀 더 아름답고 의미 있게 삶을 정리할 수 있는 웰다잉에 대해서 얘기 나눴습니다.

이제 '죽음의 질' 생각합시다

| 동아일보, 2009. 5. 23. |

대법원이 연명치료 중단을 허용하는 판결을 내렸지만 존엄사법 제정 이전에 우리 사회가 해야 할 일이 많다. 다른 무엇보다 우리 사회 죽음의 질은 과연 어떠한지 묻고 싶다. 존엄사 법제화를 논할 정도로 충분히 준비됐는지, 죽음문화 성숙을 위해 지금까지 어떤 노력을 했는지 묻고 싶다. 안타깝기는 하지만 우리 사회는 세계에서 죽음의 질이 아주 나쁜 나라 가운데 하나라는 사실을 부인할 수 없지 않을까.

자살률이 경제협력개발기구 OECD 가입국 중 1위로 자살대국 일본을 훌쩍 넘어섰다. 한국청소년상담원이 2007년 청소년 4,575명을 대상으로 조사했을 때 100명 중 59명이 자살충동을 느끼고, 100명 중 11명이 자살을 시도한 적이 있다고 한다. 세계보건기구 WHO가 인정한 조사도구로 우울증 유병률을 조사했을 때 10명 중 5명 정도가 우울증세로 판정받는다. 노인의 경우 자살 충동률이 80%가 넘는다. 게다가 대부분 편안하게 죽어가지 못한다.

우리 사회는 또 죽음을 어떻게 이해하는가. 죽으면 다 끝나는가. 인간은 육체만의 존재인가. 전국의 의과대학에 죽음을 가르치는 관련 교과목이 개설돼 있는가. 생사학을 연구하고 웰다잉Well-dying 교육을 할 수 있는 전문가는 얼마나 되는가. 병원에서 죽는 사람이 갈수록 늘어나는 요즘, 병실과 장례식장 사이의 중간단계인 임종실을 운영하는 병원은 극소수에 지나지 않는다. 죽음 준비교육을 받은 적이 없는 의사와 간호사는 죽음이 무엇을 의미하는지 모르는 상태에서 임종환자를 보살핀다.

의료현장에서는 심폐사와 뇌사를 죽음으로 정의한다. 인간은 육체만의 존재, 죽으면 다 끝난다는 점을 전제로 한다. 심폐사와 뇌사는 의학적 죽음 판정의 기준에 불과할 뿐이지 결코 죽음의 정의가 될 수 없다. 인간은 육체만의 존재가 아니기 때문이다. WHO는 육체적·사회적·정신적·영적 4가지 측면에서 건강을 말한다. 그렇다면 죽음도 육체적·사회적·정신적·영적 4가지 측면에서 접근하는 자세가 바람직한데 우리 사회는 육체의 죽음, 연명치료 중단 여부에만 초점을 맞출 뿐이다. 죽음을 바르게 이해하지 않는 사회에서 존엄사를 서둘러 법제화한다고 문제가 해결될 수는 없다. 우리 사회에서는 지금까지 죽음을 일상 대화의 주제로 올리는 사람이 거의 없고, 평소에 죽음을 준비하는 사람도 찾아보기 어렵다. 죽음의 이해와 임종 방식이 충분히 성숙되지 않은 상태에서 존엄사를 성급하게 법제화한다면, 현대판 고려장이 될 가능성이 높다고 본다.

대법원 판결을 계기로 이제부터 학교와 사회에서 웰다잉 교육을 실시해 죽음에 대한 바람직한 이해와 성숙한 임종방식을 확산시키고 호스피스 제도를 활성화하도록 제도적 뒷받침을 해야 한다. 또 생전유언리빙 윌과 사전의료지시서 표준양식을 만들어 이에 동의하는 사람은 서류에 서명해 준비하는 등 죽음문화 성숙을 위한 개인적, 사회적 노력을 시작했으면 한다. 일본의 경우 알폰스 데켄 교수가 1975년 도쿄 조치대에 '죽음의 철학' 강좌를 개설한 이래 30여 년간 전국에서 다양한 웰다잉 사회운동을 진행하고 있다. 또 자기가 원하는 임종방식을 준비하는 생전유서에 서명한 사람이 12만 명을 넘었다. 아시아에서 처음으로 2000년에 자연사법을 제정한 대만은 존엄사를 인정하기까지 7년의 시간이 필요했음을 충분히 고려해야 한다. 우리 사회도 죽음이해와 임종방식의 성숙을 위한 개인적 준비와 사회제도 정비를 차분히, 또 꾸준히 진행하면서 존엄사 법제화를 모색하는 일이 순리다.

당신이 자살해선 안 되는 이유

| 주간조선 2085호, 2009. 12. 21. |

노인병원 간호사 K씨가 50대 형부의 자살사례를 내게 들려준 바 있다. 신체 건강하고 언제나 긍정적이며 모든 일에 적극적이었던 형부는 1997년 말 IMF와 함께 경제적 고통 속에서 결국 자살을 깊이 생각하게 되었다. 그는 간호사로서 형부의 깊은 우울증 증세를 감지해 병원에 입원할 것을 권유했지만, 다음날 병원으로 언니의 다급한 전화가 걸려왔다. "형부가 산속에서 내려오질 않는다." 119를 불러 찾아냈을 때 형부는 이미 의식이 없었다. 병원에서 응급처치를 했지만 그람목손농약이 온몸에 퍼진 상태였다. 중환자실에서 3일간의 입원기간 동안 형부는 "살 수만 있다면 정말 열심히 살아야지. 너무 고통스러워 견딜 수가 없다. 후회한다. 도와달라"고 했다. 그는 형부를 간호하면서 자살하는 사람이 후회와 회한의 눈물에 몸부림치는 모습을 지켜보았고 형부는 결국 살아나지 못한 채 삶을 마감했다.

통계수치를 굳이 인용하지 않아도, 매일 뉴스나 인터넷에 거의 단골처럼 빠지지 않는 자살소식만으로도 자살문제는 우리 사회가 가장 시급히 해결해야 할 과제임을 알 수 있다. 현재 우리 사회의 자살은 연령과 계층, 성별을 가리지 않지만, 사회를 이끌어가고 있는 40대와 50대 남성 자살률이 높다는 점에서 문제가 심각하다. 자살 사례 또는 자살 충동자들을 조사해보면 자살 이유는 크게 3가지로 구분된다. 첫째 개인적 이유, 둘째 사회병리 현상 또는 사회구조적 문제, 셋째 자살과 죽음에 대한 오해. 자살의 '개인적 이유'와 '사회구조적 문제'는 가까운 시일 내에 개선되기 어렵다.

그러나 세 번째 자살 동기, '죽음과 자살에 대한 오해'에서 빚어진 자살의 경우, 웰다잉 중심의 자살예방교육을 통해 잘못된 자살관이나 죽음이해를 바꾸기만 한다면 자살 충동을 상당부분 치유할 수 있다. 죽으면 모든 게 끝이라고 막연하게 생각하는 사람들은 자살하면 자기 삶도 끝나고 고통도 사라진다고 착각한다. 그러니까 죽음이란 삶의 끝이 아니라 새로운 시작을 뜻한다는 것을 분명하게 가르치면 자살은 사전에 예방할 수 있다. 실제로 한림대에 개설한 '자살예방교육' 강의를 들은 자살 시도자와 충동자들은 더 이상 자살을 염두에 주지 않는다. 왜냐하면 자살한다고 해서 고통이 끝나거나 문제로부터 도피할 수 없다는 사실을 배웠기 때문이다. 따라서 왜 자살해서는 안 되는지, 죽는다고 모든 게 왜 끝나는 게 아닌지, 삶을 의미 있게 영위하다가 죽음이 찾아오면 편안하고 여유 있게 죽을 수 있도록 철저하게 준비해야 하는 이유가 바로 여기에 있다.

J씨 42세는 1997년 말 외환위기로 가정이 파괴된 이후 10여 년간 여러 차

레 자살시도를 했다. 두 딸과 어머니 생각에 자살을 잠시 유보해둔 상태에서 자살예방교육 수업을 들었다. 죽는다고 끝나는 게 아니라는 말을 듣고 그는 너무 큰 충격을 받았다. 지긋지긋한 이 삶을 자살로 끝낼 수도 없다는 말이냐는 식으로 격하게 반응했다. 자살을 잠시 유보해 두었다가 언젠가 때가 되면 자살하리라는 희망을 마음에 담아두고 있었기 때문이다. 자살한다고 해서 다 끝나는 게 아니라는 사실을 배우면서, 그런 마지막 기대가 일거에 무너지면서 수업 듣는 내내 혼란에 휩싸였지만, 책을 많이 읽었던 그는 수업시간에 추천해 주었던 책을 차분히 정독하는 등 시간이 지나면서 서서히 제자리를 찾아갔다. 자살예방 워크숍에서 자신의 아픈 과거, 교육에 의해 바뀐 자신의 자살과 죽음 이해를 증언하기도 했다. 자살을 예방해야 하기 위해서는 자살예방교육이 필요하고, 자신도 자살예방 도우미 역할을 하겠다고 말한다. 그러나 그는 교육에 의해 자신은 완전히 바뀌었지만, 친구들에게 전해주려고 해도 받아들이지 못한다고 하소연하기도 했다. 친구들은 교육 받기 이전의 자기 생각과 대동소이했지만, 교육을 받은 이후 자살과 죽음을 바라보는 그의 시선은 크게 바뀌었던 것이다.

자살하면 과연 어떻게 될까? 자살한 사람의 증언을 들을 수는 없을까? 자살자의 증언을 우리가 직접 듣는 것은 불가능하다. 그는 이미 죽은 사람이 아닌가. 과학이나 의학을 통한 접근 역시 불가능하다. 그러나 통로를 찾아보면 없지는 않다. 불교의 천도재薦度齋와 구병시식救病施食, 기독교의 안수기도, 샤머니즘의 퇴마의식, 현대의 최면치료. 최면치료와 임사체험臨死體驗에 따르면, 죽음을 자연스럽게 맞이했을 땐 '빛의 존재'가 맞으러 오기도 하고 자신이 눈부시고 따뜻한 빛에 싸여 가기도 하지만, 자살자는 육체에서 떠난 후 아무도 맞이해 주러 오지 않아 캄캄한 암흑 속에서 울고 있었다고 한다. 일본 에도시대에 무사로서 할복자살한 기억을 가진 일본인은 최면 상태에서 과거를 기억해 냈을 때, 시체에서 빠져나온 순간 "이런 일로 목숨을 끊다니 정말 바보스런 짓을 했어."라며 크게 후회한 것을 기억하고 있다. 최면치료 과정에서 환자들이 떠올리는 죽음의 기억 중에는 자살로 삶을 마감한 경우가 적지 않다. 그 경험은 깊은 상처가 되어 현재의 삶에도 큰 영향을 주고 있다. 우울증과 고독감, 위축감과 죄책감은 자살 경험이 있는 환자들이 가장 흔히 호소하는 정신증세들이다. 각자의 삶에 주어진 책임을 참을성 없이 벗어던진 환자들은 그로 인해 씻을 수 없는 아픈 기억을 품게 되고, 자살을 선택한 바로 그 순간부터 어리석은 행위를 후회하게 된다. 후회한다 해도 삶의 세계로 돌아갈 수는 없다.

P씨는 45세의 남자 환자로 만성적 두통과 불면, 우울과 무기력에 시달리고 있었다. 약물 복용과 상담치료를 받았으나 차도가 없어 최면치료를 받았다. 두 번째 최면치료 시간부터 찾아낸 과거의 기억 속에서 그는 부잣집 아들이었다. 스무 살 무렵 아버지를 사고로 잃은 후 집안이 몰락하는 과정을 무기력하게 지켜보다 자살했다. 죽음의 과정을 거치며 몸에서 빠져나온 그의 영혼은 맥없이 생을 마감한 것이 잘못이었음을 반성했지만, 되돌릴 수 없었다. 이번 삶의 모습도 과거의 삶과 흡사했다. 어릴 때 부모님이 모두 돌아가신 후 나이 차가 많이 나는 큰형과 형수의 손에 자라나며 모멸감을 겪었다. 경제적으로도 쪼들리는 형편에다 여유 없이 생활하며 긴장과 불안을 떨

칠 수 없었다. 성장기와 청년기를 보내는 동안 외로움과 위축감, 우울감은 점점 깊어져 갔다. 과거 삶에서 끝까지 성실하게 살며 극복했어야 할 어려운 문제들을 한층 더 어렵게 만들어 재시험을 보는 것 같았다.

그는 자신의 이런 모습을 돌이켜보면서 현재의 우울과 무기력이 과거 삶의 자살과 연관이 있는 것 같다고 했다. 이제 그는 현재 삶의 어려운 상황을 회피하지 않고 하나씩 풀어나가는 것만이 올바른 삶의 자세라는 태도를 가지게 되었다.

생사학生死學을 창시한 정신과 의사 퀴블러 로스 Elisabeth Kübler-Ross, 그녀는 죽음을 앞두고 고통을 겪고 있는 환자들을 세심하게 보살핌으로써 한 사람도 자살을 택하지 않도록 인도했다. 환자들이 병으로 인한 고통을 참지 못해 자살하려 할 때마다 그들을 괴롭히는 것이 무엇인지 물었다. 육체적 고통은 약물 처방을 통해 치료했고, 가족문제는 해결해 주기 위해 노력했으며, 우울증은 효과적으로 치료될 수 있도록 도왔다. 그녀의 목표는 사람들이 자연사할 때까지 존엄성을 지키다가 후회 없이 다음 생을 맞이하도록 돕는 데 있었다.

"자살은 아직 자신이 배워야 할 과제를 남겨둔 채 죽는 행위이다. 자살하면 다음 단계로 넘어가지 못하고 처음부터 다시 시작해야 하기 때문이다. 어떤 사람이 삶의 과정에서 마주치는 어려움을 극복하지 못한 채 자살하고자 한다면, 그는 그 어려움과 함께 사는 법을 배워야 한다."

"존엄사, 죽음에 대한 성찰이 우선돼야"

| 국민일보 인터뷰, 2009. 7. 3. |

죽음은 삶의 일부다. 죽음은 세상의 일부이기도 하다. 그러나 우리 삶은 죽음을 못 본 척 하고, 우리 사회는 죽음을 얘기하려고 하지 않는다. 죽음은 밤과 같다. 하루가 낮과 밤으로 구성되는 것처럼, 인간의 생애는 삶과 죽음으로 완성된다. 오진탁 한림대 철학과 교수는 죽음이라는 주제를 붙잡고 10년 넘는 세월을 보내고 있다. 1997년 교양과목으로 생사학 강의를 시작했고, 2004년 국내 유일의 죽음문제연구소라고 할 〈생사학연구소〉를 열었다. 지난 달 29일 '죽음을 가르치는 교수'를 만나러 춘천으로 향했다.

:: 매일 누군가 죽어갑니다만 올 들어 몇몇 죽음들이 국민적 관심을 끌었습니다. 존엄사 논쟁 한 가운데 서 있는 김 할머니가 그렇고, 노무현 전 대

통령의 서거나 김수환 추기경의 선종도 그런 경우에 속합니다. 먼저 김 할머니 애기부터 해보죠.

"할머니께서 우리 사회에 큰 이슈를 던지셨다고 봅니다. 연명치료 중단 논의를 계기로 죽음에 대한 깊은 성찰이 일어나야 해요. 그런데 존엄사나 연명치료 중단에 대한 관심이 늘어났는지 몰라도 죽음 그 자체에 대한 인식 변화로 이어지진 않는 것 같아요. 사람들은 호흡기를 떼느냐 마느냐에만 관심이 있는 것 아닙니까? 전문가들도 육체적, 의학적, 법률적 죽음에만 초점을 맞추고 있으니 문젭니다."

:: 그렇다면 우리가 어떤 부분에 관심을 가져야 할까요?

"죽음문화, 죽음의 질, 죽음 준비교육, 임종방식 등에 대한 논의가 본격적으로 시작되어야 합니다. 여전히 심폐사, 뇌사 등 육체 중심으로만 죽음을 얘기하는 수준 아닌가요? 죽음에 대한 논의가 의사나 변호사 중심으로 이뤄지는 것도 문제예요. 인간이 과연 육체만의 존재입니까? 죽으면 모든 게 다 끝나는 것입니까? 지금 우리 사회가 죽음을 바라보는 방식에는 철학적, 종교적, 영적 죽음이 완전히 빠져 있어요."

:: 존엄사에 대해서는 어떤 입장입니까?

"치료가능성이 1%도 없을 때는 존엄사를 인정하는 방향으로 가는 게 세계적인 추세죠. 그러나 우리나라에서 존엄사를 법적으로 허용하기엔 아직 이르다고 봅니다. 존엄사를 받아들일 준비가 됐느냐 하는 점이 문제입니다. 의과대학에서조차 죽음을 가르치지 않고 있습니다. 당사자와 가족들도 죽음을 맞이할 준비가 전혀 안 돼 있습니다. 죽음문화가 성숙되지 않은 상태에서 존엄사를 법제화한다면 '현대판 고려장'이 될 것이라고 봅니다. 대만에서는 7년의 사회적 논의를 거쳐 존엄사를 합법화했습니다. 일본에서도 30여년 전부터 활발하게 논의를 계속해오고 있고 섣부르게 법제화를 진행하지 않고 있습니다."

:: 노무현 전 대통령의 죽음은 매우 충격적이었습니다. 전직 대통령의 자살이라는 초유의….

"정치적인 얘기는 하고 싶지 않습니다."

오 교수는 노 전 대통령에 대한 질문 앞에서 입을 닫았다. 어떤 얘기든 정파적으로 독해되고마는 요즘의 풍토를 걱정하는 것 같았다. 사실 전직 대통령의 죽음에 대한 정치적 해석이라면 그에게 적합한 질문은 못 된다. 다만 자살이라는 죽음의 방식에 대해서라면 자살예방교육에 전념해온 전문가로서 할 말이 있을 듯 했다.

"노 전 대통령의 죽음은 우리 사회 죽음문화의 현주소를 그대로 보여줬다고 봅니다. 일반적으로 공유되는 죽음 인식과 죽음 방식이 그대로 드러났어요. 살다가 어려움에 부딪치면 죽음으로 모든 것이 해결될 수 있다는 착각이 만연해 있는 거죠. 우리 사회의 자살 문제는 갈 데까지 갔어요. 자살은 앞으로 더 많이 발생할 것으로 예상되니까, 국가차원에서 획기적인 대책이 마련되지 않으면 안 되겠지요."

:: 우리나라 자살률은 OECD 국가 중 1위로 '자살대국'이라는 일본보다

더 높습니다. 자살문제의 해법을 어디서 찾을 수 있을까요?

"자살률이 높다는 건 빙산의 일각입니다. 청소년 자살충동률이 50%가 넘고, 시민들의 우울증 유병율도 50% 이상입니다. 자살률 증가 자체도 문제지만 자살충동자, 자살예비군이 양산되고 있다는 게 더 큰 문제인 거죠. 해법은 '웰다잉'에 있습니다. 자살의 원인을 따져보면 크게 세 가지예요. 첫째 개인적 동기, 둘째 경제난 등 사회적 문제, 셋째 자살과 죽음에 대한 오해. 개인적 동기나 사회적 문제로 인한 자살은 해결하기가 사실상 불가능합니다. 그러나 자살과 죽음에 대한 오해의 경우, 웰다잉 교육을 통해 얼마든지 막을 수 있어요. 자살을 하면 고통에서 벗어나고 그걸로 다 끝난다고 하는 기대감이 있기 때문에 자살을 선택합니다. 그런데 자살을 하면 오히려 더 큰 고통 속으로 들어간다는 걸 알아야 해요. 결국 자살과 죽음에 대한 오해를 풀어야 자살을 막을 수 있는 것이죠. 학교와 사회기관에서 죽음을 가르쳐야 한다고 주장하는 것도 그 때문입니다. 죽음과 자살을 바르게 이해시키는 웰다잉 교육을 통해 자살을 획기적으로 예방할 수 있죠. 제가 한림대에서 지금까지 천여 명의 대학생을 대상으로 웰다잉에 입각해 자살예방 교육했을 때 예방효과는 99% 이상이었습니다."

∷ 노 전 대통령의 유서 중 "삶과 죽음이 모두 자연의 한 조각 아니겠는가"라는 대목이 있습니다. 이같은 생사관을 어떻게 생각하십니까?

"생사불이生死不二, 삶과 죽음이 둘이 아니다, 이것은 생사학의 기본입장입니다. 죽는다고 모든 게 끝나는 게 아니다, 잘 살아야 잘 죽을 수 있다, 평화로운 죽음을 원한다면 제대로 살아야 한다, 뭐 이런 뜻이죠. 그런데 노 전 대통령은 자신의 행위를 정당화하는 의미로 이 말을 사용했어요. 삶과 죽음 이해의 성숙을 위한 경구로 썼으면 좋았을 텐데."

∷ 노 전 대통령의 죽음이 뜨거웠다면, 김수환 추기경의 죽음은 아름다 웠습니다.

"그렇죠. 김 추기경은 죽음의 방식을 스스로 결정했고, 편안하게 죽음을 맞이했다는 점에서 품위 있는 죽음의 선례로 꼽힐 만합니다. 사실 저명인사 들이 품위 있게 죽음을 맞는 사례가 필요해요. 사전의료지시서 갑작스런 죽음에 대비해 의료진에게 자기가 원하는 치료와 원하지 않는 치료를 미리 밝혀두는 서류나 유서를 미 리 써놓고, 인공호흡기 안 달고 편안하게 죽는 사례가 우리나라에는 거의 없었잖아요. 추기경께서는 서류로는 안 썼지만 말씀으로 미리 다 얘기해 놓 으셨죠."

∷ 우리 사회 죽음의 질이 낮다는 말씀을 자주 하시는데, 구체적으로 어 떤 의미인가요?

"대다수 사람들은 죽음이 뭔지도 모른 채 죽어가고, 죽음을 준비하지 못 한 채 죽음을 맞고, 그러니까 불행하게 임종하게 되는 거죠. 마지막 순간에 다들 '죽기 싫다'고 하잖아요. '안 돼!' 하면서 눈도 못 감은 채 죽고. 남아 있는 가족들과 충분히 대화하고 그들의 슬픔을 위로할 수 있어야 하는데 자 기 슬픔조차 이기지 못하는 경우가 대부분이죠."

∷ 그렇다면 성숙한 죽음, 품위 있는 죽음은 어떤 겁니까?

"죽음은 끝이 아니라 삶의 연장이고 삶의 완성이라는 걸 진정으로 이해하 지 못한다면 편안하게 죽음을 맞이할 수 없어요. 죽음을 정확히 이해하고,

262

죽음 준비를 충분히 하고, 편안하게 죽는 것, 이게 바로 '웰다잉 well-dying'
이죠. 웰다잉은 곧 웰빙의 완성입니다."

'웰다잉'은 오 교수가 2006년 만들어낸 말이다. 영어사전에도 없는 단어
다. 오 교수는 일반인 대상 죽음 준비교육을 시작하면서 이 말을 고안했다
고 한다. '죽음 준비교육'이라고 내걸면 아무도 안 올까 싶어서.

:: 잘 살기도 힘든데 왜 잘 죽는 문제까지 고민해야 합니까?

"죽음은 삶의 마무리, 생의 결론입니다. 어떤 일이나 어떤 이야기나 마무
리가 중요하지 않은 게 있나요? 아무리 잘 살았다고 하더라도 세속적인 성
공은 다 두고 가는 겁니다. 잘 죽지 못한 인생은 결코 성공한 인생이라고 할
수 없죠."

"존엄사 논란, 본말전도 양상"
– 법제화 이전에 고민할 문제 많아 –

| CBS라디오 '시사자키 변상욱입니다' 2009. 5. 28. |

오늘2009년 5월 21일 대법원이 존엄사를 인정했습니다. 무의미한 연명치료는 환자의 인간으로서의 존엄을 해칠 수 있다며 식물인간 상태인 70대 여성의 인공호흡기를 제거하도록 판결을 내렸습니다. 존엄사에 대한 법안도 발의돼서 준비중이고, 존엄사에 대한 사회적 논의가 이제 필요한 시점입니다. 이 문제를 한림대 생사학연구소 오진탁 소장과 함께 짚어보도록 하겠습니다.

변상욱 대기자 ● 지난해 2월부터 식물인간 상태로 있던 가족들이 세브란스 병원을 상대로 제기했던 소송입니다. 무의미한 연명치료장치 제거 등 청구소송에서 결국 가족이 승소하면서 존엄사가 인정을 받았는데요. 이 판결이 타당하다고 보십니까?

264

오진탁 소장 ● 저는 기본적으로 존엄사를 자연사의 현대적 해석이라는 입장에서 받아들이는 입장이기는 하지만, 대법원의 이번 판결을 존엄사 법제화의 시작이 아니라, 이를 계기로 죽음문화를 성숙시키기 위한 사회적 모색을 시작했으면 합니다.

변상욱 대기자 ● 법적으로 옳고 그름을 떠나서 한 인간의 실존적인 차원에서 존엄사에 의해 생명을 마감한다는 게 어떤 의미가 있는 걸까요?

오진탁 소장 ● 일단 죽음과 삶에 대한 자기 결정권이 인정된 것이라고 할 수 있는데요. 그렇다면 우리가 법적인 논의 이전에, 실존적 차원에서 자기가 죽음을 어떻게 이해하고 있고 어떤 방식으로 임종할 것인지에 대한 문제를 책임 있게 생각해본 적이 있는지, 그런 문제를 좀 더 진지하게 한 사람 한 사람이, 혹은 우리 사회 전체가 그런 모색하는 시간을 좀 더 가졌으면 하는 생각이 저의 바람입니다. 왜냐하면 우리 사회의 죽음의 질이 다른 나라에 비해 많이 좋지 않다고 보거든요. 죽음의 질이 향상되지 않은 상태에서 존엄사가 법제화된다고 한다면, 오히려 생명경시풍조를 양산시킬 가능성이 있습니다. 존엄사 법제화와 함께, 혹은 그 이전에 죽음의 질 향상, 그리고 성숙한 죽음문화 향상을 위한 사회적 노력을 함께 시작해야 한다고 봅니다.

변상욱 대기자 ● 개념정리를 해볼 필요가 있는 것 같습니다. 안락사와 존엄사가 있고, 안락사도 때로는 소극적 안락사와 적극적인 안락사로 나누던데요. 이 개념을 설명해주셨으면 합니다.

오진탁 소장 ● 안락사와 존엄사의 차이는 자기 의사가 분명히 있느냐 없느냐의 차이에 초점을 맞추어야 합니다. 존엄사는 연명치료를 중단할 자기의사가 분명히 있을 때, 이를 존엄사라고 얘기하는 것이고, 안락사는 자기의사와 관련 없이 의사나 가족이 진행하는 거죠. 이번에 대법원 판결도 70대 여성이 본인이 구두로는 가족들에게 표시했지만, 서류상으로는 만들어놓지 않았거든요. 그런데 서류로만 만들어놨으면 보다 확실하게 자기의사를 인정해줄 수가 있는데 그게 안 됐기 때문에 법적으로 논란이 되는 거죠. 그리고 안락사의 경우에도 소극적 안락사는 치료를 하지 않음으로써 죽게 만드는 것이고, 적극적 안락사는 어떤 적극적인 의료행위, 약을 투입한다거나 독극물을 주입한다든가 그런 걸 통해서 죽음에 이르게 하는 것이라고 할 수 있고요. 그런 의미에서 존엄사와 안락사는 구분해서 생각했으면 하는 거죠.

변상욱 대기자 ● 종교계 쪽에선 걱정이 많습니다. 무엇보다도 적극적인 치료행위를 중도에 너무 쉽게 포기하는 사례가 늘어나는 것 아닌가 하는 걱정은 어느 정도 타당성이 있다고 보십니까?

오진탁 소장 ● 타당성이 있죠. 지금 우리나라의 죽음의 질이나 죽음 준비나 죽음의 이해에 대한 것이 거의 없는 상태에서 존엄사를 법에 의해 해결하겠다고 몇몇 변호사나 의사들이 노력하고 있는데, 법 이전에 그 기반으로서 생명존중이나 죽음에 대한 태도의 성숙은 우리 사회에서 찾아보기 어렵습니다. 그러니까 종교계에서 반대하는 것입니다. 제가 보기에도 이번 대법원 판결을 계기로 존엄사 법제화를 빨리 가속화시킬려고만 한다면, 생명경시풍조는 확산될 가능성이 있다고 봅니다. 그러니까 존엄사를 법제화하는 것과 함께 우리 사회에서는 죽음의 질 향상, 성숙한 죽음문화 모색을 해야

266

만 종교계의 반대도 누그러질 수 있습니다. 성숙한 죽음문화 바탕 위에서 존엄사 법제화는 가능한 것입니다.

변상욱 대기자 ● 이 환자를 치료하던 병원의 담당의사는 아쉬움이 있는 모양입니다. 환자를 강하게 자극하면 환자가 조금이라도 움직임을 보이니까 아직은 아닌 것 같은데, 판결은 이렇게 내려졌지만 그럼 산소 호흡기를 떼는 시점을 언제로 잡아야 하느냐, 환자마다 상태가 다 달라서 그런 모양인데, 병원 내에서 이런 논의들이 그동안 충분히 있진 않았겠죠?

오진탁 소장 ● 그렇죠. 그런데 문제는 죽음이나 생명이라는 것은 의학이나 법학 이전에 보다 포괄적인 생명적인 개념이지요. 죽음의 순간을 어떻게 볼 것인가, 혹은 죽음을 어떻게 이해할 것인가 하는 데 대해서 우리 사회는 충분한 고민이 없어 보입니다. 의사나 변호사가 중심이 돼서 의학적 죽음이나 법률적 죽음에만 초점을 맞춰서 존엄사 법제화, 연명치료 중단 논의가 진행되는데 그건 굉장히 위험하다고 봅니다. 전체적인 생명으로서의 죽음에 대한 이해가 전제되고 거기에 대한 논의가 진행되지 않는 상태에서, 그리고 어느 정도 사회적 합의가 진행되지 않은 상태에서 심장이 언제 멈추고 호흡이 언제 멈추고 뇌가 언제 멈추고, 또 연명치료를 언제 중단하는지에만 초점이 맞춰져 있거든요. 지금 우리 사회에서 이런 식의 논의는 본말전도라고 할 수 있습니다. 죽음문화의 성숙, 죽음의 질 향상을 위해 종교, 철학, 생사학적으로 죽음에 대한 심층적 정의, 또 의사와 간호사들에 대한 웰다잉 교육, 그것이 전제되지 않은 상태에서 존엄사 법제화에만 초점을 맞추는 건 상당히 위험한 발상이고, 생명경시 풍조의 확산을 야기할 가능성이 크다고 봅니다.

변상욱 대기자 ● 우리 사회가 그동안 죽음을 너무 타부시해왔기 때문에 논의 자체가 별로 진행된 게 없는 것 같군요?

오진탁 소장 ● 그렇죠. 제가 최근에 일본에 갔다 왔는데 일본 같은 경우는 도시 가운데 공동묘지가 있습니다. 유럽도 그렇다고 얘기를 들었습니다. 그러니까 죽음을 우리 삶의 중심부로 끌어들이는 사회적 노력이 필요합니다. 법제화 이전에 죽음을 우리 삶의 일상대화 속으로도 끌어들이고, 죽음이나 임종방식에 대해서, 혹은 연명치료 중단이나 존엄사 문제까지 포함해 죽음과 관련된 다양한 담론들이 우리 삶의 테두리 안에 들어와야만 우리 삶이 건강해지고 생명존중 풍조도 확산될 수 있을 거라고 생각합니다.

변상욱 대기자 ● 우리나라의 죽음의 질을 다른 나라와 비교하면 수준이 어떻습니까?

오진탁 소장 ● 자살률이 OECD 국가 가운데 1위 아닙니까. 그것이 우리 죽음의 질을 판단할 수 있는 가장 좋은 자료 중의 하나이고, 자살률 1위뿐 아니라 자살 충동률을 보면 청소년상담원에서 청소년들 대상으로 조사했을 때 약 50%가 자살충동을 느끼고 있고, 약 10%가 자살시도를 한 적이 있다고 합니다. 노인들의 경우는 약 80%가 자살충돌을 느낀다는 조사결과가 나왔지요. 또 한 가지는 우울증 발생률이 여러 차례 조사했을 때 약 50% 이상 나옵니다. 그러니까 존엄사 법제화라고 얘기하지만, 그 이전에 더 심각한 것이 우리 사회의 죽음의 질입니다. 죽음의 질이 세상에서 가장 나쁜 나라 중의 하나라는 걸 솔직하게 인정하고, 거기서부터 시작해야 하겠지요.

268

죽음과 삶의 질같은 문제를 법에 의해 해결할 수는 없겠지요.

변상욱 대기자 ● 논의의 시작은 노인들이 임종을 맞을 때 어떻게라는 문제였는데 그보다 더 심각하고 진지한 논의가 있어야 하는 문제군요. 이번에 존엄사도 사회에 방점을 찍는 게 아니라 존엄에 방점을 찍어서 생각해볼 사안이기도 한 것 같습니다.

오진탁 소장 ● 그렇죠. 연명치료 중단에 초점을 맞출 게 아니라 죽음의 존엄, 삶의 존엄, 그리고 인간의 존엄에까지 확대하는 문제의식이 절실합니다.

친근한 대중스타였던 탤런트 최진실이 일주일 전 스스로 세상과 이별했다. 누구에게나 말동무가 돼 줄 것 같았던 최씨였지만, 이제 그녀와 눈빛을 교환할 이는 아무도 없다. 그녀의 죽음을 전후로 탤런트 안재환과 성전환 연예인 장채원도 스스로 생을 마감했다. 이들만이 아니다. 2년 전에는 영화배우 이은주, 가수 유니, 탤런트 정다빈도 자살로 세상을 등졌다. 연예인만이 아니다. '죽음에 대한 자기 결정권'을 주장하기라도 하듯, 일반인의 자살도 늘고 있다. 죽음은 누구에게나 반드시 찾아오는 것이기는 하다. 하지만 자살은 떠나는 사람이나 남아 있는 이들에게 주는 고통이 유별나다. 떠나는 이는 '존엄한 죽음'을 맞이하지 못하고, 남는 가족은 죽음보다도 힘든 인생의 '고통 터널'을 헤매야 한다. 유명인의 자살 사건 때마다 우리 사회는 몸살을 앓는다. 언론은 이를 예방하자는 여러 기사를 내

놓는다. 정부도 자살은 막아야 한다는 구호성 제안을 쏟아낸다. 그러나 그뿐이다. 일회성이기 십상이다. 자살의 심각성과 이를 예방하려는 절실함이 묻어 있지 않기 때문이다.

오진탁 한림대학교 철학과 교수는 최근 부쩍 바빴다. 그는 '생사학' 분야의 유일한 국내 전문가다. 생사학은 인간의 삶과 죽음 문제를 영혼의 성숙이라는 시각에서 바라보는 학문이다. 유명 연예인이 자살로 10월의 둘째 날을 열자, 오 교수는 이날 아침 떠나기로 오래전부터 준비한 3박 4일 일정의 등산을 포기했다. 전문가의 견해를 구하려는 언론의 전화가 이어졌기 때문이다. 지난 10월 6일 그를 서울 여의도에서 만났을 때에도 전화가 이어졌다. 그와의 인터뷰가 강원도 춘천 한림대에서 하기로 했다가, 갑자기 잡힌 방송 출연 등을 이유로 서울에서 이뤄질 정도였다.

오 교수는 "죽음을 알면 자살하지 않는다"고 단언한다. 그는 "삶과 죽음은 하나로 이어진 영혼의 아름다운 여정이며, 자살은 이 영혼을 무참히 짓밟는 행위"라며 "자살 행위는 삶의 권리는 물론 죽음의 권리마저 포기하는 것"이라고 강조한다. 자살은 행위가 이뤄진 뒤에도 결코 당사자에게 구원의 손길을 내밀지도 않는다. "자살을 시도했다가 살아남은 분들의 이야기를 들어보면 자살은 끝이 아니라는 것을 알 수 있어요. 이분들은 자살 후 가사상태에서 말할 수 없는 고통을 느꼈다는 경험을 들려줍니다."

사람들이 자살을 시도하는 원인은 우울증과 경제적 파탄 등 이래저래 다양하다. 개인적 이유도 넘쳐나지만, 사회의 구조적인 요인도 무시할 수 없다. 선진국에서는 사회의 발전에 비례해 낙오자를 구제하는 '사회 안전망'

이 구비돼 있지만, 우리는 제도적 장치를 구축하지 못하고 있다. 이를 해결하지 않고는 결코 건강한 사회를 만들 수 없다. '웰다잉 Well-dying' 교육이 절실하다는 그의 설명은 그래서 설득력이 있다. 그는 "죽음의 과정을 평생 성찰하고 고민한다면 비극은 잦아들 것"이라고 조언한다. 죽음은 단순히 육신의 소멸이 아니라, 영혼이 육신으로부터 분리해 나오는 과정이기 때문이다. 하지만 우리 사회에서는 주로 심리상담과 정신의학 위주로 자살예방 활동이 이뤄진다. 여기에는 애초에 한계가 있다. "심리상담 등만으로 이뤄지는 예방 활동은 부분적이고 대증적인 조치일 뿐이지요. 자살을 예방하기 위해서는 죽음과 자살의 차이를 제대로 이해해야 합니다. 체계적인 교육 이후에 자살해서는 안 되는 이유를 설명해야 합니다."

삶을 심도 있게 바라보자는 철학도 마찬가지다. 이런 이유로 그는 1995년 한림대 철학과 교수로 재직한 이래 철학학회에 참석하지 않고 있다. 철학 대신에 생사학의 연구와 사회활동에 전념하고 있다. 오 교수는 탤런트 안재환의 자살 직전에 내놓은 책 『자살, 세상에서 가장 불행한 죽음』에서 철학의 역할에 대한 강한 회의감을 드러냈다. "죽음 문화가 거의 없고 자살률이 급증하는 현실에서 철학은 어떤 사회적 역할과 기여를 했는가라는 질문에 대해서 학계에서는 대답할 말이 없을 것입니다."

정부의 대응은 더 한심하다. 정부가 자살을 방지하기 위해서 하는 일은 거의 없다. 자살예방위원회 설치는 고사하고 문제인식도 제대로 하지 못하고 있다는 비판이 넘친다. 경쟁의 격화와 실업 등 사회적인 문제가 자살률 상승의 큰 원인으로 작용하는 상황에서 정부의 적극성이 부족하다는 진단은 곳곳에서 나온다. 전재희 보건복지가족부 장관은 지난 9월 '세계자살예방의 날'을 맞아 "다양한 자살예방 사업을 추진하고 있으며, 범정부적인 종합계획을 마련 중에 있다"고 밝혔다. 하지만 담당 공무원조차도 "제한된 예산과 기반연구가 부족한 실정"이라며 "사회적 공론화에 한계를 느낀다"고 토로한다. 정부의 '거북이 행보' 때문에 사회적 분위기 조성은 더 절실하다. 오 교수는 "자살하는 사람은 우울증을 앓는 사람이 다수이기 때문에 이를 솔직하게 토로해서 치료하는 사회적인 분위기를 만들 필요가 있다"고 강조한다. "미국의 인기 토크쇼를 보면 가끔 저명인사가 자신의 우울증 치료 과정을 솔직히 밝히곤 합니다. 이런 용기 있는 사회가 우리로서는 부럽지요."

삶과 죽음 문제를 10년 넘게 천착해 오면서 그는 다양한 활동을 펼쳐왔다. 1997년부터 한림대 학생을 대상으로 생사학 강의를 해오다가 2004년에는 한림대에 '생사학연구소'를 설립했다. 군인과 일반인을 상대로 한 웰다잉 교육도 지속적으로 펼치며 성숙한 '죽음 문화' 정착에 힘을 보태고 있다. 그의 노력으로 육군은 올해 상반기에 '자살예방을 위한 웰다잉 워크샵'을 개최했다. 그는 특히 군인을 대상으로 한 교육과 강의에 관심이 많다. "연예인의 자살이 모방 행위를 낳는 '베르테르 효과'와 자살률 증가는 문제입니다. 하지만 더 큰 문제는 자살충동자와 자살예비군이 우리 사회에 널려 있다는 것이지요. 특히 군인들은 특수 환경에서 생활하고 있어, 예방 교육을 보다 철저히 할 필요가 있습니다."

사회적인 지원도 중요하지만 자살을 예방하기 위해서는 개인의 노력이 필요하다. "부정적이든 긍정적이든 습관이 사람을 만드는 법입니다. 평화롭게 죽음을 맞이하는 데 동의한다면, 올바르게 사는 법을 배워야지요." 마지막으로 오 교수는 달라이라마의 말을 빌려 삶의 의미를 되새겨보라고 제안한다. 삶과 죽음은 단절이 아니라 연속이며, 죽음은 새로운 시작임을 마음 깊이 간직하자는 제안이다.

"죽음이란 끝이거나 궁극적인 종말 같은 것이라기보다는 다 낡아서 해어졌을 때 갈아입는 옷과 같습니다."

삶, 죽음에게 길을 묻다

한기호의 독서노트
"자살은 더 큰 고통의 시작이다"

| 한기호, 한국출판마케팅연구소장(주간동아 658호, 10. 28.) |

1993년 일본 사회는 출간 첫해에만 82만부가 팔린 베스트셀러 『완전 자살 매뉴얼』로 큰 충격을 받았다. 이 책을 펴낸 출판사 대표는 독자에게 '이렇게 하면 죽을 수 있구나' 하는, 모종의 해방감을 안겨주었기에 성공할 수 있었다고 해석했다. 이런 책을 읽는 독자는 대부분 치유 불능의 병을 안고 있다는 소외감을 느끼는 사람들인데, 그런 소외감에서 해방되려고 애쓴다는 것이다. 아무리 매뉴얼을 좋아하는 일본이지만 이런 것까지 책으로 펴내고 또 그렇게 많이 읽힌다는 게 신기했다. '무사들의 할복을 용인하는 일본이니 그렇겠지' 하고 가볍게 넘겨버린 기억이 있다.

우리나라는 이미 2002년에 자살 사망자 수가 교통사고 사망자 수를 넘어섰다고 한다. 더 충격적인 것은 자살률이 경제협력개발기구OECD 30개 회원국 중 최고라는 사실이다. 최근에는 한 '국민 여배우'가 자살하는 바람에 사회적 충격을 안겨주기도 했다. 유명인이 죽은 다음 동조 자살하는 '베르테르 효과'가 엄연하니 자살은 이미 개인 차원을 넘어선 중대한 사회문제다. 『자살, 세상에서 가장 불행한 죽음』은 철학자 오진탁이 바람직한 죽음 문화의 형성을 위해 펴낸 책이다. 그는 철학이 사회적 기여와 제구실을 하지 못한다는 생각에 철학학회에는 참석하지도 않고 오로지 생사학生死學의 연구와 교육, 그리고 사회활동에 전념하고 있다. 자살 방법을 세세하게 알려주는 책과는 한참 거리가 멀다는 이야기다.

생사학의 국내 최고 권위자인 저자는 생사학을 건강한 죽음문화를 모색하고 삶과 죽음의 균형 있는 관계를 설정하기 위해 고심하는 학문이라고 말한다. 생사학에서는 죽음을 삶과 동등하게 인간의 일생을 구성하는 필수 단계로 보기에, 건강한 죽음을 건강한 삶만큼이나 중요한 것으로 여긴다고 한다. 그것이 바로 '웰다잉'이다. 잘 죽기 위해 노력하는 사람이야말로 참된 삶을 영위할 수 있다는 이야기는 어제 오늘의 것이 아니다. 저자는 자살해선 안 되는 가장 큰 이유는 자살이 더 큰 고통을 가져오기 때문이라고 말한다. 자살자들은 자살로 모든 고통이 소멸된다고 생각한다. 하지만 자살 시도자들은 가사 상태에서 겪은, 현실보다 더 무섭고 괴로운 고통의 경험을 털어놓는다.

자살성공자의 경우 '최면치료요법'이라는 임상경험에 따르면, 각자의 삶에 주어진 책임을 참을성 없이 벗어던진 환자들은 그로 인해 씻을 수 없는 아픈 기억을 품게 되고, 자살을 선택한 순간부터 영혼은 후회와 죄책감에 빠지게 된다. 자살은 자신의 신체 상태만을 변화시킬 뿐 상황을 바꾸지는 못한다. 자신을 옥죄어온 현실의 문제는 죽음 이후에도 그대로 남는다. 삶과 죽음의 순간, 죽음 이후는 우리 영혼에게 하나로 이어진 과정이기 때문이다. 그래서 새로운 삶에서는 원래 감당해야 했던 과제와 함께 자살이라는 어리석은 선택에 대한 책임까지 짊어져야 한다는 것을 깨닫게 된다. 따라서 죽음을 잘 이해하면 결코 자살하지 않는다.

1. 자살자들은 왜 나만 고통을 당하는가?
2. 자살하면 현재의 고통에서 단숨에 벗어날 수 있다.
3. 이 세상과 사회가 나를 자살하게 만든다.
4. 자살하면 세상과 완전히 결별할 수 있다.

사람들은 이런 4가지 이유로 자살을 선택한다. 그러나 그 이유들은 그야말로 오해일 뿐이다. 삶을 살아가는 동안 크고 작은 고통과 고난의 순간을 겪지 않는 사람은 없다. 자살자들은 자살을 정당화하는 사회구조적 문제로 경제불황의 장기화, 외로운 독거노인, 군부대 폭력과 욕설, 성형수술의 유행, 인터넷의 역기능과 악플, 지나친 학습부담 등을 대지만 삶과 죽음의 문제는 궁극적으로 자신의 문제다. 사회가 자신의 삶에 영향을 끼칠 수는 있어도 삶을 대신 살아줄 수 없고, 죽어줄 수도 없다.

또 죽음은 낡은 옷을 벗고 새 옷으로 갈아입는 기회로, 육신이라는 낡은 옷을 벗는 것에 불과하다. 죽음의 과정이 인연이 다한 육신의 옷을 벗고 새 옷을 입는 통과의례임을 직시한다면 삶과 죽음은 단절이 아니라 연속이요,

죽음은 새로운 시작임을 알 수 있다. 따라서 죽음으로 이 세상과 완전히 이별할 수 있다는 생각은 착각이며, 또한 죽음을 필요 이상으로 두려워할 이유도 없다.

이제 우리는 "자살을 크게 줄이려면 죽음이나 자살에 대해 올바른 시각을 갖도록 죽음과 삶의 참된 의미를 가르쳐야 한다"고 단호한 어조로 말하는 저자의 주장에 귀 기울여야 한다. 책에서는 수많은 자살 사례가 예시된다. 책의 끝에는 저자가 대학에서 행한 자살예방교육의 경험담이 붙어 있다. 나 또한 청소년기에 자살소동을 일으킨 적이 있다. 그래서 저자의 강의를 들은 대학생들이 더욱 살갑게 느껴지기도 했다. 혹시 지금 자살을 생각하고 있는 사람이 있다면 그들에게 이 책을 권한다. 삶의 고통은 우리 영혼이 비루하고 유한한 육신의 삶을 넘어 아름다운 영혼으로 성장하도록 신이 내린 선물일 뿐이란 것을 깨닫기 바라며….

법정 스님의 아름다운 마무리

"죽음이 어느 때 우리를 찾아올는지 알 수 없는 일이다. 죽음이 언제 어디서 우리 이름을 부를지라도 '네' 하고 선뜻 일어설 준비만은 되어 있어야 할 것이다."

"육신을 70, 80년 끌고 다니면 부품 교체가 아니라 폐차 처분할 때가 있다. 죽음은 자연스러운 것이다. 육신의 죽음을 끝이라고 보면 막막하게 되지만, 새로운 삶의 시작이라고 본다면 어떤 희망이나 기대를 하게 된다. 우리는 평소에 그런 훈련을 많이 받아서 장담할 수는 없지만, 담담하게 건너갈 것 같다."

2007년 겨울 폐암으로 미국에서 항암 치료를 받은 후 법정 스님은 '고마움'과 '나눔'을 자주 이야기했다. 수행자답게 생사의 문제에 담담했던 스님은 2009년 다시 병이 재발하자 주위에서 수술을 권했지만 받아들이지 않았다.

지난 3월 2일 병실을 찾은 어떤 문병객이 물었다.

"생과 사의 경계가 없다고 하는데 지금, 스님은 어떠십니까?"

그러자 스님은 종이에 "원래부터 생과 사가 없어"라고 쓰며 생사를 초월한 모습을 보여줬다.

"생명의 기능이 나가 버린 육신은 보기 흉하고 이웃에게 짐이 될 것이므로 조금도 지체할 것 없이 없애주면 고맙겠다. 그것은 내가 벗어 버린 헌옷이니까. 물론 옮기기 편리하고 이웃에게 방해되지 않을 곳이라면 아무데서나 다비茶毘 해도 무방하다. 사리 같은 걸 남겨 이웃을 귀찮게 하는 일을 나는 절대로 하고 싶지 않다."

병상에서 스님은 병수발 드는 시자에게 또 이렇게 말씀하셨다.

"지금 내 소원은 사람들에게 폐 끼치지 않고 하루빨리 다비장 장작으로 올라가는 것이야!"

보다 단순하고 보다 간소한 삶을 추구하셨던 스님은 허례허식의 장례절차가 이뤄진다면 죽은 시신이라도 벌떡 일어나 그만두라고 소리칠 테니 내 뜻에 따르라고 거듭 말씀하셨다.

스님의 생전 소원은 '보다 단순하고 보다 간단하게 사는 것'이었다. 사는 곳이 번거로워지면 '버리고 떠나기'를 통해 당신의 초심을 잃지 않았고 아름다운 마무리를 통해 사후 장례절차까지 철저하게 당부하셨다.

스님은 입적 하루 전날 제자들에게 다음과 같은 말씀을 남겼다.

"모든 분들에게 깊이 감사드린다. 내가 금생에 저지른 허물은 생사를 넘어 참회할 것이다. '내 것'이라고 하는 것이 남아 있다면 모두 맑고 향기로운 사회를 구현하는 활동에 사용하여 달라. 이제 시간과 공간을 버려야겠다. 삼일장 하지 말고 지체 없이 화장하라. 평소의 승복을 입은 상태로 다비하고 사리를 찾지 말고 탑, 비도 세우지 말라."

서로가 더 많은 것을 소유하려는 진흙탕 싸움의 현실세계에서 스님은 '비어있으나 충만한' 무소유의 삶을 살았다.

『무소유』『텅 빈 충만』 등 수많은 스테디셀러를 쓴 스님은 인세 전부를 가난한 이들에게 소리 없이 나눠주고는 그 일을 깨끗이 잊었다. 남을 도왔다는 생각마저도 놓아버린 스님의 무소유는 말 그대로 '텅 빈 충만'이었다.

소유를 범죄처럼 생각했던 간디에게 깊이 공감한 스님은 관도, 수의도 없이 평소에 입던 가사 그대로 걸치고 좁은 평상에 누운 채로 다비茶毘의 불길에 들어갔다.

그 흔한 꽃도, 만장도, 추모사도, 임종게臨終偈도, 아무것도 없었다. 스님은 '무소유'를 평생 설파했고, 마지막 가는 길에서도 그 길을 좇았다. 스님이 남긴 무소유, 텅 빈 충만은 신선하고 활기 있는 큰 울림으로 우리 곁에 남아있다.

"침묵을 배경으로 하지 않은 언어는 공허하다"며 침묵의 중요성을 강조했던 스님은 법문 마지막을 다음같이 맺곤 했다.

"내 말은 이쯤에서 끝내니까, 나머지 이야기는 봄에 피어나는 저 찬란한 꽃들에게 들으라."

한국교직원신문 2010년 4월 5일 오진탁

1) 정진홍 편, 『웰다잉 전문지도강사 매뉴얼』, 각당복지재단, 2007, pp.41~42.
2) 임종을 가장 많이 접하는 의료계에서 죽음을 외면하는 경향이 가장 심한 것은 아이러니다. 대부분의 사람들이 병원에서 임종을 맞이하고 있는 요즈음, 병실과 장례식장 사이 중간 단계 호스피스나 임종실을 운영하는 병원은 극소수에 지나지 않는다. 의사나 간호사 대상으로 죽음 준비교육도 전혀 실시되고 있지 않다. 죽음이 무엇을 의미하는지 모르는 상태에서 임종환자를 보살피고 있는 것이다. 더구나 의료현장에서는 심폐사와 뇌사가 죽음정의 역할을 하고 있으므로, 인간은 육체만의 존재, 죽으면 다 끝나는 것을 전제하고 있다. 심폐사와 뇌사는 의학적 죽음판정의 기준에 불과할 뿐이지 결코 죽음정의가 될 수 없다. 인간은 육체만의 존재가 아니기 때문이다.
3) 피터 싱어, 장동익 역, 『삶과 죽음』 철학과 현실사, 2003, p.38에서 재인용.
4) 위의 책, p.45.
5) 임종식, 『생명의 시작과 끝』, 로뎀나무, 1999, pp.247~248.
6) 구인회, 「생사학의 죽음이해를 읽고」 『철학연구』, 2006. 겨울, p.177.
7) 정진홍 편, 『웰다잉 전문지도강사 매뉴얼』, pp.42~44.
8) 디팩 쵸프라, 정경란역, 『죽음 이후의 삶』, 행복우물, 2007, p.17.
9) 비가역적 혼수상태에 있는 환자들에게 들어가는 엄청난 부담으로 인해 미국에서는 죽음에 대한 새로운 정의가 필요했다, 1968년 미국 하버드대학 뇌사위원회는 비록 뇌는 죽었지만, 다른 장기는 유용한 상태인 한 시점을 선택하는 것이 최선이므로 죽음에 대한 새로운 정의로 뇌사를 제시했다. 이 이후 다른 선진국에서는 뇌사를 죽음 판정기준으로 수용했지만, 일본은 뇌사를 기준으로 받아들이지 않고 있다.(피터 싱어, 『삶과 죽음』 장동익 역, 철학과 현실사, 2003, pp.37~57 참조)
10) Francisco Varela, *Sleeping, dreaming, and dying*, N.Y. : wisdom pub. 2003, pp.140~141.
11) 퀴블러 로스, 최준식 역, 『사후생』, 대화출판사, 1996, pp.54~55.
12) 다찌바나 다까시, 윤대석 역, 『임사체험』상, 청어람미디어, 2003, p.411.
오진탁, 『마지막 선물』, 세종서적, 2007. 4장 '죽음 끝이 아니다' 참조.

임사체험을 연구한 의사 롬멜 박사는 뇌파가 정지한 시간에도 의식은 살아 있었음을 말하고 있다.(디팩 쵸프라, 『죽음 이후의 삶』, 행복우물, 2008, pp.41~42. 참조)

13) 엘리자베스 퀴블러 로스, 박충구 역, 『삶과 죽음에 대한 기억』, 가치창조, 2001, pp.225~226.

14) 위의 책, p.11.

15) 다치바나 다까시, 『임사체험』상, 윤대석 역, 청어람미디어, 2003, pp.420~422.

16) 엘리자베스 퀴블러 로스 외, 류시화역, 『인생수업』, 이레, 2006, p.13.

17) 생사학 전문가들은 죽음문제를 영혼이나 영성과 결부시켜 연구하고 있다. Kenneth J. Doka와 John D. Morgan은 Death and Spirituality (N.Y. : Baywood, 1993)을 펴낸 바 있고, 영성적 관심, 사별과 영성적 위기, 영성적 보살핌, 영성과 상담 등등에 관해 연구가 계속 나오고 있다.

18) 2장 '죽음, 어떻게 이해할 것인가' 참조.

19) 퀴블러 로스, 『사후생』, 대화문화아카데미, 2009, p.39.

20) 얼마 전 병원 중환자실과 응급실에서 10여 년간 근무했던 간호사가 찾아와 의사와 간호사들이 죽음에 대해 준비되지 않은 상태에서 임종자들을 보살피고 있는 현실이 너무 안타깝다고 실토하기도 했다. 의사협회에서는 오래전부터 임종환자 의료지침을 통해 안락사 법제화를 요구해왔지만, 우리 사회 죽음의 질 향상을 위해 의협에서 과연 어떤 노력을 했는지 묻고 싶다. 죽음이 바르게 이해되지 않는 사회에서, 더구나 바르게 이해하기 위한 사회적 노력을 진행하고 있지 않은 상태에서 어떻게 죽음이해와 밀접하게 관련이 있는 존엄사를 법제화하는 일이 가능할 수 있을까. 우리 사회는 지금까지 죽음을 타부시했다. 죽음을 일상대화의 주제로 올리는 사람이 거의 없고 평소에 죽음을 준비하는 사람도 찾아보기 어렵다. 죽음문화가 충분히 성숙되지 않은 상태에서 존엄사를 성급하게 법제화한다면, 현대판 고려장이 되지 않을까 걱정된다.

21) 생사학과 호스피스와 관련해 현대의 고전의 평가받고 있는 『티베트의 지혜』의 소걀 린포체는 죽으면 다 끝나느냐 아니냐, 죽은 뒤 영혼이 있느냐 없느냐 하는 문제는 논증의 문제라기보다는, 바로 지금 여기에서 자신을 얼마나 깊이 있게 이해하느냐의 여부에 달려있다고 말하고 있는데, 이는 시사하는 바가 적지 않다.[Gary doore ed. What survives?(N.Y. : Tarcher putnam Book, 1990), p.203.)

22) 그러나 지금이라도 결코 늦지는 않았다. 연명치료 중단을 허용하는 이번 대법원 판결을 계기로 이제부터라도 죽음 준비교육을 학교와 사회 교육으로 실시해 바람직한 죽음이해와 임종방식을 확산시키고 호스피스에 대한 거부감을 불식시켜 호스피스 제도를 활성화할 수 있도록 제도적으로 뒷받침해야 한다.

23) 최근 들어 우리 사회가 관심을 갖기 시작한 호스피스는 죽어가는 사람의 정신적, 영적인 고통을 보살피는 일을 하지만, 우리 사회에서 죽어가는 사람 중 호스피스의 도움을 받는 사람은 얼마 되지 않는다. 성숙한 죽음문화의 형성을 위해서는 죽음정의와 그 이해가 획기적으로 바뀌어야 할 것이다.

24) 소걀 린포체, 오진탁 역,『티베트의 지혜』, 민음사, 1999, p.106.

25) 김성철,『중관사상』, 민족사, 2006, p.36.

26) 소걀 린포체, 오진탁 역,『티베트의 지혜』, 민음사, 1999, pp.58~61.

27) 안양규,「붓다의 죽음」(『불교평론』2005년 겨울 7권 4호), p.29.

28)『잡아함경』(대정장 2권 150 중).

29)『잡아함경』21권(대정장 2권 p.85 중).

30)『잡아함경』5권(대정장 2권 p.26 상).

31) 또한 임사체험자들은 죽음의 순간 마치 허물 벗듯이 육체의 옷을 벗어버렸다. 죽음은 흡사 나비가 고치를 벗어 던지는 것처럼 육신을 벗는 것에 불과하다. 죽음은 보다 높은 의식 상태로의 변화일 뿐이다. 죽음의 순간에 유일하게 잃어버린 것이 있다면 육신이란 허물 뿐이다.

32)『유식삼십송』에 제시된 아라야식은 다음과 같이 요약될 수 있다. "1.아라야식은 모든 존재하는 것의 종자가 머무는 곳이고, 일체의 종자를 가진 것으로서 일체종자식이라고도 한다. 2.아라야식은 과거세의 행위에 의한 훈습을 받지만, 그 자체로는 선도 아니고 악도 아니고 무기(無記)이므로, 이숙(異熟)이라고도 한다. 3.인간의 생존의 근저에 있으면서 매 순간마다 작용하여 의식의 흐름을 형성한다. 윤회는 이렇게 부단히 작용하는 아라야식을 근거로 해서 성립된다. 4.아라야식은 드러나지 않은 상태로서 매 순간마다 지속되므로 잠재의식 또는 심층의식이라고도 부른다.… 과거의 행위에 의해 아라야식에 훈습이 남겨져 … 현세에 나타난 것이 말라식(末那識)과 육식(六識)이다. 지금 삶에서 작용하고 있는 말라식과 육식은 그 훈습을 아라야식에 남긴다. 이런 식으로 아라야식은 현세의 말라식과 육식과 함께 서로 원인과 결과가 되는 관계를 이룬다".(불교생명윤리 정립위원회 편,『현대 사회와 불교 생명윤리』, 조계종출판사, 2006, p.182)

33) 그러나 subtle mind가 윤회한다고 해서 실체로서가 아니라, 연기적 자아로서 윤회하는 것이다.(김용옥,『달라이라마와 도올의 만남』, 통나무, 2002, pp.686~696)
『티베트 사자의 서』에서는 의식이 육신을 떠나는 죽음의 순간에 대해 이렇게 말하고 있다. "이제 죽음이라 불리는 것이 그대에게 찾아왔다. 그대는 이 세상으로부터 벗어나고 있다. 하지만 그대만이 유일하게 이 세상으로부터 떠나는 것은 아니다. 죽음은 누구에게나 찾아온다. 이 세상의 삶에 애착을 갖거나 집착하지 말라. 그대가 마음이 약해져서 이 세상에 남겨둔 것에 아무리 집착할지라도 그대는 이제 여기에 머물 힘을 잃었다. 그대가 이 세상에 대한 집착을 버리지 않는다면, 그대는 윤회의 수레바퀴 아래에서 헤매는 것밖에 아무것도 얻을 게 없다. 그러니 마음을 약하게 먹지 마라. 다만 진리, 진리를 깨달은 자, 그를 따르는 구도자들을 기억하라. 그대의 마음과 육체가 분리되어 있는 이때, 당황하거나 두려워하거나 무서워하지 마라. 아! 고귀하게 태어난 자여, 지난 사흘 반 동안 그대는 기절상태에 있었다. 기절상태에서 깨어나자마자 그대는 '나에게 무슨 일이 일어난 것일까?' 생각할 것이다. 그대는 지금 사후세계에 있다." (류시화 역,『티베트 사자의 서』, 정신세계사, 1995, pp.245~247.)

34) 『불광대사전』5권, 민족사, 1998, p.4149.

35) 『불반니원경』(대정장 1권 169상).

36) 석지현 역, 『법구경』민족사, 2000, pp.95~99.

37) 『증일아함경』(대정장 2권 637중).

38) 『별역잡아함경』(대정장 2권 392중).

39) 성철, 『영원한 자유의 길』, 장경각, 1996, pp.24~26.

40) 악자취는 인도의 식물의 이름으로, 나뭇가지마다 세 개의 열매가 열린다. 세 가지 열매는 탐욕, 성냄, 어리석음의 삼독(三毒)을 상징한다.

41) 『능엄경』1권, p.43.

42) 『능엄경』1권, p.32.

43) 감산대사, 『한글세대를 위한 원각경』, 세계사, pp.38~41.

44) 『기신론』에서는 우리 마음에 두 가지 문이 있음을 말한다. 첫째 마음의 진여문, 둘째 마음의 생멸문. 마음의 진여문은 불생불멸 생멸이 끊어진 자리이다.(『감산의 기신론 풀이』, 서광사, 1992, pp.56~59)

45) 불교는 일반적으로 육도윤회(六道輪廻)를 말한다. 천상, 수라(修羅), 인간, 축생(畜生), 아귀(餓鬼), 지옥 등 여섯 가지 세계에서 생사를 반복한다는 것이다. 여섯 가지 세계는 우리의 여섯 가지 부정적인 감정, 자만, 질투, 욕망, 무지, 탐욕, 그리고 분노의 인과응보이다.(소걀 린포체, 오진탁 역, 『티베트의 지혜』, 민음사, 1999, pp.195~196)

46) 소걀 린포체, 오진탁 역, 『티베트의 지혜』, 민음사, 1999, pp.181~182.
죽음이 끝인지 아닌지 하는 의문은 일반인들이 많이 관심을 가지는 문제이지만, 쉽게 결론 내릴 수 있는 그런 문제도 아니다. 하지만 불교의 경우 그런 의문은 논의할 가치조차 없다. 왜냐하면 바르도 개념은 삶과 죽음만이 아니라 죽음 이후까지 자연스럽게 상정하고 있기 때문이다.

47) 위의 책, pp.89~91.

48) 위의 책, p.94.

49) 뒤좀 린포체는 그의 유명한 깨달음의 선언에서 이렇게 썼다. "현재의 순수 의식이 붓다 바로 그것이기에 / 열린 태도와 평온한 마음 가운데에서 나는 내 마음의 라마를 발견했다. / 이처럼 무궁무진한 자연 그대로의 마음이 바로 라마의 본성임을 우리가 알아차릴 때 / 더 이상 애착하고, 움켜잡고, 눈물 흘리면서 애원하거나 갖가지 불만을 터뜨릴 필요조차 없게 된다. / 이렇게 억지로 꾸며내지 않고 열려있는 자연 그대로의 상태에서 편안하게 쉼으로써, / 무엇이 일어나든지 인위적으로 목표를 설정하지 않아도 자기 해방의 축복을 얻게 된다."(『티베트의 지혜』, pp.86~87)

50) 소걀 린포체, 오진탁 역, 『티베트의 지혜』, 민음사, 1999, p.36.

51) 이제, 우리 사회에서 자살현상의 심각성을 어느 정도 인지해 자살예방의 중요성을 대부분이 관심을 갖게 되었다. 그러나 자살 사망자 급증도 문제이지만, 여러 차례 실시한 자살 충동에 대한 조사결과를 감안해 보았을 때 보다 우려되는 점은 경제적 사회적 상황의

악화로 인한 자살 충동자의 양산이다. 문제의 핵심은 자살률 증가가 아니라 자살 충동자, 자살예비군의 양산이다.

A 한국보건사회연구원 2005년 11월 1503명 대상으로 조사

　38.3%가 자살권 주장

　26.6%는 '자살이 유일한 해결책인 상황이 있다'

　71.7%는 '불치병에 걸린 사람이 자살한다면 이해할 수 있다'

B 송파구 보건소 2005년 9월 청소년 4150명 대상으로 조사 : 63.8% 자살충동

C 청소년상담원 2005년 9월 청소년 3117명 조사 : 48.6% 자살충동

D 박명실 연구원 2004년 10월 대학생 349명 조사 : 48%가 자살 위험요인

E 서강대 학생생활상담 연구소 2006년 말 620명 조사 : 52.4% 자살충동

F 춘해대 사회복지학과 서화정 교수 경남지역에 60세 이상의 노인 512명 조사

　443명중 86.5%가 '1번 이상 자살을 고려해 봤다'고 대답.

G 고대의대 정신과팀 명동 거리에서 2005년 2월26일 세계보건기구의 단축형 우울증 자가진단표를 이용해 20세 이상 성인남녀 100명을 대상으로 조사

　56명 우울증 위험군, 12명 이미 우울증을 앓고 있었다, 3명은 중증 우울증

H 대한우울증 조울증 학회는 2004년 12월23일 백화점에서 120명 우울증 선별검사

　60%가 우울증, 27%가 중증 이상 우울증세, 13%가 심각한 수준

I 여의도 성모병원 2004년 10월 61세 이상 노인 100명 우울증 검사 : 80%가 우울증

현재 자살률이 높은 것도 문제지만, 정말 심각한 것은 자살이 해결책이 된다, 자기 판단에 따라 자살할 수 있다, 죽으면 고통도 끝난다, 이렇게 생각하는 사람들이 상당히 많다는 것이 문제이다. 자신만 죽어버리면 모든 일이 해결되는 것처럼 자살을 도피의 수단으로 착각하는 사람들이 많다. 자살문제를 임시방편, 미봉책으로 해결할 수 없는 이유도 바로 여기에 있다. 최근 자살이 문제의 초점으로 부각되어 있지만, 자살현상은 사실 빙산의 일각에 불과하다. 우리나라 사람들의 죽음이해와 그 방식은 바다 밑에 가려져 있는 얼음 덩어리이다. 자살률 증가를 걱정하는 목소리는 들리지만 죽음문화의 부재를 우려하는 말은 어디에도 없다. 우리 사회에 죽음 오해가 심각하고 대다수 사람들이 불행하게 죽어가고 있으니까, 결과적으로 자살이 자주 일어나는 것일 뿐이다. 자살예방을 효과적으로 하기 위해서도 자살문제에만 초점을 맞추기보다 수면 아래 숨어있는 죽음에 대한 오해와 편견, 불행한 죽음방식에 대한 심층적 반성과 함께 새로운 방향을 모색해야 한다.

52) 미국의 퀴블러 로스가 『인간의 죽음』을 1969년 간행하면서 처음으로 죽음의 유형을 다섯 가지로 제시했다. 첫째 부정과 고립, 둘째 분노, 셋째 타협, 넷째 우울, 다섯째 순응.

53) 간호사들은 죽음을 가장 가깝게 접하고 있지만 죽음과 자살에 대한 의식을 조사한 결과 일반인과 차이가 없었다. 실제로 죽음에 대해 대학에서 체계적으로 배운 일이 없고, 심폐사와 뇌사를 중심으로 죽음정의를 배웠다. 하지만 심폐사와 뇌사는 죽음판정의 육체적 기준일 뿐이지 죽음정의가 될 수 없다. 죽음을 가장 가까운 거리에서 접하고 일반 사람

삶, 죽음에게 길을 묻다

들의 죽음을 지켜보는 간호사와 의사에게 적절한 죽음교육이 없다는 것은 큰 문제가 아닐 수 없다. "죽으면 아무것도 없는 끝이므로, 자살하면 고통으로부터 벗어날 수 있다고 생각하는가?"라고 물었더니, 어느 간호사는 그렇다고 단정적으로 답하면서 죽으면 무미, 무취, 무감각, 무통해진다고 답했는데 이런 식으로 생각하는 간호사들이 많았다. 의과대학에서 죽음정의를 심폐사 혹은 뇌사 중심으로 가르치고 있으니까, 죽어가는 환자들을 보살피는 의사와 간호사들은 역시 육체에만 초점을 맞추게 된다. 죽음 이해와 개념규정의 방향에 따라 죽음에 대한 거부감이나 타부 등을 야기하기도 하고, 삶과 죽음의 방식까지 제한하는 결과를 초래하기도 하므로, 죽음에 대한 개념정의는 중요한 의미를 지닌다.

54) 퀴블러 로스에 따르면 우리는 배움을 얻기 위해 이 세상에 태어났다. 태어나는 순간 누구나 예외없이 인생 학교에 등록한 것이다. 살아있는 한 인생 수업은 계속된다. 이 삶에서 충분히 배우지 못하면 수업은 언제까지나 계속된다. 사랑, 관계, 상실, 두려움, 인내, 받아들임, 용서, 행복 등이 인생수업의 교과목이라는 것이다.

55) 퀴블러 로스, 박충구 역, 『삶과 죽음에 대한 기억』, 2001, pp.225~226.

56) 소걀 린포체, 오진탁 역, 『티베트의 지혜』, 민음사, 1999, pp.7~9.

57) 영혼의 존재를 인정한다고 해서 붓다의 무아 가르침과 충돌되는 것은 아닌지 의심할 수 있다. 우리 존재가 오온의 결합이듯이 영혼 역시 오온의 결합으로 생성된 연기적 존재이므로, 영혼이 실체로서 인정되는 것은 아니다. 달라이라마가 "죽음이란 궁극적인 종말 같은 것이라기보다 낡아서 해어졌을 때 갈아입는 옷 같은 것"이라고 말했을 때, 영혼을 실체로서 주장한 것은 아니고 연기적 존재로서 말한 것이다.

58) 여유 있게 죽음에 임한 대표적 사례로는 그리스의 철학자 소크라테스, 중국의 장자, 현대 사회의 경우 미국의 스코트 니어링을 거론할 수 있다.(오진탁, 「우리는 어떻게 죽는가」 『중국철학』13집, 2002, pp.9~137. 참조)

59) 윤회의 주체에 대한 질문에 대한 붓다가 무기(無記)의 침묵을 지킨 것도 바로 이런 맥락에서 보면 이해가 된다.

60) 이승을 떠나는 마지막 순간까지도 중생들을 봉양했던 수월(1855~1928)은 한마디 설법도, 한 줄 문장도 남기지 않았지만, 언제나 주위에는 선열(禪悅)이 넘치고 법열(法悅)로 가득 차서 스님이든 일반인이든 심지어 호랑이를 비롯한 동물들까지도 환희에 넘쳤다. 그림자조차 남기지 않았던 삶의 행적은 진리의 빛 그 자체였고, 지혜와 자비의 본디 모습을 숨김없이 드러낸 삶과 죽음이었다. 1928년 무진년 여름, 일흔넷이 되던 해 여름 결제를 며칠 앞두고 수월은 나무하기를 마쳤다. 해제 다음날 점심 공양을 끝내고 대중들과 함께 찬 한 잔 마신 뒤 "나, 개울에 가서 몸 좀 씻을 터"라고 대수롭지 않게 말하고 밖으로 나갔다. 얼마쯤 시간이 지난 뒤, 개울가로 빨래하러 간 스님이 부리나케 달려와 숨넘어가는 소리로 수월이 개울가에 앉아 열반에 들었다고 말했다. 목욕을 마친 수월은 실오라기 하나 걸치지 않은 맨몸으로 개울가 바위 위에 단정히 앉은 자세로 입적했다. 옆에는 잘 접어서 갠 바지저고리와 새로 삼은 짚신 한 켤레가 가지런히 놓여 있었다. 자연

스런 결가부좌, 곧게 쭉 편 허리와 가슴, 곧추세운 머리, 살짝 감은 듯한 눈, 야물게 다문 두 입술, 배꼽 아래 함께 포개져 있는 두 손, 닿을 듯 말 듯 붙어 있는 두 엄지손가락, 누가 보아도 죽은 사람의 모습이 아니었다. 흡사 더운 여름날 매미소리를 들으면서 개울물에 몸을 씻은 노스님이 잠시 바위 위에 앉아 삼매를 즐기는 그런 모습으로 수월은 육신의 옷을 벗었다. 대부분 사람들이 지닌 죽음에 대한 오해와 편견, 그리고 불행한 마지막 모습과 비교해보면, 수월의 이런 당당한 죽음은 하늘과 땅처럼 느껴진다. 도대체 어떻게 이런 죽음이 가능한지 사람들은 의아해할 것이다. 역으로 수월의 자리에서 보면, 사람들의 불행한 죽음 역시 이해하기 어렵다. 수월은 잠시 인간의 옷을 입고 중생의 아픔을 어루만지면서 지내다가 허물 벗듯이 육신의 옷을 벗고 가볍게 길을 떠났다.(김진태,『달을 듣는 강물』, 해냄, 1996. 참조)

61) 한국자살예방협회(www.suicideprevention.or.kr) 자유게시판(2007. 9. 10.)

62) 오진탁,『자살, 세상에서 가장 불행한 죽음』, 세종서적, 2008, pp.176~177.

63) 전이창,『죽음의 길을 어떻게 잘 다녀올까』, 솔리, 1996, pp.201~204.

  W양도 직장에 사랑하는 애인이 있었다. 그런데 남자친구에게 또 다른 애인이 있었다는 사실을 알게 된 그녀는 두 번 다시 만나지 않으려 했지만, 마음이 그로부터 떠나기는커녕 그에 대한 생각만 더해갔다. 결국 그녀는 오직 죽는 방법만 생각해 충동적으로 자살을 시도했다. 그녀가 병원 침대에서 눈을 뜬 것은 46시간 뒤였다. 가사상태에서 그녀는 살면서 한번도 느껴보지 못했던 엄청난 고통을 당했다. 활활 타고 있는 불 속에 몸이 떠 있어서, 마치 전자레인지 속에서 타고 있는 느낌이었다. 그녀는 자살이 미수로 끝난 뒤 다음과 같이 말했다. "내 경우에는 사실 자살하지 않으면 안 될 만한 이유는 없었다. 다만 그에게 죽겠다고 한 말이 계기가 되어 그 뒤로는 오로지 죽을 생각만 하게 되었다. 지금은 자살이 미수로 끝난 것을 천만다행이라고 생각하고 있다. 의사의 목소리를 듣고 살아 있는 자신을 다시 보았을 때, '아! 다행이다'라는 생각이 들었다." (오진탁,『마지막 선물』, 세종서적, 2007, pp.185~187)

64) 2007년 1학기 한림대학교 자살예방교육 강좌, '자유게시판' 게재 글.

65) 오진탁,『자살, 세상에서 가장 불행한 죽음』, 세종서적, 2008, p.40.

66) 우리나라의 경우 기독교 방식으로 자살자의 영혼을 치료하는 자료를 구할 수 없지만, 미국의 Bob Larson 목사는 30여 년간 90여 개국에서 퇴마작업을 진행한 바 있다.

67) 정신과 의사로 최면치료 전문가 김영우 박사는 최면치료 기법은 단순한 듯하면서도 무척 복잡하다면서 처음에는 의욕적으로 최면 유도 기술을 배워 정신치료에 활용하려 했던 정신과 의사들도 실제 최면치료 과정이 기대했던 것보다 훨씬 어렵다는 사실을 깨닫고 자신감과 흥미를 잃는 경우가 많다면서 이렇게 말한다.

  "텔레비전에 출연해 최면기술을 보여주는 사람들은 환자의 증상을 치료할 수 있는 자격을 갖춘 '치료 전문가'가 아님을 분명히 알아야 하지만, 인상적인 최면시범 장면을 본 시청자들은 최면기술이 곧 문제해결능력이라고 오해하기가 쉽다. … 단순해 보이는 병적 증상들이 얼마나 복잡한 뿌리를 가지고 있는지를 잘 모르는 최면시술자는 별 생각

삶, 죽음에게 길을 묻다

없이 혹은 근거 없는 자신감으로 '좋아질 수 있다' 라는 초보적인 최면암시만 되풀이하며 환자를 치료해보려고 하지만 그것은 애초부터 어려운 일이다.… 결국 최면 시술자를 고소하는 사태로까지 발전하는 경우도 본 일이 있다. 자신이 알고 있는 지식의 범위를 넘어서는 최면시술을 해서는 안 된다는 사실조차 모르고 … 환자에게 서투른 최면치료를 시도하는 것은 용납할 수 없는 일이다.… 편리함만을 내세우며 상업적인 목적 위주로 최면치료를 이용하려는 시도는 중단되어야 한다. 최면치료는 … 다양한 정신치료 기법 중에서 가장 복잡하고 미묘한 기법에 속한다." (김영우, 『영혼의 최면치료』, 나무심는사람, 2002, pp.2~35)

68) 이이다 후미히코, 김종문 역, 『사는 보람의 창조』, 자유문학사, 2005, p.143.

69) 위의 책, pp.144~146.

70) 1950년대 말 차길진 법사는 15살 때 우연히 참석한 시위현장에서 영원히 잊지 못할 현상을 목격했다. 시위대의 박수를 받으며 소방차 위에서 '타도! 이승만 정권!'을 외치던 학교 선배가 갑자기 중심을 잃고 휘청이더니 바로 옆을 지나던 고압선에 감전, 그대로 떨어져 죽고 만 것이다. '악' 하는 비명소리도 잠깐, 차법사는 죽은 선배의 몸에서 그의 영혼이 빠져나오는 것을 목격해 너무 놀라 뒷걸음질치고 말았다. 영화 '사랑과 영혼'에서 남자 주인공이 죽는 순간, 육체로부터 영혼이 빠져 나왔듯이 그 선배 역시 그런 모습이었다. 다른 사람의 눈에 선배의 영혼이 보일 리 없었지만, 오직 차법사만이 그의 영혼을 목격할 수 있었다.(차길진, 『영혼을 팔아먹는 남자 이야기』, 후암, 1999, p.29)

71) 임사체험(臨死體驗)은 한마디로 임상적으로 죽음 판정을 받았다가, 얼마 뒤 알 수 없는 이유로 다시 되살아나 그 기간 동안 겪은 경험을 말한다. 임사체험 연구는 서양에서 30여년 전부터 시작되어 전 세계에 수천만 건에 이르는 다양한 체험 사례가 수집되었고, 국제임사체험학회까지 결성되어 활동을 하고 있다. 1975년 미국의 레이몬드 무디 교수가 『삶 이후의 삶Life After Life』을 출간한 이후 많은 전문가가 연구 작업을 진행하고 있다. 임사체험자들의 체험담을 통해 우리는 죽음 이후의 세계에 대해서 어렴풋이나마 희미한 윤곽을 잡을 수 있게 되었다. 또한 죽음 이후 아무것도 없다고 주장하는 사람들의 단정도 그리 믿을 게 못 된다는 주장이 임사체험자들의 증언 이후 설득력있게 제기되고 있다. 임사체험자들의 증언이 설득력을 갖는 또 다른 이유는, 이들의 주장이 믿어지지 않을 정도로 공통점들이 많고, 하나같이 임사체험 이후에 현재의 삶을 한층 소중히 여기며 이전과는 다르게 사랑을 실천하면서 헌신적으로 봉사에 전념하는 등 전혀 다른 삶을 살고 있기 때문이다. "마취제가 몸에 닿고 이어서 공중을 떠돌다가 침대 위에서 나의 시신을 내려다보면서 내 몸에서 빠져나온 나 자신을 발견한 기억이 있다. 나는 단지 머리와 눈만 있었던 것으로 의식되고 몸을 가졌던 기억은 나지 않는다." "나는 저 공간 위에 떠 있는 듯했고 단지 내 마음만 움직였다. 몸에 대한 감각이 없었고 내 머리 같은 것만 공간에 떠 있었다. 나는 오직 마음뿐이었다. 아무런 중력도 느끼지 않았고 아무것도 지닌 게 없었다." (오진탁, 『마지막 선물』, 세종서적, 2007, pp.124~125)

72) 티베트인들은 죽어가는 임종과정이 거의 끝날 무렵 임종자의 귀에 대고 다음과 같이 말해

준다. "그대의 마음이 흩어지지 않도록 의식을 집중하라. 죽음이라 불리는 것이 이제 그대에게 다가왔다. 그러니 이와 같이 결심해라. '아, 지금은 죽음의 때로구나. 나는 이 죽음을 이용해 허공처럼 많은 생명 가진 모든 것들에게 사랑과 자비의 마음을 가지리라. 그리고 완전한 깨달음을 얻기 위해 노력하리라.…… 비록 내가 깨달음을 이루지 못하더라도 사후세계만은 정확하게 지각하리라. 사후세계에서 존재의 근원과 하나가 되리라.'"

이를 임종하는 사람의 귀에 가까이 대고 분명하고 정확하게 반복해서 말해준다. 티베트인들은 이 문구를 임종자에게 들려줌으로써 임종자의 마음이 단 한순간이라도 흩어지지 않도록 확실한 인상을 심어주어야 한다고 믿고 있다. 사자(死者)는 생명이 끊어져 영혼이 몸 밖에 나왔을 때 '자기가 살아있는 것인지, 죽은 것인지' 반문하게 된다. 죽은 당사자는 자기가 어떤 상태에 있는지 확신하지 못한다. 왜냐하면 사자는 살아있을 때와 마찬가지로 가족과 친구들을 여전히 볼 수 있기 때문이다. 사자는 그들을 볼 수도 있고 그들의 말을 들을 수도 있다. 하지만 가족과 친구들은 사자를 볼 수도 없고 사자의 말을 들을 수도 없기 때문에 죽은 자는 실망하게 된다. 이때 그의 귀에 대고 다음 내용의 『티베트 사자의 서』를 읽어준다. "이제 죽음이라 불리는 것이 그대에게 찾아왔다. 그대는 이 세상으로부터 벗어나고 있다. 하지만 그대만이 유일하게 이 세상으로부터 떠나는 것은 아니다. 죽음은 누구에게나 찾아온다. 이 세상의 삶에 애착을 갖거나 집착하지 말라. 그대가 마음이 약해져서 이 세상에 남겨둔 것에 아무리 집착할지라도 그대는 이제 여기에 머물 힘을 잃었다. 그대가 이 세상에 대한 집착을 버리지 않는다면, 그대는 윤회의 수레바퀴 아래에서 헤매는 것밖에 아무것도 얻을 게 없다. 그러니 마음을 약하게 먹지 마라. 다만 진리, 진리를 깨달은 자, 그를 따르는 구도자들을 기억하라. 그대의 마음과 육체가 분리되어 있는 이때, 당황하거나 두려워하거나 무서워하지 마라. 아! 고귀하게 태어난 자여, 지난 사흘 반 동안 그대는 기절상태에 있었다. 기절상태에서 깨어나자마자 그대는 '나에게 무슨 일이 일어난 것일까?' 생각할 것이다. 그대는 지금 사후세계에 있다. 지금 그대의 눈에 보이는 모습들은 모두 빛의 몸을 하고 있고 천신들의 형상을 하고 있을 것이다." (오진탁, 『마지막 선물』, 세종서적, 2007, pp.138~139)

73) 오진탁, 『마지막 선물』, 세종서적, 2007, p.114.

74) 위의 책, pp.30~131.

75) 영혼과 같은 보이지 않는 현상은 과학적으로 증명할 수 없지만, 호스피스에게는 엄연히 존재하는 현상이다. 건강할 때는 움직이는 몸, 눈에 보이는 세계만을 전부로 착각했더라도 막상 임종과정이 시작되어 영혼이 몸에서 빠져나가려 하는 시점이 되면 서로 다른 두 세계가 함께 보이게 된다. 그리고 손이 빠져나간 장갑이 스스로 움직이지 못하듯이 영혼이 빠져나간 몸도 더 이상 움직이지 못하게 된다. 그러면 우리는 그 몸을 '시신'이라 부르면서 수의를 입혀 장례를 치르게 된다. 영혼이 몸에서 빠져나가는 과정은 대단히 신비롭다. 사람이 임종할 때가 되면 몸이 서서히 기능을 정지하면서 체인-스톡 호흡 (Cheyne-Stoke breathing, 과호흡과 무호흡을 반복하는 것)을 하다가 때가 되면 코로

긴 한숨을 쉬듯이 숨이 빠져나가버린다. 코로 들어간 생기가 코로 나가는 모습을 목도하노라면 영혼의 존재를 확인하는 느낌을 받게 된다고 한다. 호스피스 간호사는 임종 당사자가 마지막 순간 다른 세상의 존재를 보는 모습을 이렇게 말한다. "임종 2, 3일 전이 되면 대화중에도 갑자기 허공 쪽으로 시선을 돌려요. 그리고 그쪽에 관심을 주다가 다시 대화하는 상황으로 돌아와요. 그동안은 제가 했던 말도 듣지 못합니다. 제가 '무얼 하셨어요?' 하고 물으면 누가 와 있다거나 누구를 보았다고 하지요. 그래서 보이지 않는 세계가 있다는 걸 알게 되지요. 천사나 죽은 사람, 보이지 않는 누군가와 얘기를 나누었다는 분도 있답니다." (오진탁, 『마지막 선물』, 세종서적, 2007, pp.121~122)

76) 오진탁, 『마지막 선물』, 세종서적, 2007, pp.124~125.

77) 위의 책, pp.375~376.

78) 이이다 후미히코, 김종문 역, 『사는 보람의 창조』, 자유문학사, 2005, pp.376~377.

79) 김영우 박사가 어느 날 임종을 앞둔 중환자실의 노인을 직접 찾아가 말했다. "따님의 청으로 찾아왔습니다.… 많은 환자들의 진료경험으로 제가 분명히 말씀드릴 수 있는 것은 우리가 살고 죽는 것은 결코 우연이 아닙니다.… 지금의 이 상태에서 회복하시거나 그렇지 못하거나 간에 자신의 영혼은 이미 왜 이 같은 상황이 오게 되었는지 이해하고 있고 앞으로의 결과도 받아들이고 있다는 것을 알아야 합니다.… 육체의 죽음 이후에도 소멸되지 않는 영혼이 진정한 자신의 모습이라는 것을 기억하셔야 합니다. 모든 것을 편안하게, 뭔가 이유가 있어 그럴 것이라는 마음으로 받아들이셔야 합니다. 제 말에 공감하실 수 있고 어떤 결과도 모두 편안하게 수용하실 수 있다면 다시 한 번 눈을 떴다 감아 보세요." 얼핏 보기에는 의식이 없는 듯한 환자는 다시 한 번 눈을 가늘게 떴다 감았다. 감는 눈가로 눈물이 조금 흘러내렸다. 3일 후 김박사에게 딸이 다시 연락을 했다. 김박사가 다녀간 뒤 훨씬 안정된 모습으로 돌아가셨다고 했다.(김영우, 『영혼의 최면치료』, 나무심는사람, 2002, pp.239~241)

80) 차길진, 『영혼의 X파일 1』, 후암, 2007, p.105.

81) 차길진, 『영혼엔 비자가 없다』, 후암, 2007, p.85.

82) 오진탁, 『마지막 선물』, 세종서적, 2007, pp.188~190. 『자살, 세상에서 가장 불행한 죽음』 pp.41~42에 인용된 또 다른 사례 참조.

83) 차길진, 『영혼의 X파일 1』, 후암, 2007, pp.105~110.

84) 차길진, 『영혼엔 비자가 없다』, 후암, 2007, p.102.

85) 이이다 후미히코, 김종문 역, 『사는 보람의 창조』 자유문학사, 2005, p.378.

86) "죽은 어린 딸이 엄마 뱃속에 있는 태아를 통해 다시 태어나겠다는 의사를 전했다는 것은 상식적으로 선뜻 받아들이기 어려운 일이다. 그러나 '그럴 리 없다' 고 환자와 입씨름을 벌이는 것 또한 이 상황에서는 불필요한 일이다. 죽은 어린 딸의 영혼이 정말 그런 의사를 전한 것인지 '그랬으면' 하는 환자의 소망이 그런 착각과 환상을 불러일으킨 것인지는 아무도 분명히 말할 수 없다. 환자가 겪었다는 주관적 현실에 대해 치료자는 함부로 판단하거나 결론을 내려서는 안 된다. 그 현상과 경험이 과연 무엇이었는지 진지하게

다." (김영우, 『영혼의 최면치료』, 나무심는사람, 2002, pp.209~214)
87) 김영우, 『영혼의 최면치료』, 나무심는사람, 2002, p.213.
88) 이이다 후미히코, 김종문 역, 『사는 보람의 창조』, 자유문학사, 2005, pp.379~380.
89) "남편의 영혼으로 여겨지는 어떤 존재의 영상과 느낌은 그녀에게 큰 안도감과 안정감을
    주는 것 같았다. 죽음의 순간 이후를 다른 각도에서 체험해보는 이 같은 최면 작업은,
    죽음으로 사람의 영혼이 완전히 소멸하거나 단절되는 것이 아니라는 느낌과 함께 그의
    죽음이 단순한 고통과 불행 이상의 의미를 담은 필연적 사건이었다는 사실을 그녀에게
    일깨웠고, 그 깨달음은 그간의 괴로움과 상실감에 큰 위안이 되었다." (김영우, 『영혼의
    최면치료』, 나무심는사람, 2002, pp.219~221)
90) 김영우, 『영혼의 최면치료』, 나무심는사람, 2002, pp.215~223.
91) 이이다 후미히코, 김종문 역, 『사는 보람의 창조』, 자유문학사, 2007, pp.381~382.
92) 차길진, 『영혼엔 비자가 없다』, 후암, 2007, p.93.
93) 오진탁, 『마지막 선물』, 세종서적, 2007, pp.192~198. 아들의 자살, 친구의 자살 사례 참조
94) 한림대 생사학연구소 주최, 2006년 가을세미나 '자살충동, 어떻게 예방할 수 있을까' 김
    영우 박사의 구두발표 내용.
95) 퀴블러 로스, 박충구 역, 『삶과 죽음에 대한 기억The Wheel of Life』, 가치창조, 2001,
    p.274.
96) 오진탁, 『자살, 세상에서 가장 불행한 죽음』, 세종서적, 2008, pp.43~44.
97) 이이다 후미히코, 김종문 역, 『사는 보람의 창조』, 자유문학사, 2005, p.393.
98) 오진탁, 『자살, 세상에서 가장 불행한 죽음』, 세종서적, 2008, pp.237~238.
99) 위의 책, pp.227~228.
100) 어느 복지기관에서는 웰다잉 전문지도강사 교육과정 프로그램을 매주 2회씩 8주간 운영
    하고 있다. 구체적인 교육 내용은 1강. 제3의 인생, 2강. 한국인의 죽음이해, 3강. 노화
    와 장수인, 4강. 노인의 삶과 심리, 5강. 죽음 준비교육의 목표, 6강. 노인죽음 준비교육
    의 실제와 이해, 7강. 각 종교의 죽음이해, 8강. 노인 레크리에이션, 9강. 상실과 슬픔치
    유, 10강. 화해와 용서, 11강. 호스피스의 철학, 12강. 죽음에 관한 법률, 13강. 전통 장
    례와 현대 장례문화, 14강. 품위 있는 죽음, 15강. 집단상담의 기법 등. 또한 국립묘지
    방문과 나의 Life Line 그리기, 나는 죽음을 어떻게 이해하는가, 사별경험 나누기, 나는
    어디서 죽고 싶은가, 유언장 작성, Living Will과 Advance Directive를 주제로 소그룹
    활동.
101) 알폰스 데켄, 오진탁 역, 『죽음을 어떻게 맞이할 것인가』(궁리, 2002.)
    오진탁, 『마지막 선물』(세종서적, 2007.)
    파드마삼바바, 류시화 역, 『티베트사자의 서』(정신세계사, 1996.)
    가와므라 야스노리, 허일범외 역, 『티베트사자의 서』(불교춘추사, 1998.)
    소걀 린포체, 오진탁 역, 『티베트의 지혜』(민음사, 1999.)

김영우, 『영혼의 최면치료』(나무심는사람, 2002.)

퀴블러 로스, 류시화 역, 『인생수업』(이레, 2006.)

오진탁, 『자살, 세상에서 가장 불행한 죽음』(세종서적, 2008.)

헬렌 니어링, 이석태 역, 『아름다운 삶, 사랑, 그리고 마무리』(보리, 1997.)

부위훈, 전병술 역, 『죽음 그 마지막 성장』(청계, 2001.)

미치 앨봄, 공경희 역, 『모리와 함께한 화요일』(세종서적, 1998.)

데이비드 쿨, 『웰다잉』(바다출판사, 2005.)

달라이라마, 이종복 역, 『달라이라마, 죽음을 이야기하다』(북로드, 2004.)

달라이라마, 주민황 역, 『평화롭게 살다 평화롭게 떠나는 기쁨』(넥서스, 2003.)

김건열, 『존엄사』(최신의학사, 2005.)

디팩 쵸프라, 정경란 역, 『죽음 이후의 삶』(행복우물, 2007.)

라마 수리야다스, 『상실』(푸른숲, 2006.)

다치바나 다까시, 윤대석 역, 『임사체험』상하 (청어람미디어 2003.)

전이창, 『생과 사의 큰 도』(숨리, 2004.)

전이창, 『죽음의 길을 어떻게 잘 다녀올까』(숨리, 2000.)

크리스틴 롱카커, 조원현 역, 『죽음 앞에서 만나는 새로운 삶』(계명대 출판부, 2006.)

정진홍, 『만남, 죽음과의 만남』(궁리, 2003.)

소걀 린포체, 오진탁 역, 『죽음으로부터 배우는 삶의 지혜』(판미동, 2009.)

취지문

    생사학 연구와 교육은 미국에서 40여 년 전부터 시작됐다. 삶의 질 못지
않게 죽음의 질을 중시하는 미국인들은 10대 청소년들에게 호스피스 센터에
서 자원봉사 프로그램도 운영하고 있다. 죽음을 제대로 알아야 삶을 바르게
할 수 있으므로, 청소년 자원봉사자들은 해마다 늘어나고 있다. 거기에 비해
우리 사회의 경우, 죽음에 대한 타부와 거부감은 너무나 뿌리가 깊다. 얼마
전 대법원에서 연명치료 중단을 허용하는 판결을 내렸지만 존엄사 법제화를
논할 정도로 우리 사회는 충분히 준비되었는지, 심지어는 죽음문화 성숙을
위해 지금까지 어떤 노력을 했는지 심각하게 되묻고 싶을 정도이다.

    우리 사회에서 실시중인 죽음 준비교육은 아직 시작 단계에 불과하다.
입관체험이 마치 죽음 준비교육의 전부라도 되는 듯이 죽음 주변에서 머뭇
거리기만 할 뿐 죽음을 제대로 이해하기 위한 노력이 부족하고, 심지어 입관
체험은 상업적으로까지 이용되기도 하는 등 하나의 이벤트 혹은 퍼포먼스로
전락된 느낌이다. 죽음이 끝인지 아닌지, 인간은 육체만의 존재인지, 죽음을

어떻게 이해해야 하는지, 어떻게 죽어야 하는지, 나아가 어떻게 살아야 하는지 등 핵심적인 내용인 사상을 가르치지 못한 채 여기저기서 비슷한 교육을 진행하고 있는 실정이다. 생사학 전문가의 부재가 결국 웰다잉 교육의 부실로 이어지고 있다. 더구나 죽음 준비교육도 노인계층을 중심으로 극히 일부만 실시되고 있을 뿐 초·중·고는 물론 대학에서조차도 죽음 준비교육은 아직 실시되고 있지 않다.

또한 자살문세와 웰다잉 교육을 연결시키지 못하고 있는 점 역시 문제다. 우리 사회는 자살예방을 위한 해법은 찾지 못한 채 허둥대고 있다. 1997년 말 외환위기 이후 자살은 심각한 사회문제가 되었지만, 우리 사회에서 죽음을 제대로 가르치고 있지 않으니까, 자살하면 고통에서 벗어날 것이란 기대나 단순한 면피나 면책의 수단으로 자살자는 양산되고 있는 것이다. 이런 입장에서 우리 사회는 지금까지 죽음의 질 향상을 위해 어떤 노력을 했는가? 만약 죽음의 질 향상을 위한 사회적 노력은 하지도 않은 채 미봉책에 불과한 위기개입에만 초점을 맞춘다면, 자살예방은 별다른 효과를 거두기 어려울 것이다.

자살률은 갈수록 높아가고 있지 않는가! 우리 사회의 자살률, 자살충동률, 우울증 유병률, 불행한 임종모습 등을 감안했을 때, 이제 '죽음의 질 향상을 위한 사회운동'을 통해 바람직한 죽음이해와 성숙한 임종방식을 확산시켜야 한다. 이제 우리는 죽음문화 성숙을 위한 개인적, 사회적 노력을 모색해야할 시점에 와 있다. 죽음의 질이 향상되지 않으면, 삶의 질이 결코 향상될 수 없다. 죽음은 몇 년, 혹은 몇 십 년 뒤 자신에게 일어날 문제가 아니라, 여기 지금 우리가 당면한 삶의 문제이기 때문이다. 이에 본 시리즈는 펼쳐져 갈 것이다.